ÉLÉMENTS

DE

GRAMMAIRE LATINE

POUR LES COMMENÇANTS,

D'après le Père EMMANUEL ALVAREZ,

De la Compagnie de Jésus.

J. B. PÉLAGAUD, IMPRIMEUR-LIBRAIRE

DE N. S. P. LE PAPE.

LYON, GRANDE RUE MERCIÈRE, 48. | PARIS, RUE DES SAINTS-PÈRES, 57.

ÉLÉMENTS

DE

GRAMMAIRE LATINE.

Lyon. — Imprimerie de J. B. Pélagaud.

ÉLÉMENTS

DE

GRAMMAIRE LATINE

POUR LES COMMENÇANTS,

D'après le Père Emmanuel ALVAREZ,

De la Compagnie de Jésus.

J. B. PÉLAGAUD, IMPRIMEUR-LIBRAIRE

DE N. S. P. LE PAPE.

LYON, GRANDE RUE MERCIÈRE, 48. || PARIS, RUE DES SAINTS-PÈRES, 57.

1861.

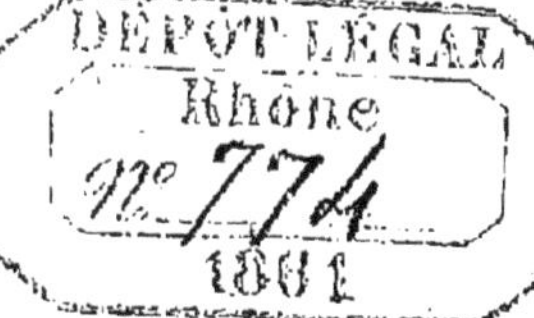

QUELQUES NOTIONS PRÉLIMINAIRES.

En latin il n'y a pas d'ARTICLE. Ce sont les *cas* qui en font les fonctions.

On nomme *cas* les différentes terminaisons que peuvent avoir, soit au singulier soit au pluriel, les substantifs, les adjectifs, les pronoms et les participes.

Il y a six cas pour le singulier, et six pour le pluriel. On les appelle : NOMINATIF, GÉNITIF, DATIF, ACCUSATIF, VOCATIF, ABLATIF.

La langue latine, comme la langue française, a deux nombres : le SINGULIER et le PLURIEL.

Outre le masculin et le féminin, les Latins ont un troisième genre qu'on appelle NEUTRE (1).

---

(1) Nous laissons au professeur le soin de rappeler les notions communes à la langue française et à la langue latine, comme les définitions des noms, des adjectifs, etc.

DÉCLINAISONS.

Une déclinaison est la série des différents cas, tant au singulier qu'au pluriel.

Décliner, c'est réciter ou écrire cette série tout entière.

Il n'y a que les substantifs, les adjectifs, les pronoms et les participes qui se déclinent.

CHAPITRE PREMIER.

DÉCLINAISONS DES SUBSTANTIFS.

On compte cinq déclinaisons, qui se distinguent entre elles par le génitif.

PREMIÈRE DÉCLINAISON.

La première déclinaison a le génitif singulier en *æ*, et le génitif pluriel en *arum*.

Modèle de la première déclinaison : Musa.

SINGULIER.

Nominatif.	Hæc Musa,	*la muse.*
Génitif.	Musæ,	*de la muse.*
Datif.	Musæ,	*à la muse.*
Accusatif.	Musam,	*la muse.*
Vocatif.	o Musa,	*ô muse.*
Ablatif.	Musa,	*de la muse.*

PLURIEL.

Nominatif.	Musæ,	*les muses.*
Génitif.	Musarum,	*des muses.*
Datif.	Musis,	*aux muses.*
Accusatif.	Musas,	*les muses.*
Vocatif.	o Musæ,	*ô muses.*
Ablatif.	Musis,	*des muses.*

SECONDE DÉCLINAISON.

La seconde déclinaison a le génitif singulier en *i*, et le génitif pluriel en *orum*.

1er *modèle de la* 2me *déclinaison :* DOMINUS.

SINGULIER.

Nom.	Hic Dominus,	*le seigneur.*
Gén.	Domini,	*du seigneur.*
Dat.	Domino,	*au seigneur.*
Acc.	Dominum,	*le seigneur.*
Voc.	o Domine,	*ô seigneur.*
Abl.	Domino,	*du seigneur.*

PLURIEL.

Nom.	Domini,	*les seigneurs.*
Gén.	Dominorum,	*des seigneurs.*
Dat.	Dominis,	*aux seigneurs.*
Acc.	Dominos,	*les seigneurs.*
Voc.	o Domini,	*ô seigneurs.*
Abl.	Dominis,	*des seigneurs.*

2[d] *modèle de la 2me déclinaison :* Liber.

SINGULIER.

Nom.	Hic liber,	*le livre.*
Gén.	libri,	*du livre.*
Dat.	libro,	*au livre.*
Acc.	librum,	*le livre.*
Voc.	o liber,	*ô livre.*
Abl.	libro,	*du livre.*

PLURIEL.

Nom.	libri,	*les livres.*
Gén.	librorum,	*des livres.*
Dat.	libris,	*aux livres.*
Acc.	libros,	*les livres.*
Voc.	o libri,	*ô livres.*
Abl.	libris,	*des livres.*

Modèle de la 2me déclinaison pour les noms neutres : Templum.

SINGULIER.

Nom.	Hoc templum,	*le temple.*
Gén.	templi,	*du temple.*
Dat.	templo,	*au temple.*
Acc.	templum,	*le temple.*
Voc.	o templum,	*ô temple.*
Abl.	templo,	*du temple.*

PLURIEL.

Nom.	templa,	*les temples.*
Gén.	templorum,	*des temples.*
Dat.	templis,	*aux temples.*
Acc.	templa,	*les temples.*
Voc.	o templa,	*ô temples.*
Abl.	templis,	*des temples.*

Les noms neutres, de quelque déclinaison qu'ils soient, ont toujours trois cas semblables : le nominatif, l'accusatif et le vocatif. Au pluriel ces trois cas sont terminés en *a*.

TROISIÈME DÉCLINAISON.

La troisième déclinaison a le génitif singulier en *is*, et le génitif pluriel en *um*.

Modèle de la troisième déclinaison : SERMO.

SINGULIER.

Nom.	Hic sermo,	*le discours.*
Gén.	sermonis,	*du discours.*
Dat.	sermoni,	*au discours.*
Acc.	sermonem,	*le discours.*
Voc.	o sermo,	*ô discours.*
Abl.	sermone,	*du discours.*

PLURIEL.

Nom.	sermones,	*les discours.*
Gén.	sermonum,	*des discours.*
Dat.	sermonibus,	*aux discours.*
Acc.	sermones,	*les discours.*
Voc.	o sermones,	*ô discours.*
Abl.	sermonibus,	*des discours.*

Modèle de la 3me déclinaison pour le genre neutre : TEMPUS.

SINGULIER.

Nom.	Hoc tempus,	*le temps.*
Gén.	temporis,	*du temps.*
Dat.	tempori,	*au temps.*
Acc.	tempus,	*le temps.*
Voc.	o tempus,	*ô temps.*
Abl.	tempore,	*du temps.*

PLURIEL.

Nom.	tempora,	*les temps.*
Gén.	temporum,	*des temps.*
Dat.	temporibus,	*aux temps.*
Acc.	tempora,	*les temps.*
Voc.	o tempora,	*ô temps.*
Abl.	temporibus,	*des temps.*

Les noms terminés par *ns* au nominatif singulier ont le génitif en *ium*, comme : serpens, *le serpent*, serpentium, *des serpents*; adolescens, *le jeune homme*, adolescentium, *des jeunes gens.*

QUATRIÈME DÉCLINAISON.

La quatrième déclinaison a le génitif singulier en *us*, et le génitif pluriel en *uum*.

Modèle de la quatrième déclinaison : SENSUS.

SINGULIER.

Nom.	Hic sensus,	*le sens.*
Gén.	sensus,	*du sens.*
Dat.	sensui,	*au sens.*
Acc.	sensum,	*le sens.*
Voc.	o sensus,	*ô sens.*
Abl.	sensu,	*du sens.*

PLURIEL.

Nom.	sensus,	*les sens.*
Gén.	sensuum,	*des sens.*
Dat.	sensibus,	*aux sens,*
Acc.	sensus,	*les sens.*
Voc.	o sensus,	*ô sens.*
Abl.	sensibus,	*des sens.*

Modèle de la 4me déclinaison pour le genre neutre : GENU.

SINGULIER.

Nom.	Hoc genu,	*le genou.*
Gén.	genu,	*du genou.*
Dat.	genu,	*au genou.*
Acc.	genu,	*le genou.*
Voc.	o genu,	*ô genou.*
Abl.	genu,	*du genou.*

PLURIEL.

Nom.	genua,	*les genoux.*
Gén.	genuum,	*des genoux.*
Dat.	genibus,	*aux genoux.*
Acc.	genua,	*les genoux.*
Voc.	o genua,	*ô genoux.*
Abl.	genibus,	*des genoux.*

CINQUIÈME DÉCLINAISON.

La cinquième déclinaison a le génitif singulier en *ei*, et le génitif pluriel en *erum*.

Modèle de la cinquième déclinaison : DIES.

SINGULIER.

Nom.	Hic dies,	*le jour.*
Gén.	diei,	*du jour.*
Dat.	diei,	*au jour.*
Acc.	diem,	*le jour.*
Voc.	o dies,	*ô jour.*
Abl.	die,	*du jour.*

PLURIEL.

Nom.	dies,	*les jours.*
Gén.	dierum,	*des jours.*
Dat.	diebus,	*aux jours.*
Acc.	dies,	*les jours.*
Voc.	o dies,	*ô jours.*
Abl.	diebus,	*des jours.*

CHAPITRE DEUXIÈME.

DÉCLINAISONS DES ADJECTIFS.

Il y a des adjectifs qui se déclinent suivant la première et la seconde déclinaison des substantifs, et d'autres suivant la troisième déclinaison.

I. Adjectifs de la première et de la seconde déclinaison.

Modèle : BONUS, BONA, BONUM.

SINGULIER.

	Masculin.	Féminin.	Neutre.
Nom.	Bonus, *bon.*	Bona, *bonne.*	Bonum, *bon.*
Gén.	Boni,	Bonæ,	Boni.
Dat.	Bono,	Bonæ,	Bono.
Acc.	Bonum,	Bonam,	Bonum.
Voc.	o Bone,	o Bona,	o Bonum.
Abl.	Bono,	Bona,	Bono.

PLURIEL.

Nom.	Boni, *bons.*	Bonæ, *bonnes.*	Bona, *bons.*
Gén.	Bonorum,	Bonarum,	Bonorum.
Dat.	Bonis,	Bonis,	Bonis.
Acc.	Bonos,	Bonas,	Bona.
Voc.	o Boni,	o Bonæ,	o Bona.
Abl.	Bonis,	Bonis,	Bonis.

Les adjectifs suivants se déclinent de la même manière; seulement ils ont le génitif singulier en *ius*, et le datif singulier en *i*. Ils n'ont point de vocatif, si ce n'est *unus*, *totus*, *solus*.

1°	Ullus, *aucun*.	Ulla, *aucune*.	Ullum, *aucune chose*.
	Ullius,	Ullius,	Ullius.
	Ulli,	Ulli,	Ulli.
2°	Nullus, *nul*.	Nulla, *nulle*.	Nullum, *nulle chose*.
	Nullius,	Nullius,	Nullius.
	Nulli,	Nulli,	Nulli.
3°	Unus, *un*.	Una, *une*.	Unum, *un*.
	Unius,	Unius,	Unius.
	Uni,	Uni,	Uni.
4°	Totus, *tout entier*.	Tota, *tout entière*.	Totum, *tout entier*.
	Totius,	Totius,	Totius.
	Toti,	Toti,	Toti.
5°	Solus, *seul*.	Sola, *seule*.	Solum, *seul*.
	Solius,	Solius,	Solius.
	Soli,	Soli,	Soli.
6°	Alius, *l'autre*.	Alia, *l'autre*.	Aliud, *l'autre*.
	Alius,	Alius,	Alius.
	Alii,	Alii,	Alii.
7°	Alter, *un autre*.	Altera, *une autre*.	Alterum, *un autre*.
	Alterius,	Alterius,	Alterius.
	Alteri,	Alteri,	Alteri.
8°	Uter, *lequel des deux*.	Utra, *laquelle des deux*.	Utrum, *lequel des deux*.
	Utrius,	Utrius,	Utrius.
	Utri,	Utri,	Utri.

1..

9°	Uterque, *l'un et l'autre.*	Utraque, *l'une et l'autre.*	Utrumque, *l'un et l'autre.*
	Utriusque,	Utriusque,	Utriusque.
	Utrique,	Utrique,	Utrique.
10°	Alteruter, *l'un ou l'autre.*	Alterutra, *l'une ou l'autre.*	Alterutrum, *l'un ou l'autre.*
	Alterutrius,	Alterutrius,	Alterutrius.
	Alterutri,	Alterutri,	Alterutri.
11°	Neuter, *ni l'un ni l'autre.*	Neutra, *ni l'une ni l'autre.*	Neutrum, *ni l'un ni l'autre.*
	Neutrius,	Neutrius,	Neutrius.
	Neutri,	Neutri,	Neutri.

II. Adjectifs de la troisième déclinaison.

Premier modèle : ACER, ACRIS, ACRE.

SINGULIER.

	Masculin.	Féminin.	Neutre.
Nom.	Acer, *rude.*	Acris, *rude.*	Acre, *rude.*
Gén.	Acris,	Acris,	Acris.
Dat.	Acri,	Acri,	Acri.
Acc.	Acrem,	Acrem,	Acre.
Voc.	o Acer,	o Acer,	o Acre.
Abl.	Acri,	Acri,	Acri.

PLURIEL.

Nom.	Acres, *rudes.*	Acres, *rudes.*	Acria, *rudes.*
Gén.	Acrium,	Acrium,	Acrium.
Dat.	Acribus,	Acribus,	Acribus.
Acc.	Acres,	Acres,	Acria.
Voc.	o Acres,	o Acres,	o Acria.
Abl.	Acribus,	Acribus,	Acribus.

Second modèle : BREVIS, BREVIS, BREVE.

SINGULIER.

	Masculin.	Féminin.	Neutre.
Nom.	Brevis, *court.*	Brevis, *courte.*	Breve, *court.*
Gén.	Brevis,	Brevis,	Brevis.
Dat.	Brevi,	Brevi,	Brevi.
Acc.	Brevem,	Brevem,	Breve.
Voc.	o Brevis,	o Brevis,	o Breve.
Abl.	Brevi,	Brevi,	Brevi.

PLURIEL.

Nom.	Breves, *courts.*	Breves, *courtes.*	Brevia, *courts.*
Gén.	Brevium,	Brevium,	Brevium.
Dat.	Brevibus,	Brevibus,	Brevibus.
Acc.	Breves,	Breves,	Brevia.
Voc.	o Breves,	o Breves,	o Brevia.
Abl.	Brevibus,	Brevibus,	Brevibus.

Troisième modèle : FELIX, FELIX, FELIX.

SINGULIER.

	Masculin.	Féminin.	Neutre.
Nom.	Felix, *heureux.*	Felix, *heureuse.*	Felix, *heureux.*
Gén.	Felicis,	Felicis,	Felicis.
Dat.	Felici,	Felici,	Felici.
Acc.	Felicem,	Felicem,	Felix.
Voc.	o Felix,	o Felix,	o Felix.
Abl.	Felice *ou* Felici,	Felice *ou* Felici,	Felice *ou* Felici.

PLURIEL.

Nom.	Felices, *heureux.*	Felices, *heureuses.*	Felicia, *heureux.*
Gén.	Felicium,	Felicium,	Felicium.
Dat.	Felicibus,	Felicibus,	Felicibus.
Acc.	Felices,	Felices,	Felicia.
Voc.	o Felices,	o Felices,	o Felicia.
Abl.	Felicibus,	Felicibus,	Felicibus.

Duo et *ambo* sont irréguliers ; ils se déclinent comme il suit :

	Masculin.	Féminin.	Neutre.
Nom.	Duo, *deux.*	Duæ, *deux.*	Duo, *deux.*
Gén.	Duorum,	Duarum,	Duorum.
Dat.	Duobus,	Duabus,	Duobus.
Acc.	Duos,	Duas,	Duo.
Voc.	o Duo,	o Duæ,	o Duo.
Abl.	Duobus,	Duabus,	Duobus.

Tres, tria, *trois*, se déclinent comme le pluriel de *felix.*

DU COMPARATIF ET DU SUPERLATIF.

1. Le comparatif se forme du cas de l'adjectif terminé par *i* ; on y ajoute *or* pour le masculin et le féminin, et *us* pour le neutre, comme :

Justus, *juste* ; JUSTI ; justior, justius, *plus juste.*

Pulcher, *beau* ; PULCHRI ; pulchrior, pulchrius, *plus beau.*

Fortis, *courageux* ; FORTI ; fortior, fortius, *plus courageux.*

Velox, *agile;* VELOCI ; velocior, velocius, *plus agile.*

Prudens, *prudent* ; PRUDENTI ; prudentior, prudentius, *plus prudent.*

Modèle de la déclinaison des Comparatifs : BREVIOR, BREVIOR, BREVIUS.

SINGULIER.

	Masculin.	Féminin.	Neutre.
Nom.	Brevior, *plus court.*	Brevior, *plus courte.*	Brevius, *plus court.*
Gén.	Brevioris,	Brevioris,	Brevioris.
Dat.	Breviori,	Breviori,	Breviori.
Acc.	Breviorem,	Breviorem,	Brevius.
Voc.	o Brevior,	o Brevior,	o Brevius.
Abl.	Breviore *ou* Breviori.	Breviore *ou* Breviori.	Breviore *ou* Breviori.

PLURIEL.

Nom.	Breviores,	Breviores,	Breviora.
Gen.	Breviorum,	Breviorum,	Breviorum.
Dat.	Brevioribus,	Brevioribus,	Brevioribus.
Acc.	Breviores,	Breviores,	Breviora.
Voc.	o Breviores,	o Breviores,	o Breviora.
Abl.	Brevioribus,	Brevioribus,	Brevioribus.

II. Le superlatif se forme du même cas de l'adjectif terminé par *i*, auquel on ajoute *ssimus* pour le masculin, *sima* pour le féminin et *ssimum* pour le neutre, comme :
Justus, JUSTI; justissimus, *très-juste* ; justissima, *très-juste* ; justissimum, *très-juste*.

EXCEPTIONS.

1° Les adjectifs terminés par *er* forment leurs superlatifs en ajoutant au nominatif singulier, *rimus* pour

le masculin, *rima* pour le féminin et *rimum* pour le neutre, comme :
Pulcher, pulcherrimus, pulcherrima, pulcherrimum.

2° Les adjectifs FACILIS *facile*, HUMILIS *humble*, SIMILIS *semblable*, forment le superlatif en changeant *is* en *limus, lima, limum* : facil*limus*, humil*limus*, simil*limus*.

Tous les superlatifs se déclinent comme *bonus*, *bona*, *bonum*.

REMARQUES.

1° Presque tous les adjectifs terminés en *eus*, *ius*, *uus*, comme IGNEUS *enflammé*, NOXIUS *nuisible*, ARDUUS *élevé*, veulent devant eux *magis* pour le comparatif, et *maximè* pour le superlatif, comme :

NOXIUS, *nuisible;* MAGIS NOXIUS, *plus nuisible;* MAXIMÈ NOXIUS, *très-nuisible.*

2° Les adjectifs terminés en *dicus, ficus, loquus, volus*, forment leurs comparatifs en changeant la terminaison *us* du nominatif en *entior* pour le masculin et le féminin, en *entius* pour le neutre; et leurs superlatifs, en changeant cette même terminaison *us* du nominatif en *entissimus* pour le masculin, *entissima* pour le féminin, *entissimum* pour le neutre, comme :

MALEDICUS, *médisant;* MALEDICENTIOR, MALEDICENTIOR, MALEDICENTIUS, *plus médisant;* MALEDICENTISSIMUS, *très-médisant;* MALEDICENTISSIMA, *très-médisante;* MALEDICENTISSIMUM, *très-médisant.*

5° Les quatre adjectifs suivants sont irréguliers dans leurs comparatifs et leurs superlatifs :

Bonus, *bon* ; melior, *meilleur* ; optimus, *très-bon.*

Malus, *mauvais* ; pejor, *pire* ; pessimus, *très-mauvais.*

Magnus, *grand* ; major, *plus grand* ; maximus, *très-grand.*

Parvus, *petit* ; minor, *plus petit* ; minimus, *très-petit.*

CHAPITRE TROISIÈME.

DÉCLINAISONS DES PRONOMS.

I. Pronoms personnels.

Ego, *moi* : pronom de la première personne.

SINGULIER.

Nom.	Ego,	*moi.*
Gén.	Mei,	*de moi.*
Dat.	Mihi,	*à moi.*
Acc.	Me,	*moi.*
Voc.	. . . .	
Abl.	Me,	*de moi.*

PLURIEL.

Nom.	Nos,	*nous.*
Gén.	Nostrum *ou* nostri,	*de nous.*
Dat.	Nobis,	*à nous.*
Acc.	Nos,	*nous.*
Voc.	. . . .	
Abl.	Nobis,	*de nous.*

Tu, *toi* : pronom de la seconde personne.

SINGULIER.

Nom.	Tu,	*toi.*
Gén.	Tui,	*de toi.*
Dat.	Tibi,	*à toi.*
Acc.	Te,	*toi.*
Voc.	o Tu,	*ô toi.*
Abl.	Te,	*de toi.*

PLURIEL.

Nom.	Vos,	*vous.*
Gén.	Vestrum *ou* Vestri,	*de vous.*
Dat.	Vobis,	*à vous.*
Acc.	Vos,	*vous.*
Voc.	o Vos,	*ô vous.*
Abl.	Vobis,	*de vous.*

Sui, *de soi* : pronom de la troisième personne.

Il est le même au singulier et au pluriel ; il n'a ni nominatif ni vocatif.

Gén.	Sui,	*de soi.*
Dat.	Sibi,	*à soi.*
Acc.	Se,	*soi.*
Abl.	Se,	*de soi.*

Ces trois pronoms, EGO, TU, SUI, sont des trois genres.

II. Pronoms possessifs.

Les pronoms meus *mien*, mea *mienne*, meum *mien*, noster *notre*, nostra *notre*, nostrum *notre*, et autres semblables, comme tuus *tien*, vester *votre*, suus *sien*, se déclinent comme les adjectifs de la première et de la seconde déclinaison. *Meus* fait *o mi* au vocatif singulier. *Tuus*, *vester* et *suus* n'ont pas de vocatif.

SINGULIER.

	Masculin.	Féminin.	Neutre.
Nom.	Meus, *mien.*	Mea, *mienne.*	Meum, *mien.*
Gén.	Mei,	Meæ,	Mei.
Dat.	Meo,	Meæ,	Meo.
Acc.	Meum,	Meam,	Meum.
Voc.	o Mi,	o Mea,	o Meum.
Abl.	Meo,	Mea,	Meo.

PLURIEL.

Nom.	Mei, *miens.*	Meæ, *miennes.*	Mea, *miens.*
Gén.	Meorum,	Mearum,	Meorum.
Dat.	Meis,	Meis,	Meis.
Acc.	Meos,	Meas,	Mea.
Voc.	o Mei,	o Meæ,	o Mea.
Abl.	Meis,	Meis,	Meis.

III. Pronoms démonstratifs.

SINGULIER.

	Masculin.	Féminin.	Neutre.
Nom.	Hic, *celui-ci.*	Hæc, *celle-ci.*	Hoc, *ceci.*
Gén.	Hujus,	Hujus,	Hujus.
Dat.	Huic,	Huic,	Huic.
Acc.	Hunc,	Hanc,	Hoc.
Voc.	. . . .	. . . .	. . . .
Abl.	Hoc,	Hac,	Hoc.

PLURIEL.

Nom.	Hi, *ceux-ci.*	Hæ, *celles-ci.*	Hæc, *ces choses-ci.*
Gén.	Horum,	Harum,	Horum.
Dat.	His,	His,	His.
Acc.	Hos,	Has,	Hæc.
Voc.	. . . .		
Abl.	His,	His,	His.

—

SINGULIER.

Nom.	Iste, *celui-là.*	Ista, *celle-là.*	Istud, *cela.*
Gén.	Istius,	Istius,	Istius.
Dat.	Isti,	Isti,	Isti.
Acc.	Istum,	Istam,	Istud.
Abl.	Isto,	Ista,	Isto.

PLURIEL.

Nom.	Isti, *ceux-là.*	Istæ, *celles-là.*	Ista, *ces choses-là.*
Gén.	Istorum,	Istarum,	Istorum.
Dat.	Istis,	Istis,	Istis.
Acc.	Istos,	Istas,	Ista.
Abl.	Istis,	Istis,	Istis.

—

SINGULIER.

Nom.	Ille, *celui-là.*	Illa, *celle-là.*	Illud, *cela.*
Gén.	Illius,	Illius,	Illius.
Dat.	Illi,	Illi,	Illi.
Acc.	Illum,	Illam,	Illud.
Abl.	Illo,	Illa,	Illo.

PLURIEL.

Nom.	Illi, *ceux-là.*	Illæ, *celles-là.*	Illa, *ces choses-là.*
Gén.	Illorum,	Illarum,	Illorum.
Dat.	Illis,	Illis,	Illis.
Acc.	Illos,	Illas,	Illa.
Abl.	Illis,	Illis,	Illis.

—

SINGULIER.

Nom.	Ipse, *celui-là même.*	Ipsa, *celle-là même.*	Ipsum, *cela même.*
Gén.	Ipsius,	Ipsius,	Ipsius.
Dat.	Ipsi,	Ipsi,	Ipsi.
Acc.	Ipsum,	Ipsam,	Ipsum.
Abl.	Ipso,	Ipsa,	Ipso.

PLURIEL.

Nom.	Ipsi, *ceux-là même.*	Ipsæ, *celles-là même.*	Ipsa, *ces choses-là même.*
Gén.	Ipsorum,	Ipsarum,	Ipsorum.
Dat.	Ipsis,	Ipsis,	Ipsis.
Acc.	Ipsos,	Ipsas,	Ipsa.
Abl.	Ipsis,	Ipsis,	Ipsis.

—

SINGULIER.

Nom.	Is, *celui-là.*	Ea, *celle-là.*	Id, *cela.*
Gén.	Ejus,	Ejus,	Ejus.
Dat.	Ei,	Ei,	Ei.
Acc.	Eum,	Eam,	Id.
Abl.	Eo,	Ea,	Eo.

PLURIEL.

Nom.	Ii, *ceux-là.*	Eæ, *celles-là.*	Ea, *ces choses-là.*
Gén.	Eorum,	Earum,	Eorum.
Dat.	Eis *ou* Iis,	Eis *ou* Iis,	Eis *ou* Iis.
Acc.	Eos,	Eas,	Ea.
Abl.	Eis *ou* Iis,	Eis *ou* Iis,	Eis *ou* Iis.

—

SINGULIER.

Nom.	Idem, *le même.*	Eadem, *la même.*	Idem, *la même chose.*
Gén.	Ejusdem,	Ejusdem,	Ejusdem.
Dat.	Eidem,	Eidem,	Eidem.
Acc.	Eumdem,	Eamdem,	Idem.
Abl.	Eodem,	Eadem,	Eodem.

PLURIEL.

Nom.	Iidem, *les mêmes.*	Eædem, *les mêmes.*	Eadem, *les mêmes choses.*
Gén.	Eorumdem,	Earumdem,	Eorumdem.
Dat.	Eisdem *ou* Iisdem,	Eisdem *ou* Iisdem,	Eisdem *ou* Iisdem.
Acc.	Eosdem,	Easdem,	Eadem.
Abl.	Eisdem *ou* Iisdem,	Eisdem *ou* Iisdem,	Eisdem *ou* Iisdem.

IV. Pronoms relatifs.

SINGULIER.

	Masculin.	Féminin.	Neutre.
Nom.	Qui, *lequel.*	Quæ, *laquelle.*	Quod, *lequel.*
Gén.	Cujus,	Cujus,	Cujus.
Dat.	Cui,	Cui,	Cui.
Acc.	Quem,	Quam,	Quod.
Abl.	Quo,	Qua,	Quo.

PLURIEL.

Nom.	Qui, *lesquels.*	Quæ, *lesquelles.*	Quæ, *lesquels.*
Gén.	Quorum,	Quarum,	Quorum.
Dat.	Quibus,	Quibus,	Quibus.
Acc.	Quos,	Quas,	Quæ.
Abl.	Quibus,	Quibus,	Quibus.

Pronoms composés de QUI.

Qui*cumque*, quæ*cumque*, quod*cumque*, cujus*cumque*, *qui que ce soit.*

Qui*libet*, quæ*libet*, quod*libet* *ou* quid*libet*, cujus*libet*, *qui il vous plaira.*

Qui*vis*, quæ*vis*, quod*vis* *ou* quid*vis*, cujus*vis*, *qui vous voudrez.*

Qui*dam*, quæ*dam*, quod*dam* *ou* quid*dam*, cujus*dam*, *un certain.*

V. Pronoms interrogatifs.

SINGULIER.

	Masculin.	Féminin.	Neutre.
Nom.	Quis *ou* Qui, *qui.*	Quæ, *quelle.*	Quod *ou* Quid, *quoi.*
Gén.	Cujus,	Cujus,	Cujus.
Dat.	Cui,	Cui,	Cui.
Acc.	Quem,	Quam,	Quod *ou* Quid.
Abl.	Quo,	Qua,	Quo.

PLURIEL.

Nom.	Qui, *qui.*	Quæ, *quelles.*	Quæ, *quelles choses.*
Gén.	Quorum,	Quarum,	Quorum.
Dat.	Quibus,	Quibus,	Quibus.
Acc.	Quos,	Quas,	Quæ.
Abl.	Quibus,	Quibus,	Quibus.

Composés de QUIS où QUIS est en tête du mot.

Quis*nam*, quæ*nam*, quod*nam* *ou* quid*nam*. *Qui donc*.... Cujus*nam*....

Quis*piam*, quæ*piam*, quod*piam* *ou* quid*piam*. *Quelqu'un*.... Cujus*piam*....

Quis*quam*, quæ*quam*, quod*quam* *ou* quid*quam*. *Quelque*.... Cujus*quam*....

Quis*que*, quæ*que*, quod*que* *ou* quid*que*. *Chacun*.... Cujus*que*....

Composés de QUIS où QUIS se trouve à la fin du mot.

*Ali*quis, *ali*qua, *ali*quod *ou* *ali*quid. *Quelqu'un*.... *Ali*cujus....

*E*cquis, *e*cqua *ou* *e*cquæ, *e*cquod *ou* *e*cquid. *Y a-t-il quelqu'un qui*.... *E*ccujus....

*Ne*quis, *ne*qua, *ne*quod *ou* *ne*quid. *De peur que quelqu'un*.... *Ne*cujus....

*Si*quis, *si*qua, *si*quod *ou* *si*quid. *Si quelque*.... *Si*cujus....

Quisquis, qui que ce soit qui; *quidquid*, quoi que ce soit qui... *Cujuscujus*, au singulier, n'a pas de féminin; au pluriel, il n'a ni féminin ni neutre.

Quelques-uns de ces composés se composent encore d'autres mots déclinables ou invariables, comme :

*Unus*quisque, *una*quæque, *unum*quodque *ou* *unum*quidque. *Chacun*.... *Unius*cujusque....

Ecquis*nam*, ecquæ*nam*, ecquod*nam* *ou* ecquid*nam*. *Y a-t-il quelqu'un qui*.... Eccujus*nam*....

CONJUGAISONS.

Conjuguer un verbe, c'est réciter ou écrire la série entière des modes, temps et personnes de ce verbe.

Nous distinguons en latin cinq modes : l'Indicatif, l'Impératif, l'Optatif, le Conjonctif et l'Infinitif.

Il y a différentes manières de conjuguer le verbe substantif, les verbes actifs et passifs, les verbes déponents, les verbes communs, les verbes irréguliers, les verbes défectifs et les verbes impersonnels.

VERBE SUBSTANTIF.

SUM, je suis.

MODE INDICATIF.

TEMPS PRÉSENT.

Sing.	Sum,	*je suis.*
	Es,	*tu es.*
	Est,	*il est.*
Plur.	Sumus,	*nous sommes.*
	Estis,	*vous êtes.*
	Sunt,	*ils sont.*

TEMPS PRÉTÉRIT IMPARFAIT.

Sing.	Eram,	*j'étais.*
	Eras,	*tu étais.*
	Erat,	*il était.*
Plur.	Eramus,	*nous étions.*
	Eratis,	*vous étiez.*
	Erant,	*ils étaient.*

TEMPS PRÉTÉRIT PARFAIT.

Sing.	Fui,	*j'ai été* (1).
	Fuisti,	*tu as été.*
	Fuit,	*il a été.*
Plur.	Fuimus,	*nous avons été.*
	Fuistis,	*vous avez été.*
	Fuerunt *ou* Fuere,	*ils ont été.*

TEMPS PRÉTÉRIT PLUS-QUE-PARFAIT.

Sing.	Fueram,	*j'avais été.*
	Fueras,	*tu avais été.*
	Fuerat,	*il avait été.*
Plur.	Fueramus,	*nous avions été.*
	Fueratis,	*vous aviez été.*
	Fuerant,	*ils avaient été.*

TEMPS FUTUR.

Sing.	Ero,	*je serai.*
	Eris,	*tu seras.*
	Erit,	*il sera.*
Plur.	Erimus,	*nous serons.*
	Eritis,	*vous serez.*
	Erunt,	*ils seront.*

---

(1) On dit aussi : fui, *je fus*; fuisti, *tu fus*; fuit, *il fut*; fuimus, *nous fûmes*; fuistis, *vous fûtes*; fuerunt *ou* fuere, *ils furent.*

MODE IMPÉRATIF.

TEMPS PRÉSENT.

Sing.	Es,	*sois.*
	Sit,	*qu'il soit.*
Plur.	Simus,	*soyons.*
	Este,	*soyez.*
	Sint,	*qu'ils soient.*

TEMPS FUTUR.

Sing.	Esto tu,	*sois.*
	Esto ille, illa, illud,	*qu'il soit, qu'elle soit.*
Plur.	Estote,	*soyez.*
	Sunto,	*qu'ils soient.*

MODE OPTATIF.

TEMPS PRÉSENT ET IMPARFAIT.

Sing.	Utinam	Essem,	*plût à Dieu que je fusse* (1).
		Esses,	*que tu fusses.*
		Esset,	*qu'il fût.*
Plur.	Utinam	Essemus,	*que nous fussions.*
		Essetis,	*que vous fussiez.*
		Essent,	*qu'ils fussent.*

TEMPS PRÉTÉRIT PARFAIT.

Sing.	Utinam	Fuerim,	*plaise à Dieu que j'aie été.*
		Fueris,	*que tu aies été.*
		Fuerit,	*qu'il ait été.*
Plur.	Utinam	Fuerimus,	*que nous ayons été.*
		Fueritis,	*que vous ayez été.*
		Fuerint,	*qu'ils aient été.*

---

(1) On dit aussi : essem, *je serais;* esses, *tu serais;* esset, *il serait;* essemus, *nous serions;* essetis, *vous seriez;* essent, *ils seraient.*

TEMPS PRÉTÉRIT PLUS-QUE-PARFAIT.

Sing.	Utinam	Fuissem,	*plût à Dieu que j'eusse été* (1).
		Fuisses,	*que tu eusses été.*
		Fuisset,	*qu'il eût été.*
Plur.	Utinam	Fuissemus,	*que nous eussions été.*
		Fuissetis,	*que vous eussiez été.*
		Fuissent,	*qu'ils eussent été.*

TEMPS FUTUR.

Sing.	Utinam	Sim,	*plaise à Dieu que je sois.*
		Sis,	*que tu sois.*
		Sit,	*qu'il soit.*
Plur.	Utinam	Simus,	*que nous soyons.*
		Sitis,	*que vous soyez.*
		Sint,	*qu'ils soient.*

MODE CONJONCTIF.

TEMPS PRÉSENT.

Sing.	Cum	Sim,	*puisque je suis.*
		Sis,	*puisque tu es.*
		Sit,	*puisqu'il est.*
Plur.	Cum	Simus,	*puisque nous sommes.*
		Sitis,	*puisque vous êtes.*
		Sint,	*puisqu'ils sont.*

(1) *Et* : fuissem, *j'aurais été;* fuisses, *tu aurais été;* fuisset, *il aurait été*, etc.

TEMPS PRÉTÉRIT IMPARFAIT.

Sing.	Cum	Essem,	*puisque j'étais.*
		Esses,	*puisque tu étais.*
		Esset,	*puisqu'il était.*
Plur.	Cum	Essemus,	*puisque nous étions.*
		Essetis,	*puisque vous étiez.*
		Essent,	*puisqu'ils étaient.*

TEMPS PRÉTÉRIT PARFAIT.

Sing.	Cum	Fuerim,	*puisque j'ai été.*
		Fueris,	*puisque tu as été.*
		Fuerit,	*puisqu'il a été.*
Plur.	Cum	Fuerimus,	*puisque nous avons été.*
		Fueritis,	*puisque vous avez été.*
		Fuerint,	*puisqu'ils ont été.*

TEMPS PRÉTÉRIT PLUS-QUE-PARFAIT.

Sing.	Cum	Fuissem,	*puisque j'avais été.*
		Fuisses,	*puisque tu avais été.*
		Fuisset,	*puisqu'il avait été.*
Plur.	Cum	Fuissemus,	*puisque nous avions été.*
		Fuissetis,	*puisque vous aviez été.*
		Fuissent,	*puisqu'ils avaient été.*

TEMPS FUTUR.

Sing.	Cum	Fuero,	*quand j'aurai été.*
		Fueris,	*quand tu auras été.*
		Fuerit,	*quand il aura été.*
Plur.	Cum	Fuerimus,	*quand nous aurons été.*
		Fueritis,	*quand vous aurez été.*
		Fuerint,	*quand ils auront été.*

MODE INFINITIF.

TEMPS PRÉSENT ET IMPARFAIT.

Esse, *être, qu'il est, qu'il était, qu'ils sont, qu'ils étaient.*

TEMPS PRÉTÉRIT PARFAIT ET PRÉTÉRIT PLUS-QUE-PARFAIT.

Fuisse, *avoir été, qu'il a été, qu'ils ont été, qu'il avait été, qu'ils avaient été.*

TEMPS FUTUR.

Sing. Fore *ou* Futurum, am, um esse, *devoir être, qu'il sera.*

Plur. Fore *ou* Futuros, as, a esse, *devoir être, qu'ils seront.*

TEMPS FUTUR PRÉTÉRIT PARFAIT.

Sing. Futurum, am, um fuisse, *avoir dû être, qu'il eût été.*

Plur. Futuros, as, a fuisse, *avoir dû être, qu'ils eussent été.*

PARTICIPE.

FUTUR.

Futurus, a, um, *devant être, qui sera* (1).

---

(1) On conjugue de la même manière les composés de sum, comme adsum, *je suis présent*... excepté possum, *je peux*, et prosum, *je suis utile.*

CONJUGAISONS
DES VERBES ACTIFS ET PASSIFS.

Il y a quatre conjugaisons pour les verbes actifs, et quatre pour leurs passifs. Ces conjugaisons peuvent se distinguer entre elles par la terminaison du présent de l'infinitif, et par celle de la seconde personne du présent de l'indicatif.

PREMIÈRE CONJUGAISON
DES VERBES ACTIFS.

La première conjugaison a le présent de l'infinitif terminé en *are*, et la seconde personne du singulier du présent de l'indicatif en *as*.

Modèle de la première conjugaison : Amo, *j'aime.*

MODE INDICATIF.

TEMPS PRÉSENT.

Sing.	Amo,	*j'aime.*
	Amas,	*tu aimes.*
	Amat,	*il aime.*
Plur.	Amamus,	*nous aimons.*
	Amatis,	*vous aimez.*
	Amant,	*ils aiment.*

TEMPS PRÉTÉRIT IMPARFIAT.

Sing.	Amabam,	*j'aimais.*
	Amabas,	*tu aimais.*
	Amabat,	*il aimait.*
Plur.	Amabamus,	*nous aimions.*
	Amabatis,	*vous aimiez.*
	Amabant,	*ils aimaient.*

TEMPS PRÉTÉRIT PARFAIT.

Sing.	Amavi,	*j'ai aimé* (1).
	Amavisti,	*tu as aimé.*
	Amavit,	*il a aimé.*
Plur.	Amavimus,	*nous avons aimé.*
	Amavistis,	*vous avez aimé.*
	Amaverunt *ou* Amavere,	*ils ont aimé.*

TEMPS PRÉTÉRIT PLUS-QUE-PARFAIT.

Sing.	Amaveram,	*j'avais aimé.*
	Amaveras,	*tu avais aimé.*
	Amaverat,	*il avait aimé.*
Plur.	Amaveramus,	*nous avions aimé.*
	Amaveratis,	*vous aviez aimé.*
	Amaverant,	*ils avaient aimé.*

TEMPS FUTUR.

Sing.	Amabo,	*j'aimerai.*
	Amabis,	*tu aimeras.*
	Amabit,	*il aimera.*
Plur.	Amabimus.	*nous aimerons.*
	Amabitis,	*vous aimerez.*
	Amabunt,	*ils aimeront.*

(1) On dit aussi : amavi, *j'aimai;* amavisti, *tu aimas;* amavit, *il aima;* amavimus, *nous aimâmes;* amavistis, *vous aimâtes;* amaverunt ou amavere, *ils aimèrent.*

MODE IMPÉRATIF.

TEMPS PRÉSENT.

Sing.	Ama,	*aime.*
	Amet,	*qu'il aime.*
Plur.	Amemus,	*aimons.*
	Amate,	*aimez.*
	Ament,	*qu'ils aiment.*

TEMPS FUTUR.

Sing.	Amato tu,	*aime.*
	Amato ille, illa, illud,	*qu'il* ou *qu'elle aime.*
Plur.	Amatote,	*aimez.*
	Amanto,	*qu'ils aiment.*

MODE OPTATIF.

TEMPS PRÉSENT ET PRÉTÉRIT IMPARFAIT.

Sing.	Utinam	Amarem,	*plût à Dieu que j'aimasse*(1)
		Amares,	*que tu aimasses.*
		Amaret,	*qu'il aimât.*
Plur.	Utinam	Amaremus,	*que nous aimassions.*
		Amaretis,	*que vous aimassiez.*
		Amarent,	*qu'ils aimassent.*

TEMPS PRÉTÉRIT PARFAIT.

Sing.	Utinam	Amaverim,	*plaise à Dieu que j'aie aimé*
		Amaveris,	*que tu aies aimé.*
		Amaverit,	*qu'il ait aimé.*
Plur.	Utinam	Amaverimus,	*que nous ayons aimé.*
		Amaveritis,	*que vous ayez aimé.*
		Amaverint,	*qu'ils aient aimé.*

---

(1) On dit aussi : amarem, *j'aimerais;* amares, *tu aimerais;* amaret, *il aimerait;* amaremus, *nous aimerions;* amaretis, *vous aimeriez;* amarent, *ils aimeraient.*

TEMPS PRÉTÉRIT PLUS-QUE-PARFAIT.

Sing.	Utinam	Amavissem,	*plût à Dieu que j'eusse aimé* (1).
		Amavisses,	*que tu eusses aimé.*
		Amavisset,	*qu'il eût aimé.*
Plur.	Utinam	Amavissemus,	*que nous eussions aimé.*
		Amavissetis,	*que vous eussiez aimé.*
		Amavissent,	*qu'ils eussent aimé.*

TEMPS FUTUR.

Sing.	Utinam	Amem,	*plaise à Dieu que j'aime.*
		Ames,	*que tu aimes.*
		Amet,	*qu'il aime.*
Plur.	Utinam	Amemus,	*que nous aimions.*
		Ametis,	*que vous aimiez.*
		Ament,	*qu'ils aiment.*

MODE CONJONCTIF.

TEMPS PRÉSENT.

Sing.	Cum	Amem,	*puisque j'aime.*
		Ames,	*puisque tu aimes.*
		Amet,	*puisqu'il aime.*
Plur.	Cum	Amemus,	*puisque nous aimons.*
		Ametis,	*puisque vous aimez.*
		Ament,	*puisqu'ils aiment.*

---

(1) *Et :* amavissem, *j'aurais aimé;* amavisses, *tu aurais aimé;* amavisset, *il aurait aimé;* amavissemus, *nous aurions aimé;* amavissent, *ils auraient aimé.*

TEMPS PRÉTÉRIT IMPARFAIT.

Sing.	Cum	Amarem,	*puisque j'aimais.*
		Amares,	*puisque tu aimais.*
		Amaret,	*puisqu'il aimait.*
Plur.	Cum	Amaremus,	*puisque nous aimions.*
		Amaretis,	*puisque vous aimiez.*
		Amarent,	*puisqu'ils aimaient.*

TEMPS PRÉTÉRIT PARFAIT.

Sing.	Cum	Amaverim,	*puisque j'ai aimé.*
		Amaveris,	*puisque tu as aimé.*
		Amaverit,	*puisqu'il a aimé.*
Plur.	Cum	Amaverimus,	*puisque nous avons aimé.*
		Amaveritis,	*puisque vous avez aimé.*
		Amaverint,	*puisqu'ils ont aimé.*

TEMPS PRÉTÉRIT PLUS-QUE-PARFAIT.

Sing.	Cum	Amavissem,	*puisque j'avais aimé.*
		Amavisses,	*puisque tu avais aimé.*
		Amavisset,	*puisqu'il avait aimé.*
Plur.	Cum	Amavissemus,	*puisque nous avions aimé.*
		Amavissetis,	*puisque vous aviez aimé.*
		Amavissent,	*puisqu'ils avaient aimé.*

TEMPS FUTUR.

Sing.	Cum	Amavero,	*quand j'aurai aimé.*
		Amaveris,	*quand tu auras aimé.*
		Amaverit,	*quand il aura aimé.*
Plur.	Cum	Amaverimus,	*quand nous aurons aimé.*
		Amaveritis,	*quand vous aurez aimé.*
		Amaverint,	*quand ils auront aimé.*

MODE INFINITIF.

TEMPS PRÉSENT ET PRÉTÉRIT IMPARFAIT.

Amare, *aimer*, *qu'il aime*, *qu'il aimait.*

TEMPS PRÉTERIT PARFAIT ET PLUS-QUE-PARFAIT.

Amavisse, *avoir aimé*, *qu'il a aimé*, *qu'il avait aimé.*

TEMPS FUTUR.

Sing. Amaturum, am, um esse, *devoir aimer*, *qu'il aimera.*
Plur. Amaturos, as, a esse, *devoir aimer*, *qu'ils aimeront.*

TEMPS FUTUR PRÉTÉRIT PARFAIT.

Sing. Amaturum, am, um fuisse, *avoir dû aimer*, *qu'il eût aimé.*
Plur. Amaturos, as, a fuisse, *avoir dû aimer*, *qu'ils eussent aimé.*

GÉRONDIFS.

Amandi,	*d'aimer.*
Amando,	*en aimant.*
Amandum,	*pour aimer.*

SUPINS.

Amatum,	*aimer.*
Amatu,	*à aimer.*

PARTICIPES.

TEMPS PRÉSENT ET PRÉTÉRIT IMPARFAIT.

Amans, amantis, *aimant, qui aime, qui aimait.*

TEMPS FUTUR.

Amaturus, a, um, *devant aimer, qui aimera.*

PREMIÈRE CONJUGAISON

DES VERBES PASSIFS.

La première conjugaison des verbes passifs a le présent de l'infinitif terminé en *ari*, et la seconde personne du singulier du présent de l'indicatif en *aris*.

AMOR, *je suis aimé.*

MODE INDICATIF.

TEMPS PRÉSENT.

Sing.	Amor,	*je suis aimé.*
	Amaris *ou* Amare,	*tu es aimé.*
	Amatur,	*il est aimé.*
Plur.	Amamur,	*nous sommes aimés*
	Amamini,	*vous êtes aimés.*
	Amantur,	*ils sont aimés.*

TEMPS PRÉTÉRIT IMPARFAIT.

Sing.	Amabar,	*j'étais aimé.*
	Amabaris *ou* Amabare,	*tu étais aimé.*
	Amabatur,	*il était aimé.*
Plur.	Amabamur,	*nous étions aimés.*
	Amabamini,	*vous étiez aimés.*
	Amabantur,	*ils étaient aimés.*

TEMPS PRÉTÉRIT PARFAIT.

Sing. Amatus, a, um sum *ou* fui, *j'ai été aimé* (1).
Amatus, a, um es *ou* fuisti, *tu as été aimé.*
Amatus, a, um est *ou* fuit, *il a été aimé.*

Plur. Amati, æ, a sumus *ou* fuimus, *nous avons été aimés.*
Amati, æ, a estis *ou* fuistis, *vous avez été aimés.*
Amati, æ, a sunt *ou* fuerunt *ou* fuere, *ils ont été aimés.*

TEMPS PRÉTÉRIT PLUS-QUE-PARFAIT.

Sing. Amatus, a, um eram *ou* fueram, *j'avais été aimé.*
Amatus, a, um eras *ou* fueras, *tu avais été aimé.*
Amatus, a, um erat *ou* fuerat, *il avait été aimé.*

Plur. Amati, æ, a eramus *ou* fueramus, *nous avions été aimés.*
Amati, æ, a eratis *ou* fueratis, *vous aviez été aimés.*
Amati, æ, a erant *ou* fuerant, *ils avaient été aimés.*

---

(1) On dit aussi : amatus, a, um sum *ou* fui, *je fus aimé;* amatus, a, um es *ou* fuisti, *tu fus aimé;* amatus, a, um est *ou* fuit, *il fut aimé.*

TEMPS FUTUR.

Sing.	Amabor,	*je serai aimé.*
	Amaberis *ou* Amabere,	*tu seras aimé.*
	Amabitur,	*il sera aimé.*
Plur.	Amabimur,	*nous serons aimés.*
	Amabimini,	*vous serez aimés.*
	Amabuntur,	*ils seront aimés.*

MODE IMPÉRATIF.

TEMPS PRÉSENT.

Sing.	Amare,	*sois aimé.*
	Ametur,	*qu'il soit aimé.*
Plur.	Amemur,	*soyons aimés.*
	Amamini,	*soyez aimés.*
	Amentur,	*qu'ils soient aimés.*

TEMPS FUTUR.

Sing.	Amator tu,	*sois aimé.*
	Amator ille, illa, illud,	*qu'il soit aimé, que elle soit aimée.*
Plur.	Amaminor,	*soyez aimés.*
	Amantor,	*qu'ils soient aimés.*

MODE OPTATIF.

TEMPS PRÉSENT ET PRÉTÉRIT IMPARFAIT.

Sing.	Utinam Amarer,	*plût à Dieu que je fusse aimé* (1).
	Amareris *ou* Amarere,	*que tu fusses aimé.*
	Amaretur,	*qu'il fût aimé.*
Plur.	Utinam Amaremur,	*que nous fussions aimés.*
	Amaremini,	*que vous fussiez aimés.*
	Amarentur,	*qu'ils fussent aimés.*

(1) On dit aussi : amarer, *je serais aimé;* amareris *ou* amarere, *tu serais aimé;* amaretur, *il serait aimé*, etc.

TEMPS PRÉTÉRIT PARFAIT.

Sing. Utinam Amatus, a, um sim *ou* fuerim, *plaise à Dieu que j'aie été aimé.*
Amatus, a, um sis *ou* fueris, *que tu aies été aimé.*
Amatus, a, um sit *ou* fuerit, *qu'il ait été aimé.*

Plur. Utinam Amati, æ, a simus *ou* fuerimus, *que nous ayons été aimés.*
Amati, æ, a sitis *ou* fueritis, *que vous ayez été aimés.*
Amati, æ, a sint *ou* fuerint, *qu'ils aient été aimés.*

TEMPS PRÉTÉRIT PLUS-QUE-PARFAIT.

Sing. Utinam Amatus, a, um essem *ou* fuissem, *plût à Dieu que j'eusse été aimé* (1).
Amatus, a, um esses *ou* fuisses, *que tu eusses été aimé.*
Amatus, a, um esset *ou* fuisset, *qu'il eût été aimé.*

Plur. Utinam Amati, æ, a essemus *ou* fuissemus, *que nous eussions été aimés.*
Amati, æ, a essetis *ou* fuissetis, *que vous eussiez été aimés.*
Amati, æ, a essent *ou* fuissent, *qu'ils eussent été aimés.*

---

(1) *Et :* amatus, a, um essem *ou* fuissem, *j'aurais été aimé ;* amatus, a, um esses *ou* fuisses, *tu aurais été aimé ;* amatus, a, um esset *ou* fuisset, *il aurait été aimé*, etc.

TEMPS FUTUR.

Sing. Utinam Amer, *plaise à Dieu que je sois aimé.*
Ameris *ou* Amere, *que tu sois aimé.*
Ametur, *qu'il soit aimé.*
Plur. Utinam Amemur, *que nous soyons aimés.*
Amemini, *que vous soyez aimés.*
Amentur, *qu'ils soient aimés.*

MODE CONJONCTIF.

TEMPS PRÉSENT.

Sing. Cum Amer, *puisque je suis aimé.*
Ameris *ou* Amere, *puisque tu es aimé.*
Ametur, *puisqu'il est aimé.*
Plur. Cum Amemur, *puisque nous sommes aimés.*
Amemini, *puisque vous êtes aimés.*
Amentur, *puisqu'ils sont aimés.*

TEMPS PRÉTÉRIT IMPARFAIT.

Sing. Cum Amarer, *puisque j'étais aimé.*
Amareris *ou* Amarere, *puisque tu étais aimé.*
Amaretur, *puisqu'il était aimé.*
Plur. Cum Amaremur, *puisque nous étions aimés.*
Amaremini, *puisque vous étiez aimés.*
Amarentur, *puisqu'ils étaient aimés.*

TEMPS PRÉTÉRIT PARFAIT.

Sing. Cum Amatus, a, um sim *ou* fuerim, *puisque j'ai été aimé.*

Amatus, a, um sis *ou* fueris, *puisque tu as été aimé.*

Amatus, a, um sit *ou* fuerit, *puisqu'il a été aimé.*

Plur. Cum Amati, æ, a simus *ou* fuerimus, *puisque nous avons été aimés.*

Amati, æ, a sitis *ou* fueritis, *puisque vous avez été aimés.*

Amati, æ, a sint *ou* fuerint, *puisqu'ils ont été aimés.*

TEMPS PRÉTÉRIT PLUS-QUE-PARFAIT.

Sing. Cum Amatus, a, um essem *ou* fuissem, *puisque j'avais été aimé.*

Amatus, a, um essem *ou* fuissem, *puisque tu avais été aimé.*

Amatus, a, um esset *ou* fuisset, *puisqu'il avait été aimé.*

Plur. Cum Amati, æ, a essemus *ou* fuissemus, *puisque nous avions été aimés.*

Amati, æ, a essetis *ou* fuissetis, *puisque vous aviez été aimés.*

Amati, æ, a essent *ou* fuissent, *puisqu'ils avaient été aimés.*

TEMPS FUTUR.

Sing. Cum Amatus, a, um ero *ou* fuero, *quand j'aurai été aimé.*

Amatus, a, um eris *ou* fueris, *quand tu auras été aimé.*

Amatus, a, um erit *ou* fuerit, *quand il aura été aimé.*

Plur. Cum Amati, æ, a erimus *ou* fuerimus, *quand nous aurons été aimés.*
Amati, æ, a eritis *ou* fueritis, *quand vous aurez été aimés.*
Amati, æ, a erunt *ou* fuerint, *quand ils auront été aimés.*

MODE INFINITIF.

TEMPS PRÉSENT ET PRÉTÉRIT IMPARFAIT.

Amari, *être aimé, qu'il est aimé, qu'il était aimé.*

TEMPS PRÉTÉRIT PARFAIT ET PLUS-QUE-PARFAIT.

Sing. Amatum, am, um esse *ou* fuisse, *avoir été aimé, qu'il a été aimé, qu'il avait été aimé.*
Plur. Amatos, as, a esse *ou* fuisse, *avoir été aimés, qu'ils ont été aimés, qu'ils avaient été aimés.*

TEMPS FUTUR.

Sing. Amatum iri *ou* Amandum, am, um esse, *devoir être aimé, qu'il sera aimé.*
Plur. Amatum iri *ou* Amandos, as, a esse, *devoir être aimés, qu'ils seront aimés.*

TEMPS FUTUR PRÉTÉRIT PARFAIT.

Sing. Amandum, am, um fuisse, *avoir dû être aimé, qu'il eût été aimé.*
Plur. Amandos, as, a fuisse, *avoir dû être aimés, qu'ils eussent été aimés.*

PARTICIPES.

TEMPS PRÉTÉRIT PARFAIT ET PRÉTÉRIT PLUS-QUE-PARFAIT.

Amatus, a, um, *aimé, qui a été aimé, qui avait été aimé.*

TEMPS FUTUR.

Amandus, a, um, *devant être aimé, qui sera aimé.*

SECONDE CONJUGAISON

DES VERBES ACTIFS.

La seconde conjugaison a le présent de l'infinitif terminé en ERE, et la seconde personne du singulier du présent de l'indicatif en ES.

Modèle de la seconde conjugaison : MONEO, *j'avertis.*

MODE INDICATIF.

TEMPS PRÉSENT.

Sing.	Moneo,	*j'avertis.*
	Mones,	*tu avertis.*
	Monet,	*il avertit.*
Plur.	Monemus,	*nous avertissons.*
	Monetis,	*vous avertissez.*
	Monent,	*ils avertissent.*

TEMPS PRÉTÉRIT IMPARFAIT.

Sing.	Monebam,	*j'avertissais.*
	Monebas,	*tu avertissais.*
	Monebat,	*il avertissait.*
Plur.	Monebamus,	*nous avertissions.*
	Monebatis,	*vous avertissiez.*
	Monebant,	*ils avertissaient.*

TEMPS PRÉTÉRIT PARFAIT.

Sing.	Monui,	*j'ai averti* (1).
	Monuisti,	*tu as averti.*
	Monuit,	*il a averti.*

(1) On dit aussi : monui, *j'avertis;* monuisti, *tu avertis;* monuit, *il avertit;* monuimus, *nous avertîmes;* monuistis, *vous avertîtes*, monuerunt, *ils avertirent.*

Plur.	Monuimus,	*nous avons averti.*
	Monuistis,	*vous avez averti.*
	Monuerunt *ou* Monuere,	*ils ont averti.*

TEMPS PRÉTÉRIT PLUS-QUE-PARFAIT.

Sing.	Monueram,	*j'avais averti.*
	Monueras,	*tu avais averti.*
	Monuerat,	*il avait averti.*
Plur.	Monueramus,	*nous avions averti.*
	Monueratis,	*vous aviez averti.*
	Monuerant,	*ils avaient averti.*

TEMPS FUTUR.

Sing.	Monebo,	*j'avertirai.*
	Monebis,	*tu avertiras.*
	Monebit,	*il avertira.*
Plur.	Monebimus,	*nous avertirons.*
	Monebitis,	*vous avertirez.*
	Monebunt,	*ils avertiront.*

MODE IMPÉRATIF.

TEMPS PRÉSENT.

Sing.	Mone,	*avertis.*
	Moneat,	*qu'il avertisse.*
Plur.	Moneamus,	*avertissons.*
	Monete,	*avertissez.*
	Moneant,	*qu'ils avertissent.*

TEMPS FUTUR.

Sing.	Moneto tu,	*avertis.*
	Moneto ille, illa, illud,	*qu'il* ou *qu'elle avertisse.*
Plur.	Monetote,	*avertissez.*
	Monento,	*qu'ils avertissent.*

MODE OPTATIF.

TEMPS PRÉSENT ET PRÉTÉRIT IMPARFAIT.

Sing. Utinam	Monerem,	*plût à Dieu que j'avertisse* (1).
	Moneres,	*que tu avertisses.*
	Moneret,	*qu'il avertît.*
Plur. Utinam	Moneremus,	*que nous avertissions.*
	Moneretis,	*que vous avertissiez.*
	Monerent,	*qu'ils avertissent.*

TEMPS PRÉTÉRIT PARFAIT.

Sing. Utinam	Monuerim,	*plaise à Dieu que j'aie averti.*
	Monueris,	*que tu aies averti.*
	Monuerit,	*qu'il ait averti.*
Plur. Utinam	Monuerimus,	*que nous ayons averti.*
	Monueritis,	*que vous ayez averti.*
	Monuerint,	*qu'ils aient averti.*

TEMPS PRÉTÉRIT PLUS-QUE-PARFAIT.

Sing. Utinam	Monuissem,	*plût à Dieu que j'eusse averti* (2).
	Monuisses,	*que tu eusses averti.*
	Monuisset,	*qu'il eût averti.*
Plur. Utinam	Monuissemus,	*que nous eussions averti.*
	Monuissetis,	*que vous eussiez averti.*
	Monuissent,	*qu'ils eussent averti.*

---

(1) On dit aussi : monerem, *j'avertirais ;* moneres, *tu avertirais;* moneret, *il avertirait*, etc.

(2) *Et :* monuissem, *j'aurais averti ;* monuisses, *tu aurais averti;* monuisset, *il aurait averti*, etc.

TEMPS FUTUR.

Sing.	Utinam	Moneam,	*plaise à Dieu que j'avertisse.*
		Moneas,	*que tu avertisses.*
		Moneat,	*qu'il avertisse.*
Plur.	Utinam	Moneamus,	*que nous avertissions.*
		Moneatis,	*que vous avertissiez.*
		Moneant,	*qu'ils avertissent.*

MODE CONJONCTIF.

TEMPS PRÉSENT.

Sing.	Cum	Moneam,	*puisque j'avertis.*
		Moneas,	*puisque tu avertis.*
		Moneat,	*puisqu'il avertit.*
Plur.	Cum	Moneamus,	*puisque nous avertissons.*
		Moneatis,	*puisque vous avertissez.*
		Moneant,	*puisqu'ils avertissent.*

TEMPS PRÉTÉRIT IMPARFAIT.

Sing.	Cum	Monerem,	*puisque j'avertissais.*
		Moneres,	*puisque tu avertissais.*
		Moneret,	*puisqu'il avertissait.*
Plur.	Cum	Moneremus,	*puisque nous avertissions.*
		Moneretis,	*puisque vous avertissiez.*
		Monerent,	*puisqu'ils avertissaient.*

TEMPS PRÉTÉRIT PARFAIT.

Sing.	Cum	Monuerim,	*puisque j'ai averti.*
		Monueris,	*puisque tu as averti.*
		Monuerit,	*puisqu'il a averti.*
Plur.	Cum	Monuerimus,	*puisque nous avons averti.*
		Monueritis,	*puisque vous avez averti.*
		Monuerint,	*puisqu'ils ont averti.*

TEMPS PRÉTÉRIT PLUS-QUE-PARFAIT.

Sing.	Cum	Monuissem,	*puisque j'avais averti.*
		Monuisses,	*puisque tu avais averti.*
		Monuisset,	*puisqu'il avait averti.*
Plur.	Cum	Monuissemus,	*puisque nous avions averti*
		Monuissetis,	*puisque vous aviez averti.*
		Monuissent,	*puisqu'ils avaient averti.*

TEMPS FUTUR.

Sing.	Cum	Monuero,	*quand j'aurai averti.*
		Monueris,	*quand tu auras averti.*
		Monuerit,	*quand il aura averti.*
Plur.	Cum	Monuerimus,	*quand nous aurons averti.*
		Monueritis,	*quand vous aurez averti.*
		Monuerint,	*quand ils auront averti.*

MODE INFINITIF.

TEMPS PRÉSENT ET PRÉTÉRIT IMPARFAIT.

Monere, *avertir, qu'il avertisse, qu'il avertissait.*

TEMPS PRÉTÉRIT PARFAIT ET PLUS-QUE-PARFAIT.

Monuisse, *avoir averti, qu'il a averti, qu'il avait averti.*

TEMPS FUTUR.

Sing. Moniturum, am, um esse, *devoir avertir, qu'il avertira.*

Plur. Monituros, as, a esse, *devoir avertir, qu'ils avertiront.*

TEMPS FUTUR PRÉTÉRIT PARFAIT.

Sing. Moniturum, am, um fuisse, *avoir dû avertir, qu'il eût averti.*

Plur. Monituros, as, a fuisse, *avoir dû avertir, qu'ils eussent averti.*

GÉRONDIFS.

Monendi,	*d'avertir.*
Monendo,	*en avertissant.*
Monendum,	*pour avertir.*

SUPINS.

Monitum,	*avertir.*
Monitu,	*à avertir.*

PARTICIPES.

TEMPS PRÉSENT ET PRÉTÉRIT IMPARFAIT.

Monens, Monentis, *avertissant*, *qui avertit*, *qui avertissait.*

TEMPS FUTUR.

Moniturus, a, um, *devant avertir*, *qui avertira.*

SECONDE CONJUGAISON
DES VERBES PASSIFS.

La seconde conjugaison des verbes passifs a le présent de l'infinitif terminé en ERI, et la seconde personne du singulier du présent de l'indicatif en ERIS.

Modèle de la seconde conjugaison : MONEOR, *je suis averti.*

MODE INDICATIF.

TEMPS PRÉSENT.

Sing.	Moneor,	*je suis averti.*
	Moneris *ou* Monere,	*tu es averti.*
	Monetur,	*il est averti.*
Plur.	Monemur,	*nous sommes avertis.*
	Monemini,	*vous êtes avertis.*
	Monentur,	*ils sont avertis.*

TEMPS PRÉTÉRIT IMPARFAIT.

Sing. Monebar, *j'étais averti.*
Monebaris *ou* Monebare, *tu étais averti.*
Monebatur, *il était averti.*
Plur. Monebamur, *nous étions avertis.*
Monebamini, *vous étiez avertis.*
Monebantur, *ils étaient avertis.*

TEMPS PRÉTÉRIT PARFAIT.

Sing. Monitus, a, um sum *ou* fui, *j'ai été averti* (1).
Monitus, a, um es *ou* fuisti, *tu as été averti.*
Monitus, a, um est *ou* fuit, *il a été averti.*
Plur. Moniti, æ, a sumus *ou* fuimus, *nous avons été avertis.*
Moniti, æ, a estis *ou* fuistis, *vous avez été avertis.*
Moniti, æ, a sunt *ou* fuerunt *ou* fuere, *ils ont été avertis.*

TEMPS PRÉTÉRIT PLUS-QUE-PARFAIT.

Sing. Monitus, a, um eram *ou* fueram, *j'avais été averti.*
Monitus, a, um eras *ou* fueras, *tu avais été averti.*
Monitus, a, um erat *ou* fuerat, *il avait été averti.*
Plur. Moniti, æ, a eramus *ou* fueramus, *nous avions été avertis.*
Moniti, æ, a eratis *ou* fueratis, *vous aviez été avertis.*
Moniti, æ, a erant *ou* fuerant, *ils avaient été avertis.*

---

(1) On dit aussi : monitus, a, um sum *ou* fui, *je fus averti;* monitus, a, um es *ou* fuisti, *tu fus averti;* monitus, a, um est *ou* fuit, *il fut averti*, etc.

TEMPS FUTUR.

Sing.	Monebor,	*je serai averti.*
	Moneberis *ou* Monebere,	*tu seras averti.*
	Monebitur,	*il sera averti.*
Plur.	Monebimur,	*nous serons avertis.*
	Monebimini,	*vous serez avertis.*
	Monebuntur,	*ils seront avertis.*

MODE IMPÉRATIF.

TEMPS PRÉSENT.

Sing.	Monere,	*sois averti.*
	Moneatur,	*qu'il soit averti.*
Plur.	Moneamur,	*soyons avertis.*
	Monemini,	*soyez avertis.*
	Moneantur,	*qu'ils soient avertis.*

TEMPS FUTUR.

Sing.	Monetor tu,	*sois averti.*
	Monetor ille, illa, illud,	*qu'il soit averti.*
Plur.	Moneminor,	*soyez avertis.*
	Monentor,	*qu'ils soient avertis.*

MODE OPTATIF.

TEMPS PRÉSENT ET PRÉTÉRIT IMPARFAIT.

Sing.	Utinam Monerer,	*plût à Dieu que je fusse averti* (1).
	Monereris *ou* Monerere,	*que tu fusses averti.*
	Moneretur,	*qu'il fût averti.*

(1) On dit aussi : monerer, *je serais averti;* monereris *ou* monerere, *tu serais averti;* moneretur, *il serait averti*, etc.

Plur. Utinam Moneremur, *plût à Dieu que nous fussions avertis.*
Moneremini, *que vous fussiez avertis.*
Monerentur, *qu'ils fussent avertis.*

TEMPS PRÉTÉRIT PARFAIT.

Sing. Utinam Monitus, a, um sim *ou* fuerim, *plaise à Dieu que j'aie été averti.*
Monitus, a, um sis *ou* fueris, *que tu aies été averti.*
Monitus, a, um sit *ou* fuerit, *qu'il ait été averti.*
Plur. Utinam Moniti, æ, a simus *ou* fuerimus, *plaise à Dieu que nous ayons été avertis.*
Moniti, æ, a sitis *ou* fueritis, *que vous ayez été avertis.*
Moniti, æ, a sint *ou* fuerint, *qu'ils aient été avertis.*

TEMPS PRÉTÉRIT PLUS-QUE-PARFAIT.

Sing. Utinam Monitus, a, um essem *ou* fuissem, *plût à Dieu que j'eusse été averti* (1).
Monitus, a, um esses *ou* fuisses, *que tu eusses été averti.*
Monitus, a, um esset *ou* fuisset, *qu'il eût été averti.*

(1) *Et :* monitus, a, um essem *ou* fuissem, *j'aurais été averti;* monitus, a, um esses *ou* fuisses, *tu aurais été averti;* monitus, a, um esset *ou* fuisset, *il aurait été averti,* etc.

Plur. Utinam Moniti, æ, a essemus *ou* fuissemus, *plût à Dieu que nous eussions été avertis.*
Moniti, æ, a essetis *ou* fuissetis, *que vous eussiez été avertis.*
Moniti, æ, a essent *ou* fuissent, *qu'ils eussent été avertis.*

TEMPS FUTUR.

Sing. Utinam Monear, *plaise à Dieu que je sois averti.*
Monearis *ou* Moneare, *que tu sois averti.*
Moneatur, *qu'il soit averti.*
Plur. Utinam Moneamur, *plaise à Dieu que nous soyons avertis.*
Moneamini, *que vous soyez avertis.*
Moneantur, *qu'ils soient avertis.*

MODE CONJONCTIF.

TEMPS PRÉSENT.

Sing. Cum Monear, *puisque je suis averti.*
Monearis *ou* Moneare, *puisque tu es averti.*
Moneatur, *puisqu'il est averti.*
Plur. Cum Moneamur, *puisque nous sommes avertis.*
Moneamini, *puisque vous êtes avertis.*
Moneantur, *puisqu'ils sont avertis.*

TEMPS PRÉTÉRIT IMPARFAIT.

Sing. Cum Monerer, *puisque j'étais averti.*
Monereris *ou* Monerere, *puisque tu étais averti.*
Moneretur, *puisqu'il était averti.*
Plur. Cum Moneremur, *puisque nous étions avertis.*
Moneremini, *puisque vous étiez avertis.*
Monerentur, *puisqu'ils étaient avertis.*

TEMPS PRÉTÉRIT PARFAIT.

Sing. Cum Monitus, a, um sim *ou* fuerim, *puisque j'ai été averti.*
Monitus, a, um sis *ou* fueris, *puisque tu as été averti.*
Monitus, a, um sit *ou* fuerit, *puisqu'il a été averti.*
Plur. Cum Moniti, æ, a simus *ou* fuerimus, *puisque nous avons été avertis.*
Moniti, æ, a sitis *ou* fueritis, *puisque vous avez été avertis.*
Moniti, æ, a sint *ou* fuerint, *puisqu'ils ont été avertis.*

TEMPS PRÉTÉRIT PLUS-QUE-PARFAIT.

Sing. Cum Monitus, a, um essem *ou* fuissem, *puisque j'avais été averti.*
Monitus, a, um esses *ou* fuisses, *puisque tu avais été averti.*
Monitus, a, um esset *ou* fuisset, *puisqu'il avait été averti.*

Plur. Cum Moniti, æ, a essemus *ou* fuissemus, *puisque nous avions été avertis.*

Moniti, æ, a essetis *ou* fuissetis, *puisque vous aviez été avertis.*

Moniti, æ, a essent *ou* fuissent, *puisqu'ils avaient été avertis.*

TEMPS FUTUR.

Sing. Cum Monitus, a, um ero *ou* fuero, *quand j'aurai été averti.*

Monitus, a, um eris *ou* fueris, *quand tu auras été averti.*

Monitus, a, um erit *ou* fuerit, *quand il aura été averti.*

Plur. Cum Moniti, æ, a erimus *ou* fuerimus, *quand nous aurons été avertis.*

Moniti, æ, a eritis *ou* fueritis, *quand vous aurez été avertis.*

Moniti, æ, a erunt *ou* fuerint, *quand ils auront été avertis.*

MODE INFINITIF.

TEMPS PRÉSENT ET PRÉTÉRIT IMPARFAIT.

Moneri, *être averti, qu'il est averti, qu'il était averti.*

TEMPS PRÉTÉRIT PARFAIT ET PRÉTÉRIT PLUS-QUE-PARFAIT.

Sing. Monitum, am, um esse *ou* fuisse, *avoir été averti, qu'il a été averti, qu'il avait été averti.*

Plur. Monitos, as, a esse, *ou* fuisse, *avoir été avertis, qu'ils ont été avertis, qu'ils avaient été avertis.*

TEMPS FUTUR.

Sing. Monitum iri *ou* Monendum, am, um esse, *devoir être averti, qu'il sera averti.*

Plur. Monitum iri *ou* Monendos, as, a esse, *devoir être avertis, qu'ils seront avertis.*

TEMPS FUTUR PRÉTÉRIT PARFAIT.

Sing. Monendum, am, um fuisse, *avoir dû être averti, qu'il eût été averti.*

Plur. Monendos, as, a fuisse, *avoir dû être avertis, qu'ils eussent été avertis.*

PARTICIPES.

TEMPS PRÉTÉRIT PARFAIT ET PRÉTÉRIT PLUS-QUE-PARFAIT.

Monitus, a, um, *averti, qui a été averti, qui avait été averti.*

TEMPS FUTUR.

Monendus, a, um, *devant être averti, qui sera averti.*

TROISIÈME CONJUGAISON

DES VERBES ACTIFS.

La troisième conjugaison des verbes actifs a le présent de l'infinitif terminé en *ere*, et la seconde personne du singulier du présent de l'indicatif en *is*.

Modèle de la 3me *conjugaison* : Lego, *je lis.*

MODE INDICATIF.

TEMPS PRÉSENT.

Sing.	Lego,	*je lis.*
	Legis,	*tu lis.*
	Legit,	*il lit.*

Plur.	Legimus,	*nous lisons.*
	Legitis,	*vous lisez.*
	Legunt,	*ils lisent.*

TEMPS PRÉTÉRIT IMPARFAIT.

Sing.	Legebam,	*je lisais.*
	Legebas,	*tu lisais.*
	Legebat,	*il lisait.*
Plur.	Legebamus,	*nous lisions.*
	Legebatis,	*vous lisiez.*
	Legebant,	*ils lisaient.*

TEMPS PRÉTÉRIT PARFAIT.

Sing.	Legi,	*j'ai lu* (1).
	Legisti,	*tu as lu.*
	Legit,	*il a lu.*
Plur.	Legimus,	*nous avons lu.*
	Legistis,	*vous avez lu.*
	Legerunt *ou* Legêre,	*ils ont lu.*

TEMPS PRÉTÉRIT PLUS-QUE-PARFAIT.

Sing.	Legeram,	*j'avais lu.*
	Legeras,	*tu avais lu.*
	Legerat,	*il avait lu.*
Plur.	Legeramus,	*nous avions lu.*
	Legeratis,	*vous aviez lu.*
	Legerant,	*ils avaient lu.*

(1) On dit aussi : legi, *je lus ;* legisti, *tu lus ;* legit, *il lut*, etc.

TEMPS FUTUR.

Sing.	Legam,	*je lirai.*
	Leges,	*tu liras.*
	Leget,	*il lira.*
Plur.	Legemus,	*nous lirons.*
	Legetis,	*vous lirez.*
	Legent,	*ils liront.*

MODE IMPÉRATIF.

TEMPS PRÉSENT.

Sing.	Lege,	*lis.*
	Legat,	*qu'il lise.*
Plur.	Legamus,	*lisons.*
	Legite,	*lisez.*
	Legant,	*qu'ils lisent.*

TEMPS FUTUR.

Sing.	Legito tu,	*lis.*
	Legito ille, illa, illud,	*qu'il lise.*
Plur.	Legitote,	*lisez.*
	Legunto,	*qu'ils lisent.*

MODE OPTATIF.

TEMPS PRÉSENT ET PRÉTÉRIT IMPARFAIT.

Sing. Utinam	Legerem,	*plût à Dieu que je lusse* (1)
	Legeres,	*que tu lusses.*
	Legeret,	*qu'il lût.*
Plur. Utinam	Legeremus,	*plût à Dieu que nous lussions.*
	Legeretis,	*que vous lussiez.*
	Legerent,	*qu'ils lussent.*

(1) On dit aussi : legerem, *je lirais;* legeres, *tu lirais;* legeret, *il lirait*, etc.

TEMPS PRÉTÉRIT PARFAIT.

Sing. Utinam	Legerim,	*plaise à Dieu que j'aie lu.*
	Legeris,	*que tu aies lu.*
	Legerit,	*qu'il ait lu.*
Plur. Utinam	Legerimus,	*plaise à Dieu que nous ayons lu.*
	Legeritis,	*que vous ayez lu.*
	Legerint,	*qu'ils aient lu.*

TEMPS PRÉTÉRIT PLUS-QUE-PARFAIT.

Sing. Utinam	Legissem,	*plût à Dieu que j'eusse lu* (1).
	Legisses,	*que tu eusses lu.*
	Legisset,	*qu'il eût lu.*
Plur. Utinam	Legissemus,	*plût à Dieu que nous eussions lu.*
	Legissetis,	*que vous eussiez lu.*
	Legissent,	*qu'ils eussent lu.*

TEMPS FUTUR.

Sing. Utinam	Legam,	*plaise à Dieu que je lise.*
	Legas,	*que tu lises.*
	Legat,	*qu'il lise.*
Plur. Utinam	Legamus,	*plaise à Dieu que nous lisions.*
	Legatis,	*que vous lisiez.*
	Legant,	*qu'ils lisent.*

MODE CONJONCTIF.

TEMPS PRÉSENT.

Sing. Cum	Legam,	*puisque je lis.*
	Legas,	*puisque tu lis.*
	Legat,	*puisqu'il lit.*

(1) *Et* : legissem, *j'aurais lu* ; legisses, *tu aurais lu*; legisset, *il aurait lu*, etc.

Plur.	Cum	Legamus,	*puisque nous lisons.*
		Legatis,	*puisque vous lisez.*
		Legant,	*puisqu'ils lisent.*

TEMPS PRÉTÉRIT IMPARFAIT.

Sing.	Cum	Legerem,	*puisque je lisais.*
		Legeres,	*puisque tu lisais.*
		Legeret,	*puisqu'il lisait.*
Plur.	Cum	Legeremus,	*puisque nous lisions.*
		Legeretis,	*puisque vous lisiez.*
		Legerent,	*puisqu'ils lisaient.*

TEMPS PRÉTÉRIT PARFAIT.

Sing.	Cum	Legerim,	*puisque j'ai lu.*
		Legeris,	*puisque tu as lu.*
		Legerit,	*puisqu'il a lu.*
Plur.	Cum	Legerimus,	*puisque nous avons lu.*
		Legeritis,	*puisque vous avez lu.*
		Legerint,	*puisqu'ils ont lu.*

TEMPS PRÉTÉRIT PLUS-QUE-PARFAIT.

Sing.	Cum	Legissem,	*puisque j'avais lu.*
		Legisses,	*puisque tu avais lu.*
		Legisset,	*puisqu'il avait lu.*
Plur.	Cum	Legissemus,	*puisque nous avions lu.*
		Legissetis,	*puisque vous aviez lu.*
		Legissent,	*puisqu'ils avaient lu.*

TEMPS FUTUR.

Sing.	Cum	Legero,	*quand j'aurai lu.*
		Legeris,	*quand tu auras lu.*
		Legerit,	*quand il aura lu.*
Plur.	Cum	Legerimus,	*quand nous aurons lu.*
		Legeritis,	*quand vous aurez lu.*
		Legerint,	*quand ils auront lu.*

MODE INFINITIF.

TEMPS PRÉSENT ET PRÉTÉRIT IMPARFAIT.

Legere, *lire, qu'il lit, qu'il lisait.*

TEMPS PRÉTÉRIT PARFAIT ET PRÉTÉRIT PLUS-QUE-PARFAIT.

Legisse, *avoir lu, qu'il a lu, qu'il avait lu.*

TEMPS FUTUR.

Sing. Lecturum, am, um esse, *devoir lire, qu'il lira.*

Plur. Lecturos, as, a esse, *devoir lire, qu'ils liront.*

TEMPS FUTUR PRÉTÉRIT PARFAIT.

Sing. Lecturum, am, um fuisse, *avoir dû lire, qu'il eût lu.*

Plur. Lecturos, as, a fuisse, *avoir dû lire, qu'ils eussent lu.*

GÉRONDIFS.

Legendi, *de lire.*
Legendo, *en lisant.*
Legendum, *pour lire.*

SUPINS.

Lectum, *lire.*
Lectu, *à lire.*

PARTICIPES.

TEMPS PRÉSENT ET PRÉTÉRIT IMPARFAIT.

Legens, Legentis, *lisant, qui lit, qui lisait.*

TEMPS FUTUR.

Lecturus, a, um, *devant lire, qui lira.*

TROISIÈME CONJUGAISON

DES VERBES PASSIFS.

La troisième conjugaison des verbes passifs a le présent de l'infinitif terminé en *i*, et la seconde personne du singulier du présent de l'indicatif en *eris*.

Modèle de la 3me *conjugaison* : LEGOR, *je suis lu.*

MODE INDICATIF.

TEMPS PRÉSENT.

Sing.	Legor,	*je suis lu.*
	Legeris *ou* Legere,	*tu es lu.*
	Legitur,	*il est lu.*
Plur.	Legimur,	*nous sommes lus.*
	Legimini,	*vous êtes lus.*
	Leguntur,	*ils sont lus.*

TEMPS PRÉTÉRIT IMPARFAIT.

Sing.	Legebar,	*j'étais lu.*
	Legebaris *ou* Legebare,	*tu étais lu.*
	Legebatur,	*il était lu.*
Plur.	Legebamur,	*nous étions lus.*
	Legebamini,	*vous étiez lus.*
	Legebantur,	*ils étaient lus.*

TEMPS PRÉTÉRIT PARFAIT.

Sing.	Lectus, a, um sum *ou* fui,	*j'ai été lu* (1).
	Lectus, a, um es *ou* fuisti,	*tu as été lu.*
	Lectus, a, um est *ou* fuit,	*il a été lu.*

(1) On dit aussi : lectus, a, um sum *ou* fui, *je fus lu;* lectus, a, um es *ou* fuisti, *tu fus lu;* lectus, a, um est *ou* fuit, *il fut lu*, etc.

Plur. Lecti, æ, a sumus *ou* fuimus, *nous avons été lus.*
Lecti, æ, a estis *ou* fuistis, *vous avez été lus.*
Lecti, æ, a sunt *ou* fuerunt *ou* fuere, *ils ont été lus.*

TEMPS PRÉTÉRIT PLUS-QUE-PARFAIT.

Sing. Lectus, a, um eram *ou* fueram, *j'avais été lu.*
Lectus, a, um eras *ou* fueras, *tu avais été lu.*
Lectus, a, um erat *ou* fuerat, *il avait été lu.*
Plur. Lecti, æ, a eramus *ou* fueramus, *nous avions été lus.*
Lecti, æ, a eratis *ou* fueratis, *vous aviez été lus.*
Lecti, æ, a erant *ou* fuerant, *ils avaient été lus.*

TEMPS FUTUR.

Sing.	Legar,	*je serai lu.*
	Legeris *ou* Legere,	*tu seras lu.*
	Legetur,	*il sera lu.*
Plur.	Legemur,	*nous serons lus.*
	Legemini,	*vous serez lus.*
	Legentur,	*ils seront lus.*

MODE IMPÉRATIF.

TEMPS PRÉSENT.

Sing.	Legere,	*sois lu.*
	Legatur,	*qu'il soit lu.*
Plur.	Legamur,	*soyons lus.*
	Legimini,	*soyez lus.*
	Legantur,	*qu'ils soient lus.*

TEMPS FUTUR.

Sing.	Legitor tu,	*sois lu.*
	Legitor ille, illa, illud,	*qu'il soit lu.*
Plur.	Legiminor,	*soyez lus.*
	Leguntor,	*qu'ils soient lus.*

MODE OPTATIF.

TEMPS PRÉSENT ET PRÉTÉRIT IMPARFAIT.

Sing. Utinam Legerer, *plût à Dieu que je fusse lu* (1).
Legereris ou Legerere, *que tu fusses lu.*
Legeretur, *qu'il fût lu.*
Plur. Utinam Legeremus, *plût à Dieu que nous fussions lus.*
Legeremini, *que vous fussiez lus.*
Legerentur, *qu'ils fussent lus.*

TEMPS PRÉTÉRIT PARFAIT.

Sing. Utinam Lectus, a, um sim *ou* fuerim, *plaise à Dieu que j'aie été lu.*
Lectus, a, um sis *ou* fueris, *que tu aies été lu.*
Lectus, a, um sit *ou* fuerit, *qu'il ait été lu.*
Plur. Utinam Lecti, æ, a simus *ou* fuerimus, *plaise à Dieu que nous ayons été lus.*
Lecti, æ, a sitis *ou* fueritis, *que vous ayez été lus.*
Lecti, æ, a sint *ou* fuerint, *qu'ils aient été lus.*

TEMPS PRÉTÉRIT PLUS-QUE-PARFAIT.

Sing. Utinam Lectus, a, um essem *ou* fuissem, *plût à Dieu que j'eusse été lu* (2).
Lectus, a, um esses *ou* fuisses, *que tu eusses été lu.*
Lectus, a, um esset *ou* fuisset, *qu'il eût été lu.*

---

(1) On dit aussi : legerer, *je serais lu;* legereris ou legerere, *tu serais lu;* legeretur, *il serait lu*, etc.

(2) *Et* : lectus, a, um essem ou fuissem, *j'aurais été lu;* lectus, a, um esses ou fuisses, *tu aurais été lu;* lectus, a, um esset ou fuisset, *il aurait été lu*, etc.

Plur. Utinam Lecti, æ, a essemus *ou* fuissemus, *plût à Dieu que nous eussions été lus.*
Lecti, æ, a essetis *ou* fuissetis, *que vous eussiez été lus.*
Lecti, æ, a essent *ou* fuissent, *qu'ils eussent été lus.*

TEMPS FUTUR.

Sing.	Utinam	Legar,	*plaise à Dieu que je sois lu.*
		Legaris *ou* Legare,	*que tu sois lu.*
		Legatur,	*qu'il soit lu.*
Plur.	Utinam	Legamur,	*plaise à Dieu que nous soyons lus.*
		Legamini,	*que vous soyez lus.*
		Legantur,	*qu'ils soient lus.*

MODE CONJONCTIF.

TEMPS PRÉSENT.

Sing.	Cum	Legar,	*puisque je suis lu.*
		Legaris *ou* Legare,	*puisque tu es lu.*
		Legatur,	*puisqu'il est lu.*
Plur.	Cum	Legamur,	*puisque nous sommes lus.*
		Legamini,	*puisque vous êtes lus.*
		Legantur,	*puisqu'ils sont lus.*

TEMPS PRÉTÉRIT IMPARFAIT.

Sing.	Cum	Legerer,	*puisque j'étais lu.*
		Legereris *ou* Legerere,	*puisque tu étais lu.*
		Legeretur,	*puisqu'il était lu.*

Plur. Cum Legeremur, *puisque nous étions lus.*
Legeremini, *puisque vous étiez lus.*
Legerentur, *puisqu'ils étaient lus.*

TEMPS PRÉTÉRIT PARFAIT.

Sing. Cum Lectus, a, um sim *ou* fuerim, *puisque j'ai été lu.*
Lectus, a, um sis *ou* fueris, *puisque tu as été lu.*
Lectus, a, um sit *ou* fuerit, *puisqu'il a été lu.*
Plur. Cum Lecti, æ, a simus *ou* fuerimus, *puisque nous avons été lus.*
Lecti, æ, a sitis *ou* fueritis, *puisque vous avez été lus.*
Lecti, æ, a sint *ou* fuerint, *puisqu'ils on été lus.*

TEMPS PRÉTÉRIT PLUS-QUE-PARFAIT.

Sing. Cum Lectus, a, um essem *ou* fuissem, *puisque j'avais été lu.*
Lectus, a, um esses *ou* fuisses, *puisque tu avais été lu.*
Lectus, a, um esset *ou* fuisset, *puisqu'il avait été lu.*
Plur. Cum Lecti, æ, a essemus *ou* fuissemus, *puisque nous avions été lus.*
Lecti, æ, a essetis *ou* fuissetis, *puisque vous aviez été lus.*
Lecti, æ, a essent *ou* fuissent, *puisqu'ils avaient été lus.*

TEMPS FUTUR.

Sing. Cum Lectus, a, um ero *ou* fuero, *quand j'aurai été lu.*
Lectus, a, um eris *ou* fueris, *quand tu auras été lu.*
Lectus, a, um erit *ou* fuerit, *quand il aura été lu.*

Plur. Cum Lecti, æ, a erimus *ou* fuerimus, *quand nous aurons été lus.*
Lecti, æ, a eritis *ou* fueritis, *quand vous aurez été lus.*
Lecti, æ, a erunt *ou* fuerint, *quand ils auront été lus.*

MODE INFINITIF.

TEMPS PRÉSENT ET PRÉTÉRIT IMPARFAIT.

Legi, *être lu, qu'il est lu, qu'il était lu.*

TEMPS PRÉTÉRIT PARFAIT ET PRÉTÉRIT PLUS-QUE-PARFAIT.

Sing. Lectum, am, um esse *ou* fuisse, *avoir été lu, qu'il a été lu, qu'il avait été lu.*

Plur. Lectos, as, a esse *ou* fuisse, *avoir été lus, qu'ils ont été lus, qu'ils avaient été lus.*

TEMPS FUTUR.

Sing. Lectum iri *ou* Legendum, am, um esse, *devoir être lu, qu'il sera lu.*

Plur. Lectum iri *ou* Legendos, as, a esse, *devoir être lus, qu'ils seront lus.*

TEMPS FUTUR PRÉTÉRIT PARFAIT.

Sing. Legendum, am, um fuisse, *avoir dû être lu, qu'il eût été lu.*

Plur. Legendos, as, a fuisse, *avoir dû être lus, qu'ils eussent été lus.*

PARTICIPES.

TEMPS PRÉTÉRIT PARFAIT ET PRÉTÉRIT PLUS-QUE-PARFAIT.

Lectus, Lecta, Lectum, *lu, qui a été lu, qui avait été lu.*

TEMPS FUTUR.

Legendus, a, um, *devant être lu, qui sera lu.*

QUATRIÈME CONJUGAISON

DES VERBES ACTIFS.

La quatrième conjugaison des verbes actifs a le présent de l'infinitif terminé en *ire*, et la seconde personne du singulier du présent de l'indicatif en *is* :

Modèle de la 4me conjugaison : AUDIO, *j'entends.*

MODE INDICATIF.

TEMPS PRÉSENT.

Sing.	Audio,	*j'entends.*
	Audis,	*tu entends.*
	Audit,	*il entend.*
Plur.	Audimus,	*nous entendons.*
	Auditis,	*vous entendez.*
	Audiunt,	*ils entendent.*

TEMPS IMPARFAIT.

Sing.	Audiebam,	*j'entendais.*
	Audiebas,	*tu entendais.*
	Audiebat,	*il entendait.*
Plur.	Audiebamus,	*nous entendions.*
	Audiebatis,	*vous entendiez.*
	Audiebant,	*ils entendaient.*

TEMPS PRÉTÉRIT PARFAIT.

Sing.	Audivi,	*j'ai entendu* (1).
	Audivisti,	*tu as entendu.*
	Audivit,	*il a entendu.*
Plur.	Audivimus,	*nous avons entendu.*
	Audivistis,	*vous avez entendu.*
	Audiverunt *ou* Audivere,	*ils ont entendu.*

TEMPS PRÉTÉRIT PLUS-QUE-PARFAIT.

Sing.	Audiveram,	*j'avais entendu.*
	Audiveras,	*tu avais entendu.*
	Audiverat,	*il avait entendu.*
Plur.	Audiveramus,	*nous avions entendu.*
	Audiveratis,	*vous aviez entendu.*
	Audiverant,	*ils avaient entendu.*

TEMPS FUTUR.

Sing.	Audiam,	*j'entendrai.*
	Audies,	*tu entendras.*
	Audiet,	*il entendra.*

---

(1) On dit aussi : audivi, *j'entendis;* audivisti, *tu entendis;* audivit, *il entendit*, etc.

Plur.	Audiemus,	*nous entendrons.*
	Audietis,	*vous entendrez.*
	Audient,	*ils entendront.*

MODE IMPÉRATIF.

TEMPS PRÉSENT.

Sing.	Audi,	*entends.*
	Audiat,	*qu'il entende.*
Plur.	Audiamus,	*entendons.*
	Audite,	*entendez.*
	Audiant,	*qu'ils entendent.*

TEMPS FUTUR.

Sing.	Audito tu,	*entends.*
	Audito ille, illa, illud,	*qu'il ou qu'elle entende.*
Plur.	Auditote,	*entendez.*
	Audiunto,	*qu'ils entendent.*

MODE OPTATIF.

TEMPS PRÉSENT ET PRÉTÉRIT IMPARFAIT.

Sing.	Utinam Audirem,	*plût à Dieu que j'entendisse* (1).
	Audires,	*que tu entendisses.*
	Audiret,	*qu'il entendît.*
Plur.	Utinam Audiremus,	*plût à Dieu que nous entendissions.*
	Audiretis,	*que vous entendissiez.*
	Audirent,	*qu'ils entendissent.*

(1) On dit aussi : audirem, *j'entendrais;* audires, *tu entendrais;* audiret, *il entendrait*, etc.

TEMPS PRÉTÉRIT PARFAIT.

Sing.	Utinam	Audiverim,	*plaise à Dieu que j'aie entendu.*
		Audiveris,	*que tu aies entendu.*
		Audiverit,	*qu'il ait entendu.*
Plur.	Utinam	Audiverimus,	*plaise à Dieu que nous ayons entendu.*
		Audiveritis,	*que vous ayez entendu.*
		Audiverint,	*qu'ils aient entendu.*

TEMPS PRÉTÉRIT PLUS-QUE-PARFAIT.

Sing.	Utinam	Audivissem,	*plût à Dieu que j'eusse entendu* (1).
		Audivisses,	*que tu eusses entendu.*
		Audivisset,	*qu'il eût entendu.*
Plur.	Utinam	Audivissemus,	*plût à Dieu que nous eussions entendu.*
		Audivissetis,	*que vous eussiez entendu.*
		Audivissent,	*qu'ils eussent entendu.*

TEMPS FUTUR.

Sing.	Utinam	Audiam,	*plaise à Dieu que j'entende.*
		Audias,	*que tu entendes.*
		Audiat,	*qu'il entende.*
Plur.	Utinam	Audiamus,	*plaise à Dieu que nous entendions.*
		Audiatis,	*que vous entendiez.*
		Audiant,	*qu'ils entendent.*

(1) *Et :* audivissem, *j'aurais entendu;* audivisses, *tu aurais entendu;* audivisset, *il aurait entendu*, etc.

MODE CONJONCTIF.

TEMPS PRÉSENT.

Sing.	Cum	Audiam,	*puisque j'entends.*
		Audias,	*puisque tu entends.*
		Audiat,	*puisqu'il entend.*
Plur.	Cum	Audiamus,	*puisque nous entendons.*
		Audiatis,	*puisque vous entendez.*
		Audiant,	*puisqu'ils entendent.*

TEMPS PRÉTÉRIT IMPARFAIT.

Sing.	Cum	Audirem,	*puisque j'entendais.*
		Audires,	*puisque tu entendais.*
		Audiret,	*puisqu'il entendait.*
Plur.	Cum	Audiremus,	*puisque nous entendions.*
		Audiretis,	*puisque vous entendiez.*
		Audirent,	*puisqu'ils entendaient.*

TEMPS PRÉTÉRIT PARFAIT.

Sing.	Cum	Audiverim,	*puisque j'ai entendu.*
		Audiveris,	*puisque tu as entendu.*
		Audiverit,	*puisqu'il a entendu.*
Plur.	Cum	Audiverimus,	*puisque nous avons entendu.*
		Audiveritis,	*puisque vous avez entendu.*
		Audiverint,	*puisqu'ils ont entendu.*

TEMPS PRÉTÉRIT PLUS-QUE-PARFAIT.

Sing.	Cum	Audivissem,	*puisque j'avais entendu.*
		Audivisses,	*puisque tu avais entendu.*
		Audivisset,	*puisqu'il avait entendu.*
Plur.	Cum	Audivissemus,	*puisque nous avions entendu.*
		Audivissetis,	*puisque vous aviez entendu*
		Audivissent,	*puisqu'ils avaient entendu.*

TEMPS FUTUR.

Sing.	Cum Audivero,	*quand j'aurai entendu.*
	Audiveris,	*quand tu auras entendu.*
	Audiverit,	*quand il aura entendu.*
Plur.	Cum Audiverimus,	*quand nous aurons entendu.*
	Audiveritis,	*quand vous aurez entendu.*
	Audiverint,	*quand ils auront entendu.*

MODE INFINITIF.

TEMPS PRÉSENT ET PRÉTÉRIT IMPARFAIT.

Audire, *entendre, qu'il entende, qu'il entendait.*

TEMPS PRÉTÉRIT PARFAIT ET PRÉTÉRIT PLUS-QUE-PARFAIT.

Audivisse, *avoir entendu, qu'il a entendu, qu'il avait entendu.*

TEMPS FUTUR.

Sing. Auditurum, am, um esse, *devoir entendre, qu'il entendra.*

Plur. Audituros, as, a esse, *devoir entendre, qu'ils entendront.*

TEMPS FUTUR PRÉTÉRIT PARFAIT.

Sing. Auditurum, am, um fuisse, *avoir dû entendre, qu'il eût entendu.*

Plur. Audituros, as, a fuisse, *avoir dû entendre, qu'ils eussent entendu.*

GÉRONDIFS.

Audiendi,	*d'entendre.*
Audiendo,	*en entendant.*
Audiendum,	*pour entendre.*

SUPINS.

Auditum,	*entendre.*
Auditu,	*à entendre.*

PARTICIPES.

TEMPS PRÉSENT ET PRÉTÉRIT IMPARFAIT.

Audiens, Audientis, *entendant, qui entend, qui entendait.*

TEMPS FUTUR.

Auditurus, a, um, *devant entendre, qui entendra.*

QUATRIÈME CONJUGAISON

DES VERBES PASSIFS.

La quatrième conjugaison a le présent de l'infinitif terminé en *iri*, et la seconde personne du singulier du présent de l'indicatif en *iris.*

Modèle de la 4me conjugaison : AUDIOR, *je suis entendu.*

MODE INDICATIF.

TEMPS PRÉSENT.

Sing.	Audior,	*je suis entendu.*
	Audiris *ou* Audire,	*tu es entendu.*
	Auditur,	*il est entendu.*
Plur.	Audimur,	*nous sommes entendus.*
	Audimini,	*vous êtes entendus.*
	Audiuntur,	*ils sont entendus.*

TEMPS PRÉTÉRIT IMPARFAIT.

Sing.	Audiebar,	*j'étais entendu.*
	Audiebaris *ou* Audiebare,	*tu étais entendu.*
	Audiebatur,	*il était entendu.*
Plur.	Audiebamur,	*nous étions entendus.*
	Audiebamini,	*vous étiez entendus.*
	Audiebantur,	*ils étaient entendus.*

TEMPS PRÉTÉRIT PARFAIT.

Sing. Auditus, a, um sum *ou* fui, *j'ai été entendu* (1).
Auditus, a, um es *ou* fuisti, *tu as été entendu.*
Auditus, a, um est *ou* fuit, *il a été entendu.*

Plur. Auditi, æ, a sumus *ou* fuimus, *nous avons été entendus.*
Auditi, æ, a estis *ou* fuistis, *vous avez été entendus.*
Auditi, æ, a sunt *ou* fuerunt *ou* fuere, *ils ont été entendus.*

TEMPS PRÉTÉRIT PLUS-QUE-PARFAIT.

Sing. Auditus, a, um eram *ou* fueram, *j'avais été entendu.*
Auditus, a, um eras *ou* fueras, *tu avais été entendu.*
Auditus, a, um erat *ou* fuerat, *il avait été entendu.*

Plur. Auditi, æ, a eramus *ou* fueramus, *nous avions été entendus.*
Auditi, æ, a eratis *ou* fueratis, *vous aviez été entendus.*
Auditi, æ, a erant *ou* fuerant, *ils avaient été entendus.*

TEMPS FUTUR.

Sing.	Audiar,	*je serai entendu.*
	Audieris *ou* Audiere,	*tu seras entendu.*
	Audietur,	*il sera entendu.*

(1) On dit aussi : auditus, a, um sum *ou* fui, *je fus entendu ;* auditus a, um es *ou* fuisti, *tu fus entendu ;* auditus, a, um est ou fuit, *il fut entendu*, etc.

Plur.	Audiemur,	*nous serons entendus.*
	Audiemini,	*vous serez entendus.*
	Audientur,	*ils seront entendus.*

MODE IMPÉRATIF.

TEMPS PRÉSENT.

Sing.	Audire,	*sois entendu.*
	Audiatur,	*qu'il soit entendu.*
Plur.	Audiamur,	*soyons entendus.*
	Audimini,	*soyez entendus.*
	Audiantur,	*qu'ils soient entendus.*

TEMPS FUTUR.

Sing.	Auditor tu,	*sois entendu.*
	Auditor ille, illa, illud,	*qu'il soit entendu.*
Plur.	Audiminor,	*soyez entendus.*
	Audiuntor,	*qu'ils soient entendus.*

MODE OPTATIF.

TEMPS PRÉSENT ET PRÉTÉRIT IMPARFAIT.

Sing.	Utinam Audirer,	*plût à Dieu que je fusse entendu* (1).
	Audireris *ou* Audirere,	*que tu fusses entendu.*
	Audiretur,	*qu'il fût entendu.*
Plur.	Utinam Audiremur,	*plût à Dieu que nous fussions entendus.*
	Audiremini,	*que vous fussiez entendus.*
	Audirentur,	*qu'ils fussent entendus.*

(1) On dit aussi : audirer, *je serais entendu*; audireris *ou* audirere, *tu serais entendu*; audiretur, *il serait entendu*, etc.

TEMPS PRÉTÉRIT PARFAIT.

Sing. Utinam Auditus, a, um sim *ou* fuerim, *plaise à Dieu que j'aie été entendu.*
Auditus a, um sis *ou* fueris, *que tu aies été entendu.*
Auditus, a, um sit *ou* fuerit, *qu'il ait été entendu.*
Plur. Utinam Auditi, æ, a simus *ou* fuerimus, *plaise à Dieu que nous ayons été entendus.*
Auditi, æ, a sitis *ou* fueritis, *que vous ayez été entendus.*
Auditi, æ, a sint *ou* fuerint, *qu'ils aient été entendus.*

TEMPS PRÉTÉRIT PLUS-QUE-PARFAIT.

Sing. Utinam Auditus, a, um essem *ou* fuissem, *plût à Dieu que j'eusse été entendu* (1).
Auditus, a, um esses *ou* fuisses, *que tu eusses été entendu.*
Auditus, a, um esset *ou* fuisset, *qu'il eût été entendu.*
Plur. Utinam Auditi, æ, a essemus *ou* fuissemus, *plût à Dieu que nous eussions été entendus.*
Auditi, æ, a essetis *ou* fuissetis, *que vous eussiez été entendus.*
Auditi, æ, a essent *ou* fuissent, *qu'ils eussent été entendus.*

---

(1) *Et :* auditus, a, um essem *ou* fuissem, *j'aurais été entendu* ; auditus, a, um esses *ou* fuisses, *tu aurais été entendu ;* auditus, a, um esset *ou* fuisset, *il aurait été entendu.*

TEMPS FUTUR.

Sing.	Utinam	Audiar,	*plaise à Dieu que je sois entendu.*
		Audiaris *ou* Audiare,	*que tu sois entendu.*
		Audiatur,	*qu'il soit entendu.*
Plur.	Utinam	Audiamur,	*plaise à Dieu que nous soyons entendus.*
		Audiamini,	*que vous soyez entendus.*
		Audiantur,	*qu'ils soient entendus.*

MODE CONJONCTIF.

TEMPS PRÉSENT.

Sing.	Cum	Audiar,	*puisque je suis entendu.*
		Audiaris *ou* Audiare,	*puisque tu es entendu.*
		Audiatur,	*puisqu'il est entendu.*
Plur.	Cum	Audiamur,	*puisque nous sommes entendus.*
		Audiamini,	*puisque vous êtes entendus.*
		Audiantur,	*puisqu'ils sont entendus.*

TEMPS PRÉTÉRIT IMPARFAIT.

Sing.	Cum	Audirer,	*puisque j'étais entendu.*
		Audireris *ou* Audirere,	*puisque tu étais entendu.*
		Audiretur,	*puisqu'il était entendu.*
Plur.	Cum	Audiremur,	*puisque nous étions entendus.*
		Audiremini,	*puisque vous étiez entendus.*
		Audirentur,	*puisqu'ils étaient entendus.*

TEMPS PRÉTÉRIT PARFAIT.

Sing. Cum Auditus, a, um sim *ou* fuerim, *puisque j'ai été entendu.*

Auditus, a, um sis *ou* fueris, *puisque tu as été entendu.*

Auditus, a, um sit *ou* fuerit, *puisqu'il a été entendu.*

Plur. Cum Auditi, æ, a simus *ou* fuerimus, *puisque nous avons été entendus.*

Auditi, æ, a sitis *ou* fueritis, *puisque vous avez été entendus.*

Auditi, æ, a sint *ou* fuerint, *puisqu'ils ont été entendus.*

TEMPS PRÉTÉRIT PLUS-QUE-PARFAIT.

Sing. Cum Auditus, a, um essem *ou* fuissem, *puisque j'avais été entendu.*

Auditus, a, um esses *ou* fuisses, *puisque tu avais été entendu.*

Auditus, a, um esset *ou* fuisset, *puisqu'il avait été entendu.*

Plur. Cum Auditi, æ, a essemus *ou* fuissemus, *puisque nous avions été entendus.*

Auditi, æ, a essetis *ou* fuissetis, *puisque vous aviez été entendus.*

Auditi, æ, a essent *ou* fuissent, *puisqu'ils avaient été entendus.*

TEMPS FUTUR.

Sing. Cum Auditus, a, um ero *ou* fuero, *quand j'aurai été entendu.*

Auditus, a, um eris *ou* fueris, *quand tu auras été entendu.*

Auditus, a, um erit *ou* fuerit, *quand il aura été entendu.*

Plur. Cum Auditi, æ, a erimus *ou* fuerimus, *quand nous aurons été entendus.*

Auditi, æ, a eritis *ou* fueritis, *quand vous aurez été entendus.*

Auditi, æ, a erunt *ou* fuerint, *quand ils auront été entendus.*

MODE INFINITIF.

TEMPS PRÉSENT ET PRÉTÉRIT IMPARFAIT.

Audiri, *être entendu, qu'il est entendu, qu'il était entendu.*

TEMPS PRÉTÉRIT PARFAIT ET PRÉTÉRIT PLUS-QUE-PARFAIT.

Sing. Auditum, am, um esse *ou* fuisse, *avoir été entendu, qu'il a été entendu, qu'il avait été entendu.*

Plur. Auditos, as, a esse *ou* fuisse, *avoir été entendus, qu'ils ont été entendus, qu'ils avaient été entendus.*

TEMPS FUTUR.

Sing. Auditum iri *ou* Audiendum, am, um esse, *devoir être entendu, qu'il sera entendu.*

Plur. Auditum iri *ou* Audiendos, as, a esse, *devoir être entendus, qu'ils seront entendus.*

TEMPS FUTUR PRÉTÉRIT PARFAIT.

Sing. Audiendum, am, um fuisse, *avoir dû être entendu, qu'il eût été entendu.*

Plur. Audiendos, as, a fuisse, *avoir dû être entendus, qu'ils eussent été entendus.*

PARTICIPES.

TEMPS PRÉTÉRIT PARFAIT ET PRÉTÉRIT PLUS-QUE-PARFAIT.

Auditus, a, um, *entendu, qui a été entendu, qui avait été entendu.*

TEMPS FUTUR.

Audiendus, a, um, *devant être entendu, qui sera entendu.*

FORMATION:	TEMPS.	AMO, 1re CONJ.	actif.	passif.	MONEO, 2e CONJ.	actif.	passif.	LEGO, 3e CONJ.	actif.	passif.	AUDIO, 4e CONJ.	actif.	passif.
PRÉSENT.	IMPARF. Indic.		abam	abar		ebam	ebar		ebam	ebar		ebam	ebar
	FUTUR. Indic.		abo	abor		ebo	ebor		am es	ar		am es	ar
	PRÉSENT. Conj.	O en	em	er	EO en	eam	ear	O en	am as	ar	O en	am as	ar
	PRÉSENT. Partic.		ans	Part. fut.		ens	Part. fut.		ens	Part. fut.		ens	Part. fut.
	GÉRONDIFS.		andi	*andus*		endi	*endus*		endi	*endus*		endi	*endus* (1)
PARFAIT.	P.-Q.-PARF. Ind.		eram			eram			eram			eram	
	FUTUR. Conj.		ero			ero			ero			ero	
	PARFAIT. Conj.	I en	erim		I en	erim		I en	erim		I en	erim	
	P.-Q.-PARF. Conj.		issem			issem			issem			issem	
	PARFAIT. Inf.		isse			isse			isse			isse	
SUPIN.	Partic. Fut.	M en	rus		M en	rus		M en	rus		M en	rus (2)	
	Partic. Passé.	UM en		us	UM en		us	UM en		us	UM en		us (3)
INF. Prés.	IMPARF. Conj.		arem	arer		erem	erer		erem	erer		irem	irer
	PRÉSENT. Impér.	ARE en	a	are	ERE en	e	ere	ERE en	e	ere	IRE en	i	ire
	FUTUR. Impér.		ato	ator		eto	etor		ito	itor		ito	itor

(1) Du participe futur passif avec le verbe sum se forment les deux futurs de l'infinitif passif.
(2) Du participe futur actif avec le verbe sum se forment les deux futurs de l'infinitif actif.
(3) Du participe passé avec le verbe sum se forment le futur du conjonctif, et tous les parfaits et plus-que-parfaits passifs.

CONJUGAISON

DES VERBES DÉPONENTS ET DES VERBES COMMUNS.

—

1° Les verbes déponents sont ceux qui, se conjuguant comme les verbes passifs, ont la signification active ou neutre : comme *sequor*, je suis ; *utor*, je me sers ; *morior*, je meurs.

2° Les verbes communs sont ceux qui, se conjuguant comme les verbes passifs, ont tout à la fois la signification active et passive, surtout au participe prétérit et aux temps qui en sont formés, comme : *dimetior*, je mesure, je suis mesuré ; *depopulor*, je ravage, je suis ravagé ; *hortor*, j'exhorte, je suis exhorté.

REMARQUES.

I. Outre les participes de la voix passive, les verbes déponents et communs ont encore le participe présent en *ns*, comme *sequens*, suivant, et le participe futur en *rus*, comme *secuturus*, devant suivre. Ils ont aussi le futur de l'infinitif qui se forme de ce participe futur en *rus*, avec la signification active seulement.

II. Les verbes déponents n'ont point ce futur de l'infinitif qui se termine en *um* avec *iri*.

III. Soit dans les verbes *communs*, soit dans les verbes *déponents*, ont seulement la signification passive :

1° Les participes en *dus*, comme *dimetiendus*, devant être mesuré ; *imitandus*, devant être imité.

2° Le futur de l'infinitif qui se forme du participe en *dus*, comme *dimetiendum esse* ou *fuisse*, devoir être mesuré..., avoir dû être mesuré.

3° Le supin en *u*, comme *dimensu*, à être mesuré.

CONJUGAISON

DES VERBES IRRÉGULIERS.

Les verbes irréguliers sont ceux qui ne se conjuguent pas selon les modèles des quatre conjugaisons ordinaires.

I. POSSUM, *je peux*.

—

MODE INDICATIF.

TEMPS PRÉSENT.

Sing.	Possum,	*je peux.*
	Potes,	*tu peux.*
	Potest,	*il peut.*
Plur.	Possumus,	*nous pouvons.*
	Potestis,	*vous pouvez.*
	Possunt,	*ils peuvent.*

TEMPS PRÉTÉRIT IMPARFAIT.

Sing.	Poteram,	*je pouvais.*
	Poteras,	*tu pouvais.*
	Poterat,	*il pouvait.*
Plur.	Poteramus,	*nous pouvions.*
	Poteratis,	*vous pouviez.*
	Poterant,	*ils pouvaient.*

TEMPS PRÉTÉRIT PARFAIT.

Sing.	Potui,	*j'ai pu* (1).
	Potuisti,	*tu as pu.*
	Potuit,	*il a pu.*
Plur.	Potuimus,	*nous avons pu.*
	Potuistis,	*vous avez pu.*
	Potuerunt *ou* Potuere,	*ils ont pu.*

TEMPS PRÉTÉRIT PLUS-QUE-PARFAIT.

Sing.	Potueram,	*j'avais pu.*
	Potueras,	*tu avais pu.*
	Potuerat,	*il avait pu.*
Plur.	Potueramus,	*nous avions pu.*
	Potueratis,	*vous aviez pu.*
	Potuerant,	*ils avaient pu.*

TEMPS FUTUR.

Sing.	Potero,	*je pourrai.*
	Poteris,	*tu pourras.*
	Poterit,	*il pourra.*
Plur.	Poterimus,	*nous pourrons.*
	Poteritis,	*vous pourrez.*
	Poterunt,	*ils pourront.*

MODE IMPÉRATIF.

TEMPS PRÉSENT.

Fac possis, *fais en sorte de pouvoir.*

---

(1) On dit aussi : potui, *je pus ;* potuisti, *tu pus ;* potuit, *il put ;* potuimus, *nous pûmes ;* potuistis, *vous pûtes ;* potuerunt *ou* potuere, *ils purent.* Ce qui a lieu aussi pour tous les verbes irréguliers.

MODE OPTATIF.

TEMPS PRÉSENT ET PRÉTÉRIT IMPARFAIT.

Sing. Utinam Possem, *plût à Dieu que je pusse* (1).
Posses, *que tu pusses.*
Posset, *qu'il pût.*
Plur. Utinam Possemus, *plût à Dieu que nous pussions.*
Possetis, *que vous pussiez.*
Possent, *qu'ils pussent.*

TEMPS PRÉTÉRIT PARFAIT.

Sing. Utinam Potuerim, *plaise à Dieu que j'aie pu.*
Potueris, *que tu aies pu.*
Potuerit, *qu'il ait pu.*
Plur. Utinam Potuerimus, *plaise à Dieu que nous ayons pu.*
Potueritis, *que vous ayez pu.*
Potuerint, *qu'ils aient pu.*

TEMPS PRÉTÉRIT PLUS-QUE-PARFAIT.

Sing. Utinam Potuissem, *plût à Dieu que j'eusse pu* (2).
Potuisses, *que tu eusses pu.*
Potuisset, *qu'il eût pu.*

---

(1) On dit aussi : possem, *je pourrais;* posses, *tu pourrais;* posset, *il pourrait;* possemus, *nous pourrions;* possetis, *vous pourriez;* possent, *ils pourraient.* Ce qui a lieu aussi pour tous les verbes irréguliers.

(2) On dit aussi : potuissem, *j'aurais pu;* potuisses, *tu aurais pu;* potuisset, *il aurait pu;* potuissemus, *nous aurions pu;* potuissetis, *vous auriez pu;* potuissent, *ils auraient pu.* Ce qui a lieu aussi pour tous les verbes irréguliers.

Plur. Utinam Potuissemus, *plût à Dieu que nous eussions pu.*
Potuissetis, *que vous eussiez pu.*
Potuissent, *qu'ils eussent pu.*

TEMPS FUTUR.

Sing. Utinam Possim, *plaise à Dieu que je puisse.*
Possis, *que tu puisses.*
Possit, *qu'il puisse.*
Plur. Utinam Possimus, *plaise à Dieu que nous puissions.*
Possitis, *que vous puissiez.*
Possint, *qu'ils puissent.*

MODE CONJONCTIF.

TEMPS PRÉSENT.

Sing. Cum Possim, *puisque je peux.*
Possis, *puisque tu peux.*
Possit, *puisqu'il peut.*
Plur. Cum Possimus, *puisque nous pouvons.*
Possitis, *puisque vous pouvez.*
Possint, *puisqu'ils peuvent.*

TEMPS PRÉTÉRIT IMPARFAIT.

Sing. Cum Possem, *puisque je pouvais.*
Posses, *puisque tu pouvais.*
Posset, *puisqu'il pouvait.*
Plur. Cum Possemus, *puisque nous pouvions.*
Possetis, *puisque vous pouviez.*
Possent, *puisqu'ils pouvaient.*

TEMPS PRÉTÉRIT PARFAIT.

Sing. Cum Potuerim, *puisque j'ai pu.*
Potueris, *puisque tu as pu.*
Potuerit, *puisqu'il a pu.*

Plur. Cum Potuerimus, *puisque nous avons pu.*
Potueritis, *puisque vous avez pu.*
Potuerint, *puisqu'ils ont pu.*

TEMPS PRÉTÉRIT PLUS-QUE-PARFAIT.

Sing. Cum Potuissem, *puisque j'avais pu.*
Potuisses, *puisque tu avais pu.*
Potuisset, *puisqu'il avait pu.*
Plur. Cum Potuissemus, *puisque nous avions pu.*
Potuissetis, *puisque vous aviez pu.*
Potuissent, *puisqu'ils avaient pu.*

TEMPS FUTUR.

Sing. Cum Potuero, *quand j'aurai pu.*
Potueris, *quand tu auras pu.*
Potuerit, *quand il aura pu.*
Plur. Cum Potuerimus, *quand nous aurons pu.*
Potueritis, *quand vous aurez pu.*
Potuerint, *quand ils auront pu.*

MODE INFINITIF.

TEMPS PRÉSENT ET PRÉTÉRIT IMPARFAIT.

Posse, *pouvoir, qu'il peut, qu'il pouvait.*

TEMPS PRÉTÉRIT PARFAIT ET PRÉTÉRIT PLUS-QUE-PARFAIT.

Potuisse, *avoir pu, qu'il a pu, qu'il avait pu.*

II. PROSUM, *je suis utile.*

MODE INDICATIF.

TEMPS PRÉSENT.

Sing. Prosum, *je suis utile.*
Prodes, *tu es utile.*
Prodest, *il est utile.*

Plur.	Prosumus,	*nous sommes utiles.*
	Prodestis,	*vous êtes utiles.*
	Prosunt,	*ils sont utiles.*

TEMPS PRÉTÉRIT IMPARFAIT.

Sing.	Proderam,	*j'étais utile.*
	Proderas,	*tu étais utile.*
	Proderat,	*il était utile.*
Plur.	Proderamus,	*nous étions utiles.*
	Proderatis,	*vous étiez utiles.*
	Proderant,	*ils étaient utiles.*

TEMPS PRÉTÉRIT PARFAIT.

Sing.	Profui,	*j'ai été utile.*
	Profuisti,	*tu as été utile.*
	Profuit,	*il a été utile.*
Plur.	Profuimus,	*nous avons été utiles.*
	Profuistis,	*vous avez été utiles.*
	Profuerunt *ou* Profuere,	*ils ont été utiles.*

TEMPS PRÉTÉRIT PLUS-QUE-PARFAIT.

Sing.	Profueram,	*j'avais été utile.*
	Profueras,	*tu avais été utile.*
	Profuerat,	*il avait été utile.*
Plur.	Profueramus,	*nous avions été utiles.*
	Profueratis,	*vous aviez été utiles.*
	Profuerant,	*ils avaient été utiles.*

TEMPS FUTUR.

Sing.	Prodero,	*je serai utile.*
	Proderis,	*tu seras utile.*
	Proderit,	*il sera utile.*
Plur.	Proderimus,	*nous serons utiles.*
	Proderitis,	*vous serez utiles.*
	Proderunt,	*ils seront utiles.*

MODE IMPÉRATIF.

Fac Prosis, *fais en sorte d'être utile.*

MODE OPTATIF.

TEMPS PRÉSENT ET PRÉTÉRIT IMPARFAIT.

Sing. Utinam Prodessem, *plût à Dieu que je fusse utile.*
Prodesses, *que tu fusses utile.*
Prodesset, *qu'il fût utile.*
Plur. Utinam Prodessemus, *plût à Dieu que nous fussions utiles.*
Prodessetis, *que vous fussiez utiles.*
Prodessent, *qu'ils fussent utiles.*

TEMPS PRÉTÉRIT PARFAIT.

Sing. Utinam Profuerim, *plaise à Dieu que j'aie été utile.*
Profueris, *que tu aies été utile.*
Profuerit, *qu'il ait été utile.*
Plur. Utinam Profuerimus, *plaise à Dieu que nous ayons été utiles.*
Profueritis, *que vous ayez été utiles.*
Profuerint, *qu'ils aient été utiles.*

TEMPS PRÉTÉRIT PLUS-QUE-PARFAIT.

Sing. Utinam Profuissem, *plût à Dieu que j'eusse été utile.*
Profuisses, *que tu eusses été utile.*
Profuisset, *qu'il eût été utile.*

Plur. Utinam Profuissemus, *plût à Dieu que nous eussions été utiles.*
Profuissetis, *que vous eussiez été utiles.*
Profuissent, *qu'ils eussent été utiles.*

TEMPS FUTUR.

Sing. Utinam Prosim, *plaise à Dieu que je sois utile.*
Prosis, *que tu sois utile.*
Prosit, *qu'il soit utile.*
Plur. Utinam Prosimus, *plaise à Dieu que nous soyons utiles.*
Prositis, *que vous soyez utiles.*
Prosint, *qu'ils soient utiles.*

MODE CONJONCTIF.

TEMPS PRÉSENT.

Sing. Cum Prosim, *puisque je suis utile.*
Prosis, *puisque tu es utile.*
Prosit, *puisqu'il est utile.*
Plur. Cum Prosimus, *puisque nous sommes utiles.*
Prositis, *puisque vous êtes utiles.*
Prosint, *puisqu'ils sont utiles.*

TEMPS PRÉTÉRIT IMPARFAIT.

Sing. Cum Prodessem, *puisque j'étais utile.*
Prodesses, *puisque tu étais utile.*
Prodesset, *puisqu'il était utile.*
Plur. Cum Prodessemus, *puisque nous étions utiles.*
Prodessetis, *puisque vous étiez utiles.*
Prodessent, *puisqu'ils étaient utiles.*

TEMPS PRÉTÉRIT PARFAIT.

Sing. Cum Profuerim, *puisque j'ai été utile.*
Profueris, *puisque tu as été utile.*
Profuerit, *puisqu'il a été utile.*
Plur. Cum Profuerimus, *puisque nous avons été utiles.*
Profueritis, *puisque vous avez été utiles.*
Profuerint, *puisqu'ils ont été utiles.*

TEMPS PRÉTÉRIT PLUS-QUE-PARFAIT.

Sing. Cum Profuissem, *puisque j'avais été utile.*
Profuisses, *puisque tu avais été utile.*
Profuisset, *puisqu'il avait été utile.*
Plur. Cum Profuissemus, *puisque nous avions été utiles.*
Profuissetis, *puisque vous aviez été utiles.*
Profuissent, *puisqu'ils avaient été utiles.*

TEMPS FUTUR.

Sing. Cum Profuero, *quand j'aurai été utile.*
Profueris, *quand tu auras été utile.*
Profuerit, *quand il aura été utile.*
Plur. Cum Profuerimus, *quand nous aurons été utiles.*
Profueritis, *quand vous aurez été utiles.*
Profuerint, *quand ils auront été utiles.*

MODE INFINITIF.

TEMPS PRÉSENT ET PRÉTÉRIT IMPARFAIT.

Prodesse, *être utile, qu'il est utile, qu'il était utile.*

TEMPS PRÉTÉRIT PARFAIT ET PRÉTÉRIT PLUS-QUE-PARFAIT.

Profuisse, *avoir été utile, qu'il a été utile, qu'il avait été utile.*

TEMPS FUTUR.

Sing. Profuturum, am, um esse, *devoir être utile, qu'il sera utile.*

Plur. Profuturos, as, a esse, *devoir être utiles, qu'ils seront utiles.*

TEMPS FUTUR PRÉTÉRIT PARFAIT.

Sing. Profuturum, am, um fuisse, *avoir dû être utile, qu'il eût été utile.*

Plur. Profuturos, as, a fuisse, *avoir dû être utiles, qu'ils eussent été utiles.*

PARTICIPE.

TEMPS FUTUR.

Profuturus, a, um, *devant être utile, qui sera utile.*

III. FERO, *je porte.*

—

MODE INDICATIF.

TEMPS PRÉSENT.

Sing.	Fero,	*je porte.*
	Fers,	*tu portes.*
	Fert,	*il porte.*
Plur.	Ferimus,	*nous portons.*
	Fertis,	*vous portez.*
	Ferunt,	*ils portent.*

TEMPS PRÉTÉRIT IMPARFAIT.

Sing.	Ferebam,	*je portais.*
	Ferebas,	*tu portais.*
	Ferebat,	*il portait.*
Plur.	Ferebamus,	*nous portions.*
	Ferebatis,	*vous portiez.*
	Ferebant,	*ils portaient.*

TEMPS PRÉTÉRIT PARFAIT.

Sing.	Tuli,	*j'ai porté* (1).
	Tulisti,	*tu as porté.*
	Tulit,	*il a porté.*
Plur.	Tulimus,	*nous avons porté.*
	Tulistis,	*vous avez porté.*
	Tulerunt *ou* Tulere,	*ils ont porté.*

TEMPS PRÉTÉRIT PLUS-QUE-PARFAIT.

Sing.	Tuleram,	*j'avais porté.*
	Tuleras,	*tu avais porté.*
	Tulerat,	*il avait porté.*
Plur.	Tuleramus,	*nous avions porté.*
	Tuleratis,	*vous aviez porté.*
	Tulerant,	*ils avaient porté.*

TEMPS FUTUR.

Sing.	Feram,	*je porterai.*
	Feres,	*tu porteras.*
	Feret,	*il portera.*
Plur.	Feremus,	*nous porterons.*
	Feretis,	*vous porterez.*
	Ferent,	*ils porteront.*

(1) On dit aussi : tuli, *je portai* ; tulisti, *tu portas* ; tulit, *il porta*, etc.

MODE IMPÉRATIF.

TEMPS PRÉSENT.

Sing.	Fer,	*porte.*
	Ferat,	*qu'il porte.*
Plur.	Ferte,	*portez.*
	Ferant,	*qu'ils portent.*

TEMPS FUTUR.

Sing.	Ferto tu,	*porte.*
	Ferto ille, illa, illud,	*qu'il porte.*
Plur.	Fertote,	*portez.*
	Ferunto,	*qu'ils portent.*

MODE OPTATIF.

TEMPS PRÉSENT ET PRÉTÉRIT IMPARFAIT.

Sing. Utinam	Ferrem,	*plût à Dieu que je portasse.*
	Ferres,	*que tu portasses.*
	Ferret,	*qu'il portât.*
Plur. Utinam	Ferremus,	*plût à Dieu que nous portassions.*
	Ferretis,	*que vous portassiez.*
	Ferrent,	*qu'ils portassent.*

TEMPS PRÉTÉRIT PARFAIT.

Sing. Utinam	Tulerim,	*plaise à Dieu que j'aie porté.*
	Tuleris,	*que tu aies porté.*
	Tulerit,	*qu'il ait porté.*
Plur. Utinam	Tulerimus,	*plaise à Dieu que nous ayons porté.*
	Tuleritis,	*que vous ayez porté.*
	Tulerint,	*qu'ils aient porté.*

TEMPS PRÉTÉRIT PLUS-QUE-PARFAIT.

Sing.	Utinam	Tulissem,	*plût à Dieu que j'eusse porté.*
		Tulisses,	*que tu eusses porté.*
		Tulisset,	*qu'il eût porté.*
Plur.	Utinam	Tulissemus,	*plût à Dieu que nous eussions porté.*
		Tulissetis,	*que vous eussiez porté.*
		Tulissent,	*qu'ils eussent porté.*

TEMPS FUTUR.

Sing.	Utinam	Feram,	*plaise à Dieu que je porte.*
		Feras,	*que tu portes.*
		Ferat,	*qu'il porte.*
Plur.	Utinam	Feramus,	*plaise à Dieu que nous portions.*
		Feratis,	*que vous portiez.*
		Ferant,	*qu'ils portent.*

MODE CONJONCTIF.

TEMPS PRÉSENT.

Sing.	Cum	Feram,	*puisque je porte.*
		Feras,	*puisque tu portes.*
		Ferat,	*puisqu'il porte.*
Plur.	Cum	Feramus,	*puisque nous portons.*
		Feratis,	*puisque vous portez.*
		Ferant,	*puisqu'ils portent.*

TEMPS PRÉTÉRIT IMPARFAIT.

Sing.	Cum	Ferrem,	*puisque je portais.*
		Ferres,	*puisque tu portais.*
		Ferret,	*puisqu'il portait.*
Plur.	Cum	Ferremus,	*puisque nous portions.*
		Ferretis,	*puisque vous portiez.*
		Ferrent,	*puisqu'ils portaient.*

TEMPS PRÉTÉRIT PARFAIT.

Sing.	Cum	Tulerim,	*puisque j'ai porté.*
		Tuleris,	*puisque tu as porté.*
		Tulerit,	*puisqu'il a porté.*
Plur.	Cum	Tulerimus,	*puisque nous avons porté.*
		Tuleritis,	*puisque vous avez porté.*
		Tulerint,	*puisqu'ils ont porté.*

TEMPS PRÉTÉRIT PLUS-QUE-PARFAIT.

Sing.	Cum	Tulissem,	*puisque j'avais porté.*
		Tulisses,	*puisque tu avais porté.*
		Tulisset,	*puisqu'il avait porté.*
Plur.	Cum	Tulissemus,	*puisque nous avions porté.*
		Tulissetis,	*puisque vous aviez porté.*
		Tulissent,	*puisqu'ils avaient porté.*

TEMPS FUTUR.

Sing.	Cum	Tulero,	*quand j'aurai porté.*
		Tuleris,	*quand tu auras porté.*
		Tulerit,	*quand il aura porté.*
Plur.	Cum	Tulerimus,	*quand nous aurons porté.*
		Tuleritis,	*quand vous aurez porté.*
		Tulerint,	*quand ils auront porté.*

MODE INFINITIF.

TEMPS PRÉSENT ET PRÉTÉRIT IMPARFAIT.

Ferre, *porter, qu'il porte, qu'il portait.*

TEMPS PRÉTÉRIT PARFAIT ET PRÉTÉRIT PLUS-QUE-PARFAIT.

Tulisse, *avoir porté, qu'il a porté, qu'il avait porté.*

TEMPS FUTUR.

Sing. Laturum, am, um esse, *devoir porter, qu'il portera.*

Plur. Laturos, as, a esse, *devoir porter, qu'ils porteront.*

TEMPS FUTUR PRÉTÉRIT PARFAIT.

Sing. Laturum, am, um fuisse, *avoir dû porter, qu'il eût porté.*

Plur. Laturos, as, a fuisse, *avoir dû porter, qu'ils eussent porté.*

GÉRONDIFS.

Ferendi, *de porter.*
Ferendo, *en portant.*
Ferendum, *à porter.*

SUPINS.

Latum, *porter.*
Latu, *à porter.*

PARTICIPES.

TEMPS PRÉSENT ET PRÉTÉRIT IMPARFAIT.

Ferens, Ferentis, *portant, qui porte, qui portait.*

TEMPS FUTUR.

Laturus, a, um, *devant porter, qui portera.*

FEROR, *je suis porté.*

MODE INDICATIF.

TEMPS PRÉSENT.

Sing. **Feror,** *je suis porté.*
Ferris ou Ferre, *tu es porté.*
Fertur, *il est porté.*
Plur. **Ferimur,** *nous sommes portés.*
Ferimini, *vous êtes portés.*
Feruntur, *ils sont portés.*

TEMPS PRÉTÉRIT IMPARFAIT.

Sing.	Ferebar,	*j'étais porté.*
	Ferebaris *ou* Ferebare,	*tu étais porté.*
	Ferebatur,	*il était porté.*
Plur.	Ferebamur,	*nous étions portés.*
	Ferebamini,	*vous étiez portés.*
	Ferebantur,	*ils étaient portés.*

TEMPS PRÉTÉRIT PARFAIT.

Sing.	Latus, a, um sum *ou* fui,	*j'ai été porté.*
	Latus, a, um es *ou* fuisti,	*tu as été porté.*
	Latus, a, um est *ou* fuit,	*il a été porté.*
Plur.	Lati, æ, a sumus *ou* fuimus,	*nous avons été portés.*
	Lati, æ, a estis *ou* fuistis,	*vous avez été portés.*
	Lati, æ, a sunt *ou* fuerunt *ou* fuere,	*ils ont été portés.*

TEMPS PRÉTERIT PLUS-QUE-PARFAIT.

Sing. Latus, a, um eram *ou* fueram, *j'avais été porté.*
Latus, a, um eras *ou* fueras, *tu avais été porté.*
Latus, a, um erat *ou* fuerat, *il avait été porté.*
Plur. Lati, æ, a eramus *ou* fueramus, *nous avions été portés.*
Lati, æ, a eratis *ou* fueratis, *vous aviez été portés.*
Lati, æ, a erant *ou* fuerant, *ils avaient été portés.*

TEMPS FUTUR.

Sing.	Ferar,	*je serai porté.*
	Fereris *ou* Ferere,	*tu seras porté.*
	Feretur,	*il sera porté.*
Plur.	Feremur,	*nous serons portés.*
	Feremini,	*vous serez portés.*
	Ferentur,	*ils seront portés.*

MODE IMPÉRATIF.

TEMPS PRÉSENT.

Sing. Ferre, *sois porté.*
Feratur, *qu'il soit porté.*
Plur. Feramur, *soyons portés.*
Ferimini, *soyez portés.*
Ferantur, *qu'ils soient portés.*

TEMPS FUTUR.

Sing. Fertor tu, *sois porté.*
Fertor ille, illa, illud, *qu'il soit porté, qu'elle soit portée.*
Plur. Feriminor, *soyez portés.*
Feruntor, *qu'ils soient portés.*

MODE OPTATIF.

TEMPS PRÉSENT ET PRÉTÉRIT IMPARFAIT.

Sing. Utinam Ferrer, *plût à Dieu que je fusse porté.*
Ferreris *ou* Ferrere, *que tu fusses porté.*
Ferretur, *qu'il fût porté.*
Plur. Utinam Ferremur, *plût à Dieu que nous fussions portés.*
Ferremini, *que vous fussiez portés.*
Ferrentur, *qu'ils fussent portés.*

TEMPS PRÉTÉRIT PARFAIT.

Sing. Utinam Latus, a, um sim *ou* fuerim, *plaise à Dieu que j'aie été porté.*
Latus, a, um sis *ou* fueris, *que tu aies été porté.*
Latus, a, um sit *ou* fuerit, *qu'il ait été porté.*

Plur. Utinam Lati, æ, a simus *ou* fuerimus, *plaise à Dieu que nous ayons été portés.*
Lati, æ, a sitis *ou* fueritis, *que vous ayez été portés.*
Lati, æ, a sint *ou* fuerint, *qu'ils aient été portés.*

TEMPS PRÉTÉRIT PLUS-QUE-PARFAIT.

Sing. Utinam Latus, a, um essem *ou* fuissem, *plût à Dieu que j'eusse été porté.*
Latus, a, um esses *ou* fuisses, *que tu eusses été porté.*
Latus, a, um esset *ou* fuisset, *qu'il eût été porté.*
Plur. Utinam Lati, æ, a essemus *ou* fuissemus, *plût à Dieu que nous eussions été portés.*
Lati, æ, a essetis *ou* fuissetis, *que vous eussiez été portés.*
Lati, æ, a essent *ou* fuissent, *qu'ils eussent été portés.*

TEMPS FUTUR.

Sing. Utinam Ferar, *plaise à Dieu que je sois porté.*
Feraris *ou* Ferare, *que tu sois porté.*
Feratur, *qu'il soit porté.*
Plur. Utinam Feramur, *plaise à Dieu que nous soyons portés.*
Feramini, *que vous soyez portés.*
Ferantur, *qu'ils soient portés.*

MODE CONJONCTIF.

TEMPS PRÉSENT.

Sing.	Cum	Ferar,	*puisque je suis porté.*
		Feraris *ou* Ferare,	*puisque tu es porté.*
		Feratur,	*puisqu'il est porté.*
Plur.	Cum	Feramur,	*puisque nous sommes portés.*
		Feramini,	*puisque vous êtes portés.*
		Ferantur,	*puisqu'ils sont portés.*

TEMPS PRÉTÉRIT IMPARFAIT.

Sing.	Cum	Ferrer,	*puisque j'étais porté.*
		Ferreris *ou* Ferrere,	*puisque tu étais porté.*
		Ferretur,	*puisqu'il était porté.*
Plur.	Cum	Ferremur,	*puisque nous étions portés.*
		Ferremini,	*puisque vous étiez portés.*
		Ferrentur,	*puisqu'ils étaient portés.*

TEMPS PRÉTÉRIT PARFAIT.

Sing. Cum Latus, a, um sim *ou* fuerim, *puisque j'ai été porté.*

Latus, a, um sis *ou* fueris, *puisque tu as été porté.*

Latus, a, um sit *ou* fuerit, *puisqu'il a été porté.*

Plur. Cum Lati, æ, a simus *ou* fuerimus, *puisque nous avons été portés.*

Lati, æ, a sitis *ou* fueritis, *puisque vous avez été portés.*

Lati, æ, a sint *ou* fuerint, *puisqu'ils ont été portés.*

TEMPS PRÉTÉRIT PLUS-QUE-PARFAIT.

Sing. Cum Latus, a, um essem *ou* fuissem, *puisque j'avais été porté.*

Latus, a, um esses *ou* fuisses, *puisque tu avais été porté.*

Latus, a, um esset *ou* fuisset, *puisqu'il avait été porté.*

Plur. Cum Lati, æ, a essemus *ou* fuissemus, *puisque nous avions été portés.*

Lati, æ, a essetis *ou* fuissetis, *puisque vous aviez été portés.*

Lati, æ, a essent *ou* fuissent, *puisqu'ils avaient été portés.*

TEMPS FUTUR.

Sing. Cum Latus, a, um ero *ou* fuero, *quand j'aurai été porté.*

Latus, a, um eris *ou* fueris, *quand tu auras été porté.*

Latus, a, um erit *ou* fuerit, *quand il aura été porté.*

Plur. Cum Lati, æ, a erimus *ou* fuerimus, *quand nous aurons été portés.*

Lati, æ, a eritis *ou* fueritis, *quand vous aurez été portés.*

Lati, æ, a erunt *ou* fuerint, *quand ils auront été portés.*

MODE INFINITIF.

TEMPS PRÉSENT ET PRÉTÉRIT IMPARFAIT.

Ferri, *être porté, qu'il est porté, qu'il était porté.*

TEMPS PRÉTÉRIT PARFAIT ET PRÉTÉRIT PLUS-QUE-PARFAIT.

Sing. Latum, am, um esse *ou* fuisse, *avoir été porté, qu'il a été porté, qu'il avait été porté.*

Plur. Latos, as, a esse *ou* fuisse, *avoir été portés, qu'ils ont été portés, qu'ils avaient été portés.*

TEMPS FUTUR.

Sing. Latum iri *ou* Ferendum, am, um esse, *devoir être porté, qu'il sera porté.*

Plur. Latum iri *ou* Ferendos, as, a esse, *devoir être portés, qu'ils seront portés.*

TEMPS FUTUR PRÉTÉRIT PARFAIT.

Sing. Ferendum, am, um fuisse, *avoir dû être porté, qu'il eût été porté.*

Plur. Ferendos, as, a fuisse, *avoir dû être portés, qu'ils eussent été portés.*

PARTICIPES.

TEMPS PRÉTÉRIT PARFAIT ET PRÉTÉRIT PLUS-QUE-PARFAIT.

Latus, a, um, *porté, qui a été porté, qui avait été porté.*

TEMPS FUTUR.

Ferendus, a, um, *devant être porté, qui sera porté.*

IV. VOLO, *je veux.*

MODE INDICATIF.

TEMPS PRÉSENT.

Sing.	Volo,	*je veux.*
	Vis,	*tu veux.*
	Vult,	*il veut.*
Plur.	Volumus,	*nous voulons.*
	Vultis,	*vous voulez.*
	Volunt,	*ils veulent.*

TEMPS PRÉTÉRIT IMPARFAIT.

Sing.	Volebam,	*je voulais.*
	Volebas,	*tu voulais.*
	Volebat,	*il voulait.*
Plur.	Volebamus,	*nous voulions.*
	Volebatis,	*vous vouliez.*
	Volebant,	*ils voulaient.*

TEMPS PRÉTÉRIT PARFAIT.

Sing.	Volui,	*j'ai voulu.*
	Voluisti,	*tu as voulu.*
	Voluit,	*il a voulu.*
Plur.	Voluimus,	*nous avons voulu.*
	Voluistis,	*vous avez voulu.*
	Voluerunt *ou* Voluere,	*ils ont voulu.*

TEMPS PRÉTÉRIT PLUS-QUE-PARFAIT.

Sing.	Volueram,	*j'avais voulu.*
	Volueras,	*tu avais voulu.*
	Voluerat,	*il avait voulu.*
Plur.	Volueramus,	*nous avions voulu.*
	Volueratis,	*vous aviez voulu.*
	Voluerant,	*ils avaient voulu.*

TEMPS FUTUR.

Sing.	Volam,	*je voudrai.*
	Voles,	*tu voudras.*
	Volet,	*il voudra.*
Plur.	Volemus,	*nous voudrons.*
	Voletis,	*vous voudrez.*
	Volent,	*ils voudront.*

MODE IMPÉRATIF.

TEMPS PRÉSENT.

Fac Velis, *fais en sorte de vouloir.*

MODE OPTATIF.

TEMPS PRÉSENT ET PRÉTÉRIT IMPARFAIT.

Sing.	Utinam Vellem,	*plût à Dieu que je voulusse.*
	Velles,	*que tu voulusses.*
	Vellet,	*qu'il voulût.*
Plur.	Utinam Vellemus,	*plût à Dieu que nous voulussions.*
	Velletis,	*que vous voulussiez.*
	Vellent,	*qu'ils voulussent.*

TEMPS PRÉTÉRIT PARFAIT.

Sing. Utinam Voluerim, *plaise à Dieu que j'aie voulu.*
Volueris, *que tu aies voulu.*
Voluerit, *qu'il ait voulu.*
Plur. Utinam Voluerimus, *plaise à Dieu que nous ayons voulu.*
Volueritis, *que vous ayez voulu.*
Voluerint, *qu'ils aient voulu.*

TEMPS PRÉTÉRIT PLUS-QUE-PARFAIT.

Sing. Utinam Voluissem, *plût à Dieu que j'eusse voulu.*
Voluisses, *que tu eusses voulu.*
Voluisset, *qu'il eût voulu.*
Plur. Utinam Voluissemus, *plût à Dieu que nous eussions voulu.*
Voluissetis, *que vous eussiez voulu.*
Voluissent, *qu'ils eussent voulu.*

TEMPS FUTUR.

Sing. Utinam Velim, *plaise à Dieu que je veuille*
Velis, *que tu veuilles.*
Velit, *qu'il veuille.*
Plur. Utinam Velimus, *plaise à Dieu que nous veuillions.*
Velitis, *que vous veuilliez.*
Velint, *qu'ils veuillent.*

MODE CONJONCTIF.

TEMPS PRÉSENT.

Sing. Cum Velim, *puisque je veux.*
Velis, *puisque tu veux.*
Velit, *puisqu'il veut.*

Plur. Cum Velimus, *puisque nous voulons.*
Velitis, *puisque vous voulez.*
Velint, *puisqu'ils veulent.*

TEMPS PRÉTÉRIT IMPARFAIT.

Sing. Cum Vellem, *puisque je voulais.*
Velles, *puisque tu voulais.*
Vellet, *puisqu'il voulait.*
Plur. Cum Vellemus, *puisque nous voulions.*
Velletis, *puisque vous vouliez.*
Vellent, *puisqu'ils voulaient.*

TEMPS PRÉTÉRIT PARFAIT.

Sing. Cum Voluerim, *puisque j'ai voulu.*
Volueris, *puisque tu as voulu.*
Voluerit, *puisqu'il a voulu.*
Plur. Cum Voluerimus, *puisque nous avons voulu.*
Volueritis, *puisque vous avez voulu.*
Voluerint, *puisqu'ils ont voulu.*

TEMPS PRÉTÉRIT PLUS-QUE-PARFAIT.

Sing. Cum Voluissem, *puisque j'avais voulu.*
Voluisses, *puisque tu avais voulu.*
Voluisset, *puisqu'il avait voulu.*
Plur. Cum Voluissemus, *puisque nous avions voulu.*
Voluissetis, *puisque vous aviez voulu.*
Voluissent, *puisqu'ils avaient voulu.*

TEMPS FUTUR.

Sing. Cum Voluero, *quand j'aurai voulu.*
Volueris, *quand tu auras voulu.*
Voluerit, *quand il aura voulu.*
Plur. Cum Voluerimus, *quand nous aurons voulu.*
Volueritis, *quand vous aurez voulu.*
Voluerint, *quand ils auront voulu.*

MODE INFINITIF.

TEMPS PRÉSENT ET PRÉTÉRIT IMPARFAIT.

Velle, *vouloir, qu'il veut, qu'il voulait.*

TEMPS PRÉTÉRIT PARFAIT ET PRÉTÉRIT PLUS-QUE-PARFAIT.

Voluisse, *avoir voulu, qu'il a voulu, qu'il avait voulu.*

PARTICIPE.

TEMPS PRÉSENT ET PRÉTÉRIT IMPARFAIT.

Volens, Volentis, *voulant, qui veut, qui voulait.*

V. NOLO, *je ne veux pas.*

MODE INDICATIF.

TEMPS PRÉSENT.

Sing.	Nolo,	*je ne veux pas.*
	Non vis,	*tu ne veux pas.*
	Non vult,	*il ne veut pas.*
Plur.	Nolumus,	*nous ne voulons pas.*
	Non vultis,	*vous ne voulez pas.*
	Nolunt,	*ils ne veulent pas.*

TEMPS PRÉTÉRIT IMPARFAIT.

Sing.	Nolebam,	*je ne voulais pas.*
	Nolebas,	*tu ne voulais pas.*
	Nolebat,	*il ne voulait pas.*

Plur.	Nolebamus,	*nous ne voulions pas.*
	Nolebatis,	*vous ne vouliez pas.*
	Nolebant,	*ils ne voulaient pas.*

TEMPS PRÉTÉRIT PARFAIT.

Sing.	Nolui,	*je n'ai pas voulu.*
	Noluisti,	*tu n'as pas voulu.*
	Noluit,	*il n'a pas voulu.*
Plur.	Noluimus,	*nous n'avons pas voulu.*
	Noluistis,	*vous n'avez pas voulu.*
	Noluerunt *ou* Noluere,	*ils n'ont pas voulu.*

TEMPS PRÉTÉRIT PLUS-QUE-PARFAIT.

Sing.	Nolueram,	*je n'avais pas voulu.*
	Nolueras,	*tu n'avais pas voulu.*
	Noluerat,	*il n'avait pas voulu.*
Plur.	Nolueramus,	*nous n'avions pas voulu*
	Nolueratis,	*vous n'aviez pas voulu.*
	Noluerant,	*ils n'avaient pas voulu.*

TEMPS FUTUR.

Sing.	Nolam,	*je ne voudrai pas.*
	Noles,	*tu ne voudras pas.*
	Nolet,	*il ne voudra pas.*
Plur.	Nolemus,	*nous ne voudrons pas.*
	Noletis,	*vous ne voudrez pas.*
	Nolent,	*ils ne voudront pas.*

MODE IMPÉRATIF.

TEMPS PRÉSENT.

Sing.	Noli,	*ne veuille pas.*
	Nolit,	*qu'il ne veuille pas.*
Plur.	Nolimus,	*ne veuillons pas.*
	Nolite,	*ne veuillez pas.*
	Nolint,	*qu'ils ne veuillent pas.*

TEMPS FUTUR.

Sing.	Nolito tu,	*ne veuille pas.*
	Nolito ille, illa, illud,	*qu'il ou qu'elle ne veuille pas.*
Plur.	Nolitote,	*ne veuillez pas.*
	Nolunto,	*qu'ils ne veuillent pas.*

MODE OPTATIF.

TEMPS PRÉSENT ET PRÉTÉRIT IMPARFAIT.

Sing.	Utinam	Nollem,	*plût à Dieu que je ne voulusse pas.*
		Nolles,	*que tu ne voulusses pas.*
		Nollet,	*qu'il ne voulût pas.*
Plur.	Utinam	Nollemus,	*plût à Dieu que nous ne voulussions pas.*
		Nolletis,	*que vous ne voulussiez pas.*
		Nollent,	*qu'ils ne voulussent pas.*

TEMPS PRÉTÉRIT PARFAIT.

Sing.	Utinam	Noluerim,	*plaise à Dieu que je n'aie pas voulu.*
		Nolueris,	*que tu n'aies pas voulu.*
		Noluerit,	*qu'il n'ait pas voulu.*
Plur.	Utinam	Noluerimus,	*que nous n'ayons pas voulu.*
		Nolueritis,	*que vous n'ayez pas voulu.*
		Noluerint,	*qu'ils n'aient pas voulu.*

TEMPS PRÉTÉRIT PLUS-QUE-PARFAIT.

Sing.	Utinam	Noluissem,	*plût à Dieu que je n'eusse pas voulu.*
		Noluisses,	*que tu n'eusses pas voulu.*
		Noluisset,	*qu'il n'eût pas voulu.*

Plur. Utinam Noluissemus, *plût à Dieu que nous n'eussions pas voulu.*
Noluissetis, *que vous n'eussiez pas voulu.*
Noluissent, *qu'ils n'eussent pas voulu.*

TEMPS FUTUR.

Sing. Utinam Nolim, *plaise à Dieu que je ne veuille pas.*
Nolis, *que tu ne veuilles pas.*
Nolit, *qu'il ne veuille pas.*
Plur. Utinam Nolimus, *plaise à Dieu que nous ne veuillons pas.*
Nolitis, *que vous ne veuillez pas.*
Nolint, *qu'ils ne veuillent pas.*

MODE CONJONCTIF.

TEMPS PRÉSENT.

Sing. Cum Nolim, *puisque je ne veux pas.*
Nolis, *puisque tu ne veux pas.*
Nolit, *puisqu'il ne veut pas.*
Plur. Cum Nolimus, *puisque nous ne voulons pas.*
Nolitis, *puisque vous ne voulez pas.*
Nolint, *puisqu'ils ne veulent pas.*

TEMPS PRÉTÉRIT IMPARFAIT.

Sing. Cum Nollem, *puisque je ne voulais pas.*
Nolles, *puisque tu ne voulais pas.*
Nollet, *puisqu'il ne voulait pas.*
Plur. Cum Nollemus, *puisque nous ne voulions pas.*
Nolletis, *puisque vous ne vouliez pas.*
Nollent, *puisqu'ils ne voulaient pas.*

TEMPS PRÉTÉRIT PARFAIT.

Sing. Cum Noluerim, *puisque je n'ai pas voulu.*
Nolueris, *puisque tu n'as pas voulu.*
Noluerit, *puisqu'il n'a pas voulu.*
Plur. Cum Noluerimus, *puisque nous n'avons pas voulu.*
Nolueritis, *puisque vous n'avez pas voulu.*
Noluerint, *puisqu'ils n'ont pas voulu.*

TEMPS PRÉTÉRIT PLUS-QUE-PARFAIT.

Sing. Cum Noluissem, *puisque je n'avais pas voulu.*
Noluisses, *puisque tu n'avais pas voulu.*
Noluisset, *puisqu'il n'avait pas voulu.*
Plur. Cum Noluissemus, *puisque nous n'avions pas voulu.*
Noluissetis, *puisque vous n'aviez pas voulu.*
Noluissent, *puisqu'ils n'avaient pas voulu.*

TEMPS FUTUR.

Sing. Cum Noluero, *quand je n'aurai pas voulu.*
Nolueris, *quand tu n'auras pas voulu.*
Noluerit, *quand il n'aura pas voulu.*
Plur. Cum Noluerimus, *quand nous n'aurons pas voulu.*
Nolueritis, *quand vous n'aurez pas voulu.*
Noluerint, *quand ils n'auront pas voulu.*

MODE INFINITIF.

TEMPS PRÉSENT ET PRÉTÉRIT IMPARFAIT.

Nolle, *ne vouloir pas, qu'il ne veut pas, qu'il ne voulait pas.*

TEMPS PRÉTÉRIT PARFAIT ET PRÉTÉRIT PLUS-QUE-PARFAIT.

Noluisse, *n'avoir pas voulu, qu'il n'a pas voulu, qu'il n'avait pas voulu.*

PARTICIPE.

TEMPS PRÉSENT ET PRÉTÉRIT IMPARFAIT.

Nolens, Nolentis, *ne voulant pas, qui ne veut pas, qui ne voulait pas.*

VI. MALO, *j'aime mieux.*

MODE INDICATIF.

TEMPS PRÉSENT.

Sing. Malo, *j'aime mieux.*
Mavis, *tu aimes mieux.*
Mavult, *il aime mieux.*
Plur. Malumus, *nous aimons mieux.*
Mavultis, *vous aimez mieux.*
Malunt, *ils aiment mieux.*

TEMPS PRÉTÉRIT IMPARFAIT.

Sing. Malebam, *j'aimais mieux.*
Malebas, *tu aimais mieux.*
Malebat, *il aimait mieux.*
Plur. Malebamus, *nous aimions mieux.*
Malebatis, *vous aimiez mieux.*
Malebant, *ils aimaient mieux.*

TEMPS PRÉTÉRIT PARFAIT.

Sing.	Malui,	*j'ai aimé mieux.*
	Maluisti,	*tu as aimé mieux.*
	Maluit,	*il a aimé mieux.*
Plur.	Maluimus,	*nous avons aimé mieux.*
	Maluistis,	*vous avez aimé mieux.*
	Maluerunt *ou* Maluere,	*ils ont aimé mieux.*

TEMPS PRÉTÉRIT PLUS-QUE-PARFAIT.

Sing.	Malueram,	*j'avais aimé mieux.*
	Malueras,	*tu avais aimé mieux.*
	Maluerat,	*il avait aimé mieux.*
Plur.	Malueramus,	*nous avions aimé mieux.*
	Malueratis,	*vous aviez aimé mieux.*
	Maluerant,	*ils avaient aimé mieux.*

MODE IMPÉRATIF.

TEMPS PRÉSENT.

Sing. Fac Malis, *fais en sorte d'aimer mieux.*

MODE OPTATIF.

TEMPS PRÉSENT ET PRÉTÉRIT IMPARFAIT.

Sing.	Utinam	Mallem,	*plût à Dieu que j'aimasse mieux.*
		Malles,	*que tu aimasses mieux.*
		Mallet,	*qu'il aimât mieux.*
Plur.	Utinam	Mallemus,	*plût à Dieu que nous aimassions mieux.*
		Malletis,	*que vous aimassiez mieux.*
		Mallent,	*qu'ils aimassent mieux.*

TEMPS PRÉTÉRIT PARFAIT.

Sing.	Utinam	Maluerim,	*plaise à Dieu que j'aie aimé mieux.*
		Malueris,	*que tu aies aimé mieux.*
		Maluerit,	*qu'il ait aimé mieux.*

Plur. Utinam Malucrimus, *plaise à Dieu que nous ayons aimé mieux.*
Malueritis, *que vous ayez aimé mieux.*
Maluerint, *qu'ils aient aimé mieux.*

TEMPS PRÉTÉRIT PLUS-QUE-PARFAIT.

Plur. Utinam Maluissem, *plût à Dieu que j'eusse aimé mieux.*
Maluisses, *que tu eusses aimé mieux.*
Maluisset, *qu'il eût aimé mieux.*
Sing. Utinam Maluissemus, *plût à Dieu que nous eussions aimé mieux.*
Maluissetis, *que vous eussiez aimé mieux.*
Maluissent, *qu'ils eussent aimé mieux.*

TEMPS FUTUR.

Sing. Utinam Malim, *plaise à Dieu que j'aime mieux.*
Malis, *que tu aimes mieux.*
Malit, *qu'il aime mieux.*
Plur. Utinam Malimus, *plaise à Dieu que nous aimions mieux.*
Malitis, *que vous aimiez mieux.*
Malint, *qu'ils aiment mieux.*

MODE CONJONCTIF.

TEMPS PRÉSENT.

Sing. Cum Malim, *puisque j'aime mieux.*
Malis, *puisque tu aimes mieux.*
Malit, *puisqu'il aime mieux.*
Plur. Cum Malimus, *puisque nous aimons mieux.*
Malitis, *puisque vous aimez mieux.*
Malint, *puisqu'ils aiment mieux.*

TEMPS PRÉTÉRIT IMPARFAIT.

Sing. Cum	Mallem,	*puisque j'aimais mieux.*
	Malles,	*puisque tu aimais mieux.*
	Mallet,	*puisqu'il aimait mieux.*
Plur. Cum	Mallemus,	*puisque nous aimions mieux.*
	Malletis,	*puisque vous aimiez mieux.*
	Mallent,	*puisqu'ils aimaient mieux.*

TEMPS PRÉTÉRIT PARFAIT.

Sing. Cum	Maluerim,	*puisque j'ai aimé mieux.*
	Malueris	*puisque tu as aimé mieux.*
	Maluerit,	*puisqu'il a aimé mieux.*
Plur. Cum	Maluerimus,	*puisque nous avons aimé mieux.*
	Malueritis,	*puisque vous avez aimé mieux.*
	Maluerint,	*puisqu'ils ont aimé mieux.*

TEMPS PRÉTÉRIT PLUS-QUE-PARFAIT.

Sing. Cum	Maluissem,	*puisque j'avais aimé mieux.*
	Maluisses,	*puisque tu avais aimé mieux.*
	Maluisset,	*puisqu'il avait aimé mieux.*
Plur. Cum	Maluissemus,	*puisque nous avions aimé mieux.*
	Maluissetis,	*puisque vous aviez aimé mieux.*
	Maluissent,	*puisqu'ils avaient aimé mieux.*

TEMPS FUTUR.

Sing. Cum	Maluero,	*quand j'aurai aimé mieux.*
	Malueris,	*quand tu auras aimé mieux.*
	Maluerit,	*quand il aura aimé mieux.*

Plur. Cum Malucrimus, *quand nous aurons aimé mieux.*
Malueritis, *quand vous aurez aimé mieux.*
Maluerint, *quand ils auront aimé mieux.*

MODE INFINITIF.

TEMPS PRÉSENT ET PRÉTÉRIT IMPARFAIT.

Malle, *aimer mieux, qu'il aime mieux, qu'il aimait mieux.*

TEMPS PRÉTÉRIT PARFAIT ET PRÉTÉRIT PLUS-QUE-PARFAIT.

Maluisse, *avoir aimé mieux, qu'il a aimé mieux, qu'il avait aimé mieux.*

VII. FIO, *je deviens.*

MODE INDICATIF.

TEMPS PRÉSENT.

Sing.	Fio,	*je deviens.*
	Fis,	*tu deviens.*
	Fit,	*il devient.*
Plur.	Fimus,	*nous devenons.*
	Fitis,	*vous devenez.*
	Fiunt,	*ils deviennent.*

TEMPS PRÉTÉRIT IMPARFAIT.

Sing.	Fiebam,	*je devenais.*
	Fiebas,	*tu devenais.*
	Fiebat,	*il devenait.*
Plur.	Fiebamus,	*nous devenions.*
	Fiebatis,	*vous deveniez.*
	Fiebant,	*ils devenaient.*

TEMPS PRÉTÉRIT PARFAIT.

Sing. Factus, a, um sum *ou* fui, *je suis devenu.*
Factus, a, um es *ou* fuisti, *tu es devenu.*
Factus, a, um est *ou* fuit, *il est devenu.*
Plur. Facti, æ, a sumus *ou* fuimus, *nous sommes devenus.*
Facti, æ, a estis *ou* fuistis, *vous êtes devenus.*
Facti, æ, a sunt *ou* fuerunt *ou* fuere, *ils sont devenus.*

TEMPS PRÉTÉRIT PLUS-QUE-PARFAIT.

Sing. Factus, a, um eram *ou* fueram, *j'étais devenu.*
Factus, a, um eras *ou* fueras, *tu étais devenu.*
Factus, a, um erat *ou* fuerat, *il était devenu.*
Plur. Facti, æ, a eramus *ou* fueramus, *nous étions devenus.*
Facti, æ, a eratis *ou* fueratis, *vous étiez devenus.*
Facti, æ, a erant *ou* fuerant, *ils étaient devenus.*

TEMPS FUTUR.

Sing.	Fiam,	*je deviendrai.*
	Fies,	*tu deviendras.*
	Fiet,	*il deviendra.*
Plur.	Fiemus,	*nous deviendrons.*
	Fietis,	*vous deviendrez.*
	Fient,	*ils deviendront.*

MODE IMPÉRATIF.

TEMPS PRÉSENT.

Sing.	Fac Fias,	*fais en sorte de devenir.*
	Fiat,	*qu'il devienne.*

Plur. Fiamus, *devenons.*
Fiatis, *devenez.*
Fiant, *qu'ils deviennent.*

MODE OPTATIF.

TEMPS PRÉSENT ET PRÉTÉRIT IMPARFAIT.

Sing. Utinam Fierem, *plût à Dieu que je devinsse.*
Fieres, *que tu devinsses.*
Fieret, *qu'il devînt.*
Plur. Utinam Fieremus, *plût à Dieu que nous devinssions.*
Fieretis, *que vous devinssiez.*
Fierent, *qu'ils devinssent.*

TEMPS PRÉTÉRIT PARFAIT.

Sing. Utinam Factus, a, um sim *ou* fuerim, *plaise à Dieu que je sois devenu.*
Factus, a, um sis *ou* fueris, *que tu sois devenu.*
Factus, a, um sit *ou* fuerit, *qu'il soit devenu.*
Plur. Utinam Facti, æ, a simus *ou* fuerimus, *plaise à Dieu que nous soyons devenus.*
Facti, æ, a sitis *ou* fueritis, *que vous soyez devenus.*
Facti, æ, a sint *ou* fuerint, *qu'ils soient devenus.*

TEMPS PRÉTÉRIT PLUS-QUE-PARFAIT.

Sing. Utinam Factus, a, um essem *ou* fuissem, *plût à Dieu que je fusse devenu.*
Factus, a, um esses *ou* fuisses, *que tu fusses devenu.*
Factus, a, um esset *ou* fuisset, *qu'il fût devenu.*

Plur. Utinam Facti, æ, a essemus *ou* fuissemus, *plût à Dieu que nous fussions devenus.*
Facti, æ, a essetis *ou* fuissetis, *que vous fussiez devenus.*
Facti, æ, a essent *ou* fuissent, *qu'ils fussent devenus.*

TEMPS FUTUR.

Sing. Utinam Fiam, *plaise à Dieu que je devienne.*
Fias, *que tu deviennes.*
Fiat, *qu'il devienne.*
Plur. Utinam Fiamus, *plaise à Dieu que nous devenions.*
Fiatis, *que vous deveniez.*
Fiant, *qu'ils deviennent.*

MODE CONJONCTIF.

TEMPS PRÉSENT.

Sing. Cum Fiam, *puisque je deviens.*
Fias, *puisque tu deviens.*
Fiat, *puisqu'il devient.*
Plur. Cum Fiamus, *puisque nous devenons.*
Fiatis, *puisque vous devenez.*
Fiant, *puisqu'ils deviennent.*

TEMPS PRÉTÉRIT IMPARFAIT.

Sing. Cum Fierem, *puisque je devenais.*
Fieres, *puisque tu devenais.*
Fieret, *puisqu'il devenait.*
Plur. Cum Fieremus, *puisque nous devenions.*
Fieretis, *puisque vous deveniez.*
Fierent, *puisqu'ils devenaient.*

TEMPS PRÉTÉRIT PARFAIT.

Sing. Cum Factus, a, um sim *ou* fuerim, *puisque je suis devenu.*

Factus, a, um sis *ou* fueris, *puisque tu es devenu.*

Factus, a, um sit *ou* fuerit, *puisqu'il est devenu.*

Plur. Cum Facti, æ, a simus *ou* fuerimus, *puisque nous sommes devenus.*

Facti, æ, a sitis *ou* fueritis, *puisque vous êtes devenus.*

Facti, æ, a sint *ou* fuerint, *puisqu'ils sont devenus.*

TEMPS PRÉTÉRIT PLUS-QUE-PARFAIT.

Sing. Cum Factus, a, um essem *ou* fuissem, *puisque j'étais devenu.*

Factus, a, um esses *ou* fuisses, *puisque tu étais devenu.*

Factus, a, um esset *ou* fuisset, *puisqu'il était devenu.*

Plur. Cum Facti, æ, a essemus *ou* fuissemus, *puisque nous étions devenus.*

Facti, æ, a essetis *ou* fuissetis, *puisque vous étiez devenus.*

Facti, æ, a essent *ou* fuissent, *puisqu'ils étaient devenus.*

TEMPS FUTUR.

Sing. Cum Factus, a, um ero *ou* fuero, *quand je serai devenu.*

Factus, a, um eris *ou* fueris, *quand tu seras devenu.*

Factus, a, um erit *ou* fuerit, *quand il sera devenu.*

Plur. Cum Facti, æ, a erimus *ou* fuerimus, *quand nous serons devenus.*

Facti, æ, a eritis *ou* fueritis, *quand vous serez devenus.*

Facti, æ, a erunt *ou* fuerint, *quand ils seront devenus.*

MODE INFINITIF.

TEMPS PRÉSENT ET PRÉTÉRIT IMPARFAIT.

Fieri, *devenir, qu'il devient, qu'il devenait.*

TEMPS PRÉTÉRIT PARFAIT ET PRÉTÉRIT PLUS-QUE-PARFAIT.

Sing. Factum, am, um esse *ou* fuisse, *être devenu, qu'il est devenu, qu'il était devenu.*

Plur. Factos, as, a esse *ou* fuisse, *être devenus, qu'ils sont devenus, qu'ils étaient devenus.*

TEMPS FUTUR.

Sing. Factum iri *ou* Faciendum, am, um esse, *devoir devenir, qu'il deviendra.*

Plur. Factum iri *ou* Faciendos, as, a esse, *devoir denir, qu'ils deviendront.*

TEMPS FUTUR PRÉTÉRIT PARFAIT.

Sing. Faciendum, am, um fuisse, *avoir dû devenir, qu'il fût devenu.*

Plur. Faciendos, as, a fuisse, *avoir dû devenir, qu'ils fussent devenus.*

PARTICIPES.

TEMPS PRÉTÉRIT PARFAIT ET PRÉTÉRIT PLUS-QUE-PARFAIT.

Factus, a, um, *devenu, qui est devenu, qui était devenu.*

TEMPS FUTUR.

Faciendus, a, um, *devant devenir, qui deviendra.*

VIII. EO, *je vais.*

MODE INDICATIF.

TEMPS PRÉSENT.

Sing.	Eo,	*je vais.*
	Is,	*tu vas.*
	It,	*il va.*
Plur.	Imus,	*nous allons.*
	Itis,	*vous allez.*
	Eunt,	*ils vont.*

TEMPS PRÉTÉRIT IMPARFAIT.

Sing.	Ibam,	*j'allais.*
	Ibas,	*tu allais.*
	Ibat,	*il allait.*
Plur.	Ibamus,	*nous allions.*
	Ibatis,	*vons alliez.*
	Ibant,	*ils allaient.*

TEMPS PRÉTÉRIT PARFAIT.

Sing.	Ivi,	*je suis allé.*
	Ivisti,	*tu es allé.*
	Ivit,	*il est allé.*
Plur.	Ivimus,	*nous sommes allés.*
	Ivistis,	*vous êtes allés.*
	Iverunt *ou* Ivere,	*ils sont allés.*

TEMPS PRÉTÉRIT PLUS-QUE-PARFAIT.

Sing.	Iveram,	*j'étais allé.*
	Iveras,	*tu étais allé.*
	Iverat,	*il était allé.*

Plur.	Iveramus,	*nous étions allés.*
	Iveratis,	*vous étiez allés.*
	Iverant,	*ils étaient allés.*

TEMPS FUTUR.

Sing.	Ibo,	*j'irai.*
	Ibis,	*tu iras.*
	Ibit,	*il ira.*
Plur.	Ibimus,	*nous irons.*
	Ibitis,	*vous irez.*
	Ibunt,	*ils iront.*

MODE IMPÉRATIF.

TEMPS PRÉSENT.

Sing.	I,	*va.*
	Eat,	*qu'il aille.*
Plur.	Eamus,	*allons.*
	Ite,	*allez.*
	Eant,	*qu'ils aillent.*

TEMPS FUTUR.

Sing.	Ito tu,	*va.*
	Ito ille, illa, illud,	*qu'il* ou *qu'elle aille.*
Plur.	Itote,	*allez.*
	Eunto,	*qu'ils aillent.*

MODE OPTATIF.

TEMPS PRÉSENT ET PRÉTÉRIT IMPARFAIT.

Plur. Utinam	Irem,	*plût à Dieu que j'allasse.*
	Ires,	*que tu allasses.*
	Iret,	*qu'il allât.*
Plur. Utinam	Iremus,	*plût à Dieu que nous allassions.*
	Iretis,	*que vous allassiez.*
	Irent,	*qu'ils allassent.*

TEMPS PRÉTÉRIT PARFAIT.

Sing. Utinam Iverim, *plaise à Dieu que je sois allé.*
Iveris, *que tu sois allé.*
Iverit, *qu'il soit allé.*
Plur. Utinam Iverimus, *plaise à Dieu que nous soyons allés.*
Iveritis, *que vous soyez allés.*
Iverint, *qu'ils soient allés.*

TEMPS PRÉTÉRIT PLUS-QUE-PARFAIT.

Sing. Utinam Ivissem, *plût à Dieu que je fusse allé.*
Ivisses, *que tu fusses allé.*
Ivisset, *qu'il fût allé.*
Plur. Utinam Ivissemus, *plût à Dieu que nous fussions allés.*
Ivissetis, *que vous fussiez allés.*
Ivissent, *qu'ils fussent allés.*

TEMPS FUTUR.

Sing. Utinam Eam, *plaise à Dieu que j'aille.*
Eas, *que tu ailles.*
Eat, *qu'il aille.*
Plur. Utinam Eamus, *plaise à Dieu que nous allions.*
Eatis, *que vous alliez.*
Eant, *qu'ils aillent.*

MODE CONJONCTIF.

TEMPS PRÉSENT.

Sing. Cum Eam, *puisque je vais.*
Eas, *puisque tu vas.*
Eat, *puisqu'il va.*
Plur. Cum Eamus, *puisque nous allons.*
Eatis, *puisque vous allez.*
Eant, *puisqu'ils vont.*

TEMPS PRÉTÉRIT IMPARFAIT.

Sing.	Cum	Irem,	*puisque j'allais.*
		Ires,	*puisque tu allais.*
		Iret,	*puisqu'il allait.*
Plur.	Cum	Iremus,	*puisque nous allions.*
		Iretis,	*puisque vous alliez.*
		Irent,	*puisqu'ils allaient.*

TEMPS PRÉTÉRIT PARFAIT.

Sing.	Cum	Iverim,	*puisque je suis allé.*
		Iveris,	*puisque tu es allé.*
		Iverit,	*puisqu'il est allé.*
Plur.	Cum	Iverimus,	*puisque nous sommes allés.*
		Iveritis,	*puisque vous êtes allés.*
		Iverint,	*puisqu'ils sont allés.*

TEMPS PRÉTÉRIT PLUS-QUE-PARFAIT.

Sing.	Cum	Ivissem,	*puisque j'étais allé.*
		Ivisses,	*puisque tu étais allé.*
		Ivisset,	*puisqu'il était allé.*
Plur.	Cum	Ivissemus,	*puisque nous étions allés.*
		Ivissetis,	*puisque vous étiez allés.*
		Ivissent,	*puisqu'ils étaient allés.*

TEMPS FUTUR.

Sing.	Cum	Ivero,	*quand je serai allé.*
		Iveris,	*quand tu seras allé.*
		Iverit,	*quand il sera allé.*
Plur.	Cum	Iverimus,	*quand nous serons allés.*
		Iveritis,	*quand vous serez allés.*
		Iverint,	*quand ils seront allés.*

MODE INFINITIF.

TEMPS PRÉSENT ET PRÉTÉRIT IMPARFAIT.

Ire, *aller, qu'il va, qu'il allait.*

TEMPS PRÉTÉRIT PARFAIT ET PRÉTÉRIT PLUS-QUE-PARFAIT.

Ivisse, *être allé, qu'il est allé, qu'il était allé.*

TEMPS FUTUR.

Sing. Iturum, am, um esse, *devoir aller, qu'il ira.*
Plur. Ituros, as, a esse, *devoir aller, qu'ils iront.*

TEMPS FUTUR PRÉTÉRIT PARFAIT.

Sing. Iturum, am, um fuisse, *avoir dû aller, qu'il fût allé.*
Plur. Ituros, as, a fuisse, *avoir dû aller, qu'ils fussent allés.*

GÉRONDIFS.

Eundi, *d'aller.*
Eundo, *en allant.*
Eundum, *pour aller.*

SUPINS.

Itum, *aller.*
Itu, *à aller.*

PARTICIPES.

TEMPS PRÉSENT ET PRÉTÉRIT IMPARFAIT.

Iens, euntis, *allant, qui va, qui allait.*

TEMPS FUTUR.

Iturus, a, um, *devant aller, qui ira.*

CONJUGAISON

DES VERBES DÉFECTIFS.

Les verbes défectifs sont ceux à qui il manque des modes, ou des temps, ou des personnes.

NOVI, *je connais*, ou *j'ai connu.*

MODE INDICATIF.

TEMPS PRÉSENT ET PRÉTÉRIT PARFAIT.

Sing. Novi, *je connais* ou *j'ai connu.*
Novisti, *tu connais* ou *tu as connu.*
Novit, *il connaît* ou *il a connu.*
Plur. Novimus, *nous connaissons* ou *nous avons connu.*
Novistis, *vous connaissez* ou *vous avez connu.*
Noverunt *ou* Novere, *ils connaissent* ou *ils ont connu.*

TEMPS PRÉTÉRIT IMPARFAIT ET PRÉTÉRIT PLUS-QUE-PARFAIT.

Sing. Noveram, *je connaissais* ou *j'avais connu.*
Noveras, *tu connaissais* ou *tu avais connu.*
Noverat, *il connaissait* ou *il avait connu.*
Plur. Noveramus, *nous connaissions* ou *nous avions connu.*
Noveratis, *vous connaissiez* ou *vous aviez connu.*
Noverant, *ils connaissaient* ou *ils avaient connu.*

MODE IMPÉRATIF.

TEMPS PRÉSENT.

Sing. Noveris, *que tu connaisses.*
Noverit, *qu'il connaisse.*
Plur. Noverimus, *que nous connaissions.*
Noveritis, *que vous connaissiez.*
Noverint, *qu'ils connaissent.*

MODE OPTATIF.

TEMPS PRÉSENT ET PRÉTÉRIT PARFAIT.

Sing. Utinam Noverim, *plaise à Dieu que je connaisse* ou *que j'aie connu.*
Noveris, *que tu connaisses* ou *que tu aies connu.*
Noverit, *qu'il connaisse* ou *qu'il ait connu.*
Plur. Utinam Noverimus, *plaise à Dieu que nous connaissions* ou *que nous ayons connu.*
Noveritis, *que vous connaissiez* ou *que vous ayez connu.*
Noverint, *qu'ils connaissent* ou *qu'ils aient connu.*

TEMPS PRÉTÉRIT IMPARFAIT ET PRÉTÉRIT PLUS-QUE-PARFAIT.

Sing. Utinam Novissem, *plût à Dieu que je connusse* ou *que j'eusse connu.*
Novisses, *que tu connusses* ou *que tu eusses connu.*
Novisset, *qu'il connût* ou *qu'il eût connu.*

Plur. Utinam Novissemus, *plût à Dieu que nous connussions* ou *que nous eussions connu.*

Novissetis, *que vous connussiez* ou *que vous eussiez connu.*

Novissent, *qu'ils connussent* ou *qu'ils eussent connu.*

MODE CONJONCTIF.

TEMPS PRÉSENT ET PRÉTÉRIT PARFAIT.

Sing. Cum Noverim, *puisque je connais* ou *j'ai connu.*

Noveris, *puisque tu connais* ou *tu as connu.*

Noverit, *puisqu'il connaît* ou *il a connu.*

Plur. Cum Noverimus, *puisque nous connaissons* ou *nous avons connu.*

Noveritis, *puisque vous connaissez* ou *vous avez connu.*

Noverint, *puisqu'ils connaissent* ou *ils ont connu.*

TEMPS PRÉTÉRIT IMPARFAIT ET PRÉTÉRIT PLUS-QUE-PARFAIT.

Sing. Cum Novissem, *puisque je connaissais* ou *j'avais connu.*

Novisses, *puisque tu connaissais* ou *tu avais connu.*

Novisset, *puisqu'il connaissait* ou *il avait connu.*

Plur. Cum Novissemus, *puisque nous connaissions* ou *nous avions connu.*

Novissetis, *puisque vous connaissiez* ou *vous aviez connu.*

Novissent, *puisqu'ils connaissaient* ou *ils avaient connu.*

TEMPS FUTUR.

Sing.	Cum	Novero,	*quand j'aurai connu.*
		Noveris,	*quand tu auras connu.*
		Noverit,	*quand il aura connu.*
Plur.	Cum	Noverimus,	*quand nous aurons connu.*
		Noveritis,	*quand vous aurez connu.*
		Noverint,	*quand ils auront connu.*

MODE INFINITIF.

TEMPS PRÉSENT ET PRÉTÉRIT PARFAIT.

Novisse, *connaître* ou *avoir connu, qu'il connaît, qu'il a connu.*

COEPI, *j'ai commencé.*

MODE INDICATIF.

TEMPS PRÉTÉRIT PARFAIT.

Sing.	Cœpi,	*j'ai commencé.*
	Cœpisti,	*tu as commencé.*
	Cœpit,	*il a commencé.*
Plur.	Cœpimus,	*nous avons commencé.*
	Cœpistis,	*vous avez commencé.*
	Cœperunt *ou* Cœpere,	*ils ont commencé.*

TEMPS PRÉTÉRIT PLUS-QUE-PARFAIT.

Sing.	Cœperam,	*j'avais commencé.*
	Cœperas,	*tu avais commencé.*
	Cœperat,	*il avait commencé.*

Plur.	Cœperamus,	*nous avions commencé.*
	Cœperatis,	*vous aviez commencé.*
	Cœperant,	*ils avaient commencé.*

MODE IMPÉRATIF.

Sing.	Cœperis,	*que tu aies commencé.*
	Cœperit,	*qu'il ait commencé.*
Plur.	Cœperimus,	*que nous ayons commencé.*
	Cœperitis,	*que vous ayez commencé.*
	Cœperint,	*qu'ils aient commencé.*

MODE OPTATIF.

TEMPS PRÉTÉRIT PARFAIT.

Sing.	Utinam	Cœperim,	*plaise à Dieu que j'aie commencé.*
		Cœperis,	*que tu aies commencé.*
		Cœperit,	*qu'il ait commencé.*
Plur.	Utinam	Cœperimus,	*plaise à Dieu que nous ayons commencé.*
		Cœperitis,	*que vous ayez commencé.*
		Cœperint,	*qu'ils aient commencé.*

TEMPS PRÉTÉRIT PLUS-QUE-PARFAIT.

Sing.	Utinam	Cœpissem,	*plût à Dieu que j'eusse commencé.*
		Cœpisses,	*que tu eusses commencé.*
		Cœpisset,	*qu'il eût commencé.*
Plur.	Utinam	Cœpissemus,	*plût à Dieu que nous eussions commencé.*
		Cœpissetis,	*que vous eussiez commencé.*
		Cœpissent,	*qu'ils eussent commencé.*

MODE CONJONCTIF.

TEMPS PRÉTÉRIT PARFAIT.

Sing.	Cum	Cœperim,	*puisque j'ai commencé.*
		Cœperis,	*puisque tu as commencé.*
		Cœperit,	*puisqu'il a commencé.*
Plur.	Cum	Cœperimus,	*puisque nous avons commencé.*
		Cœperitis,	*puisque vous avez commencé.*
		Cœperint,	*puisqu'ils ont commencé.*

TEMPS PRÉTÉRIT PLUS-QUE-PARFAIT.

Sing.	Cum	Cœpissem,	*puisque j'avais commencé.*
		Cœpisses,	*puisque tu avais commencé*
		Cœpisset,	*puisqu'il avait commencé.*
Plur.	Cum	Cœpissemus,	*puisque nous avions commencé.*
		Cœpissetis,	*puisque vous aviez commencé.*
		Cœpissent,	*puisqu'ils avaient commencé.*

TEMPS FUTUR.

Sing.	Cum	Cœpero,	*quand j'aurai commencé.*
		Cœperis,	*quand tu auras commencé.*
		Cœperit,	*quand il aura commencé.*
Plur.	Cum	Cœperimus,	*quand nous aurons commencé.*
		Cœperitis,	*quand vous aurez commencé.*
		Cœperint,	*quand ils auront commencé.*

MODE INFINITIF.

TEMPS PRÉTÉRIT PARFAIT ET PRÉTÉRIT PLUS-QUE-PARFAIT.

Cœpisse, *avoir commencé, qu'il a commencé, qu'il avait commencé.*

TEMPS FUTUR.

Sing. Cœpturum, am, um esse, *devoir commencer, qu'il commencera.*

Plur. Cœpturos, as, a esse, *devoir commencer, qu'ils commenceront.*

TEMPS FUTUR PRÉTÉRIT PARFAIT.

Sing. Cœpturum, am, um fuisse, *avoir dû commencer, qu'il eût commencé.*

Plur. Cœpturos, as, a fuisse, *avoir dû commencer, qu'ils eussent commencé.*

SUPINS.

Cœptum,	*commencer.*
Cœptu,	*à commencer.*

PARTICIPE.

TEMPS FUTUR.

Cœpturus, a, um, *devant commencer, qui commençera.*

EDO, *je mange.*

MODE INDICATIF.

TEMPS PRÉSENT.

Sing.	Edo,	*je mange.*
	Es,	*tu manges.*
	Est,	*il mange.*
Plur.	Estis,	*vous mangez.*

MODE IMPÉRATIF.

TEMPS PRÉSENT.

Sing.	Es,	*mange.*
Plur.	Este,	*mangez.*

TEMPS FUTUR.

Sing.	Esto,	*mange.*
Plur.	Estote,	*mangez.*

MODE OPTATIF.

TEMPS PRÉSENT ET PRÉTÉRIT IMPARFAIT.

Sing.	Utinam	Essem,	*plût à Dieu que je mangeasse.*
		Esses,	*que tu mangeasses.*
		Esset,	*qu'il mangeât.*
Plur.	Utinam	Essemus,	*plût à Dieu que nous mangeassions.*
		Essetis,	*que vous mangeassiez.*
		Essent,	*qu'ils mangeassent.*

MODE CONJONCTIF.

TEMPS PRÉTÉRIT IMPARFAIT.

Sing.	Cum	Essem,	*puisque je mangeais.*
		Esses,	*puisque tu mangeais.*
		Esset,	*puisqu'il mangeait.*
Plur.	Cum	Essemus,	*puisque nous mangions.*
		Essetis,	*puisque vous mangiez.*
		Essent,	*puisqu'ils mangeaient.*

MODE INFINITIF.

TEMPS PRÉSENT ET PRÉTÉRIT IMPARFAIT.

Esse, *manger, qu'il mange, qu'il mangeait.*

COMEDO, *je mange.*

—

MODE INDICATIF.

TEMPS PRÉSENT.

Sing.	Comedo,	*je mange.*
	Comes,	*tu manges.*
	Comest,	*il mange.*
Plur.	Comestis,	*vous mangez.*

MODE IMPÉRATIF.

TEMPS FUTUR.

Sing.	Comesto,	*mange.*
Plur.	Comestote,	*mangez.*

MODE OPTATIF.

TEMPS PRÉSENT ET PRÉTÉRIT IMPARFAIT.

Sing. Utinam Comessem, *plût à Dieu que je mangease.*
Comesses, *que tu mangeasses.*
Comesset, *qu'il mangeât.*
Plur. Utinam Comessemus, *plût à Dieu que nous mangeassions.*
Comessetis, *que vous mangeassiez.*
Comessent, *qu'ils mangeassent.*

MODE CONJONCTIF.

TEMPS PRÉTÉRIT IMPARFAIT.

Sing. Cum Comessem, *puisque je mangeais.*
Comesses, *puisque tu mangeais.*
Comesset, *puisqu'il mangeait.*
Plur. Cum Comessemus, *puisque nous mangions.*
Comessetis, *puisque vous mangiez.*
Comessent, *puisqu'ils mangeaient.*

MODE INFINITIF.

TEMPS PRÉSENT ET PRÉTÉRIT IMPARFAIT.

Comesse, *manger, qu'il mange, qu'il mangeait.*

INQUAM, *dis-je.*

MODE INDICATIF.

TEMPS PRÉSENT.

Sing. Inquam, *dis-je.*
Inquis, *dis-tu.*
Inquit, *dit-il.*

Plur.	Inquimus,	*disons-nous.*
	Inquiunt,	*disent-ils.*

TEMPS PRÉTÉRIT IMPARFAIT.

Sing.	Inquiebat,	*disait-il.*

TEMPS PRÉTÉRIT PARFAIT.

Sing.	Inquisti,	*as-tu dit.*

TEMPS FUTUR.

Sing.	Inquies,	*diras-tu.*
	Inquiet,	*dira-t-il.*

MODE IMPÉRATIF.

TEMPS PRÉSENT.

Sing. Inque *ou* Inquito, *dis.*

PARTICIPE.

TEMPS PRÉSENT ET PRÉTÉRIT IMPARFAIT.

Inquiens, Inquientis, *disant, qui dit, qui disait.*

AIO, *je dis.*

MODE INDICATIF.

TEMPS PRÉSENT.

Sing.	Aio,	*je dis.*
	Ais,	*tu dis.*
	Ait,	*il dit.*
Plur.	Aiunt,	*ils disent.*

TEMPS PRÉTÉRIT IMPARFAIT.

Sing.	Aiebam,	*je disais.*
	Aiebas,	*tu disais.*
	Aiebat,	*il disait.*
Plur.	Aiebamus,	*nous disions.*
	Aiebatis,	*vous disiez.*
	Aiebant,	*ils disaient.*

MODE IMPÉRATIF.

TEMPS PRÉSENT.

Sing. Ai, *dis.*

MODE OPTATIF.

TEMPS FUTUR.

Sing. Utinam Aias, *plaise à Dieu que tu dises.*
Aiat, *qu'il dise.*

MODE CONJONCTIF.

TEMPS PRÉSENT.

Sing. Cum Aias, *puisque tu dis.*
Cum Aiat, *puisqu'il dit.*

PARTICIPE.

TEMPS PRÉSENT ET PRÉTÉRIT IMPARFAIT.

Aiens, Aientis, *disant, qui dit, qui disait.*

CONJUGAISON

DES VERBES IMPERSONNELS.

Les verbes impersonnels sont ceux qui n'ont que la troisième personne du singulier.

OPORTET, *il faut.*

—

MODE INDICATIF.

TEMPS PRÉSENT.

Sing. Oportet, *il faut.*

TEMPS PRÉTÉRIT IMPARFAIT.

Oportebat, *il fallait.*

TEMPS PRÉTÉRIT PARFAIT.

Oportuit, *il a fallu.*

TEMPS PRÉTÉRIT PLUS-QUE-PARFAIT.

Oportuerat, *il avait fallu.*

TEMPS FUTUR.

Oportebit, *il faudra.*

MODE IMPÉRATIF.

TEMPS PRÉSENT.

Oporteat, *qu'il faille.*

MODE OPTATIF.

TEMPS PRÉSENT ET PRÉTÉRIT IMPARFAIT.

Utinam Oporteret, *plût à Dieu qu'il fallût.*

TEMPS PRÉTÉRIT PARFAIT.

Utinam Oportuerit, *plaise à Dieu qu'il ait fallu.*

TEMPS PRÉTÉRIT PLUS-QUE-PARFAIT.

Utinam Oportuisset, *plût à Dieu qu'il eût fallu.*

TEMPS FUTUR.

Utinam Oporteat, *plaise à Dieu qu'il faille.*

MODE CONJONCTIF.

TEMPS PRÉSENT.

Cum Oporteat, *puisqu'il faut.*

TEMPS PRÉTÉRIT IMPARFAIT.

Cum Oporteret, *puisqu'il fallait.*

TEMPS PRÉTÉRIT PARFAIT.

Cum Oportuerit, *puisqu'il a fallu.*

TEMPS PRÉTÉRIT PLUS-QUE-PARFAIT.

Cum Oportuisset, *puisqu'il avait fallu.*

TEMPS FUTUR.

Cum Oportuerit, *quand il aura fallu.*

MODE INFINITIF.

TEMPS PRÉSENT ET PRÉTÉRIT IMPARFAIT.

Oportere, *falloir, qu'il faut, qu'il fallait.*

TEMPS PRÉTÉRIT PARFAIT ET PRÉTÉRIT PLUS-QUE-PARFAIT.

Oportuisse, *avoir fallu, qu'il a fallu, qu'il avait fallu.*

PUGNATUR, *on combat.*

MODE INDICATIF.

TEMPS PRÉSENT.

Pugnatur, *on combat.*

TEMPS PRÉTÉRIT IMPARFAIT.

Pugnabatur, *on combattait.*

TEMPS PRÉTÉRIT PARFAIT.

Pugnatum est *ou* fuit, *on a combattu.*

TEMPS PRÉTÉRIT PLUS-QUE-PARFAIT.

Pugnatum erat *ou* fuerat, *on avait combattu.*

TEMPS FUTUR.

Pugnabitur, *on combattra.*

MODE IMPÉRATIF.

TEMPS PRÉSENT.

Pugnetur, *qu'on combatte.*

MODE OPTATIF.

TEMPS PRÉSENT ET PRÉTÉRIT IMPARFAIT.

Utinam Pugnaretur, *plût à Dieu qu'on combattît.*

TEMPS PRÉTÉRIT PARFAIT.

Utinam Pugnatum sit *ou* fuerit, *plaise à Dieu qu'on ait combattu.*

TEMPS PRÉTÉRIT PLUS-QUE-PARFAIT.

Utinam Pugnatum esset *ou* fuisset, *plût à Dieu qu'on eût combattu.*

TEMPS FUTUR.

Utinam Pugnetur, *plaise à Dieu qu'on combatte.*

MODE CONJONCTIF.

TEMPS PRÉSENT.

Cum Pugnetur, *puisqu'on combat.*

TEMPS PRÉTÉRIT IMPARFAIT.

Cum Pugnaretur, *puisqu'on combattait.*

TEMPS PRÉTÉRIT PARFAIT.

Cum Pugnatum sit *ou* fuerit, *puisqu'on a combattu.*

TEMPS PRÉTERIT PLUS-QUE-PARFAIT.

Cum Pugnatum esset *ou* fuisset, *puisqu'on avait combattu.*

TEMPS FUTUR.

Cum Pugnatum erit *ou* fuerit, *quand on aura combattu.*

MODE INFINITIF.

TEMPS PRÉSENT ET PRÉTÉRIT IMPARFAIT.

Pugnari, *être combattu*, *qu'on combatte, qu'on combattait.*

TEMPS PRÉTÉRIT PARFAIT ET PRÉTÉRIT PLUS-QUE-PARFAIT.

Pugnatum esse *ou* fuisse, *qu'on a combattu, qu'on avait combattu.*

TEMPS FUTUR.

Pugnatum iri, *qu'on combattra.*

Præcepta aliquot de Constructione.

—

PRÆCEPTUM I.

De Adjectivo cum Substantivo.

Nomina adjectiva, pronomina et participia cohærent cum substantivis in genere, numero et casu; ut :

Puer ingeniosus.
Pater meus.
Præceptor docens.

PRÆCEPTUM II.

De Nomine cum Verbo.

Omnia verba personalia omnium modorum, excepto infinito, postulant ante se nominativum apertè vel occultè, ejusdem numeri et personæ.

Apertè, ut : Ego lugeo.

Occultè, ut : Amo.

PRÆCEPTUM III.

De Accusativo ante Infinitum.

Verbum infiniti modi ante se accusativum habet; ut :

Gaudeo te bene valere.

Quelques règles de Syntaxe.

—

1re RÈGLE.

Accord de l'Adjectif avec le Substantif.

Les adjectifs, les pronoms et les participes s'accordent avec les substantifs en genre, en nombre et en cas; comme :

L'enfant intelligent.
Mon père.
Le maître enseignant.

2e RÈGLE.

Le Nominatif avec le Verbe.

Tous les verbes personnels à tous les modes, excepté à l'infinitif, veulent avant eux un nominatif exprimé ou sous-entendu, qui soit du même nombre et de la même personne.

Exemple. Nominatif exprimé : *Je pleure.*

Nominatif sous-entendu : *J'aime.*

3e RÈGLE.

L'Accusatif devant l'Infinitif.

Le verbe au mode infinitif veut avant lui l'accusatif; comme :

Je me réjouis de ce que vous vous portez bien.

Post se eosdem casus habet, quos finitum ; ut :

Après lui l'infinitif veut les mêmes cas que les autres modes ; comme :

Audio te accepisse litteras.

J'apprends que vous avez reçu une lettre.

PRÆCEPTUM IV.

4e RÈGLE.

De Nominativo ante et post Verbum.

Le Nominatif avant et après le Verbe.

Omne verbum personale finiti modi potest utrinque habere nominativum pertinentem ad eamdem rem ; ut :

Tout verbe personnel qui n'est pas à l'infinitif peut avoir avant et après lui un nominatif se rapportant à la même chose ; comme :

Avus tuus fuit vir doctus.

Votre grand-père a été un homme savant.

Cicero est præstantissimus oratorum.

Cicéron est le plus distingué des orateurs.

PRÆCEPTUM V.

5e RÈGLE.

De Accusativo post Verbum activum.

L'Accusatif après le Verbe actif.

Verbum activum post se accusandi casum postulat; ut :

Le verbe actif demande après lui l'accusatif; comme :

Pueri ingenui amant litteras.

Les enfants bien nés aiment les lettres.

Frater tuus legit Ciceronem diligenter.

Votre frère lit Cicéron avec application.

PRÆCEPTUM VI.

6e RÈGLE.

De Ablativo post Verbum passivum.

L'Ablatif après le Verbe passif.

Verbum passivum post se ablativum desiderat cum præpositione *a* vel *ab* ; ut :

Le verbe passif veut après lui l'ablatif avec la préposition *a* ou *ab*; comme :

Litteræ amantur a pueris ingenuis.

Les belles-lettres sont aimées par les enfants bien nés.

Cicero legitur a fratre tuo diligenter.

Cicéron est lu avec soin par votre frère.

PRÆCEPTUM VII.

De Relativo cum Antecedente.

Relativum *qui*, *quæ*, *quod*, concordat cum antecedente in genere et numero ; ut :

Puer ingenuus est, qui verecundiam amat.

Accepi tuas litteras, quæ mihi jucundissimæ fuerunt.

7e RÈGLE.

Accord du Pronom relatif avec son Antécédent.

Le pronom relatif *qui*, *quæ*, *quod*, s'accorde avec son antécédent en genre et en nombre ; comme :

Celui-là est un enfant bien né, qui aime la modestie.

J'ai reçu votre lettre, qui m'a été très-agréable.

PRÆCEPTUM VIII.

De Genitivo post Substantivum.

Quotiescumque duo nomina substantiva, ad res diversas pertinentia, in oratione ponuntur sine conjunctione, alterum, quod regitur, erit genitivi casus ; ut :

Libertas Pompeii.

Epistolæ Ciceronis.

8e RÈGLE.

Le Génitif après le Substantif.

Toutes les fois que deux substantifs exprimant des choses différentes se suivent sans conjonction dans la phrase, celui qui dépend de l'autre se met au génitif ; exemple :

La liberté de Pompée.

Les lettres de Cicéron.

PRÆCEPTUM IX.

De Præpositione post Verbum.

Quodvis verbum admittit præpositionem cum suo casu ; ut :

Fuit in templo.

Ambulo per urbem.

9e RÈGLE.

La Préposition après le Verbe.

Tout verbe peut avoir après lui une préposition avec le cas qu'elle exige ; comme :

Il a été au temple.

Je me promène par la ville.

PRÆCEPTUM X.

De Dativo communi.

Omne verbum et multa

10e RÈGLE.

Le Datif commun.

Tous les verbes et beau-

nomina dativum habere possunt ejus rei, cui damnum aliquod vel commodum datur; ut :

coup de noms peuvent être suivis du datif du nom qui exprime la chose ou la personne pour ou contre qui on agit; comme :

Laboras aliis.

Vous travaillez pour les autres.

Mihi soli es otiosus.

Pour moi seul tu es oisif.

Senes non sibi, sed filiis aut nepotibus, arbores serunt.

Les vieillards plantent les arbres, non pour eux, mais pour leurs enfants ou leurs neveux.

PRÆCEPTUM XI.

De Accusativo et Ablativo temporis.

11e RÈGLE.

L'Accusatif et l'Ablatif de temps.

Tempus accusativo vel ablativo casu effertur, si per *quamdiu* fiat interrogatio ; ut :

Le temps s'exprime par l'accusatif ou l'ablatif, si la question se fait par *combien de temps* ; comme :

Quamdiu vixit pater tuus?—Quinquaginta annos *vel* quinquaginta annis.

Combien de temps a vécu votre père? —Cinquante ans.

Sin vero per *quando* fiat interrogatio, ablativo tantum utemur; ut :

Si la question se fait par *quand*, il faut se servir de l'ablatif uniquement; exemple :

Quando datum est tibi hoc negotium?—Anno superiore.

Quand cette chose vous a-t-elle été donnée? — L'an passé.

PRÆCEPTUM XII.

De Accusativo et Ablativo distantiæ.

12e RÈGLE.

L'Accusatif et l'Ablatif de la distance.

Cuivis verbo addi potest accusativus vel ablativus qui distantiam loci significat; ut :

Tout verbe peut être accompagné d'un accusatif ou d'un ablatif qui exprime la distance d'un lieu à un autre ; exemple :

Abest viginti leucas *ou* viginti leucis.

Il est à vingt lieues.

Distat tria milliaria *ou* tribus milliaribus.

Il est distant de trois milles.

PRÆCEPTUM XIII.

De Ablativo pretii, instrumenti, causæ, modi.

Cuicumque verbo addi potest ablativus significans :

1° *Pretium* ; ut : Emi librum decem denariis.

Vendidisti atramentarium tribus assibus.

2° *Instrumentum* ; ut : Scribo calamo.

3° *Causam* ; ut : Tabesco dolore.

4° *Modum* quo aliquid fit ; ut : Sapiens æquissimo animo moritur.

13e RÈGLE.

L'Ablatif de prix, d'instrument, de cause, de manière.

Tout verbe peut être accompagné d'un ablatif pour exprimer :

1° Le *prix* ; comme : *J'ai acheté un livre dix deniers.*

Vous avez vendu un encrier trois sous.

2° L'*instrument* ; comme : *J'écris avec la plume.*

3° La *cause* ; comme : *Je languis de douleur.*

4° La *manière* ; comme : *Le sage meurt avec une très-grande tranquillité d'âme.*

PRÆCEPTUM XIV.

De Superlativis et Comparativis.

Si multa ejusdem generis comparentur, utendum est superlativo cum genitivo plurali ; ut :

Aristoteles est doctissimus philosophorum.

Cicero est eloquentissimus oratorum.

Cum duo vel plura inter se comparamus, utimur comparativo cum ablativo ; ut :

Argentum est vilius auro.

Præmia majora laboribus.

14e RÈGLE.

Les Superlatifs et les Comparatifs.

Si l'on compare plusieurs choses de même espèce, il faut se servir du superlatif avec le génitif pluriel ; exemple :

Aristote est le plus savant des philosophes.

Cicéron est le plus éloquent des orateurs.

Lorsque nous comparons entre elles deux choses seulement, ou plusieurs choses d'espèce différente, nous nous servons du comparatif avec l'ablatif ; exemple :

L'argent est plus vil que l'or.

Les récompenses plus grandes que les travaux.

ET HÆC OMNIA AD MAJOREM DEI GLORIAM.

TABLE.

DÉCLINAISONS.

CONJUGAISONS.

VOYAGES D'ÉTUDES MÉDICALES

EAUX MINÉRALES, STATIONS MARITIMES, CLIMATÉRIQUES
ET SANATORIUMS DE FRANCE

COMPTE RENDU DU VOYAGE
DE 1899
AUX STATIONS DU CENTRE & DE L'AUVERGNE

PAR LE

Dr CARRON DE LA CARRIÈRE

RÉSUMÉ DES CONFÉRENCES

FAITES PAR

1° Le Pr **LANDOUZY**, à Néris, La Bourboule, Le Mont-Dore, St-Nectaire, Royat, Châtel-Guyon, Bourbon-l'Archambault, Bourbon-Lancy, St-Honoré, Pougues ;

2° Le Dr **SABOURIN**, au Sanatorium de Durtol ;

3° Le Dr **GLÉNARD**, à Vichy.

PARIS

GEORGES CARRÉ ET C. NAUD, ÉDITEURS

3, RUE RACINE, 3

1900

COMPTE RENDU DU VOYAGE

DE 1899

AUX STATIONS THERMALES ET CLIMATÉRIQUES

DU CENTRE ET DE L'AUVERGNE

CHARTRES. — IMPRIMERIE DURAND, RUE FULBERT

VOYAGES D'ÉTUDES MÉDICALES
EAUX MINÉRALES, STATIONS MARITIMES, CLIMATÉRIQUES
ET SANATORIUMS DE FRANCE

COMPTE RENDU DU VOYAGE

DE 1899

AUX STATIONS DU CENTRE & DE L'AUVERGNE

PAR LE

Dr CARRON DE LA CARRIÈRE

RÉSUMÉ DES CONFÉRENCES

FAITES PAR

1° Le Pr **LANDOUZY**, à Néris, La Bourboule, Le Mont-Dore, St-Nectaire, Royat, Châtel-Guyon, Bourbon-l'Archambault, Bourbon-Lancy, St-Honoré, Pougues ;

2° Le Dr **SABOURIN**, au Sanatorium de Durtol ;

3° Le Dr **GLÉNARD**, à Vichy.

PARIS
GEORGES CARRÉ ET C. NAUD, ÉDITEURS
3, RUE RACINE, 3

1900

VOYAGE AUX EAUX MINÉRALES

PREMIÈRE PARTIE

EXPOSÉ DU BUT ET DE L'UTILITÉ DES VOYAGES D'ÉTUDES MÉDICALES

Au début de l'année 1899, je proposai d'organiser des *Voyages d'Études médicales aux Eaux minérales*.

Mon but est, d'une part, de faciliter, aux médecins ainsi qu'aux étudiants français et étrangers, la visite et la connaissance pratique des Stations Thermales et Climatériques de France ; d'autre part, de servir les intérêts de ces Stations qui ont tout à gagner à être mieux connues (1).

J'avais été amené à cette idée de la façon suivante : j'ai eu le bonheur d'être l'interne du Dr Jules Simon et d'être admis ensuite dans l'intimité de sa vie professionnelle. Ce vénéré Maître — dont la perte récente me cause une profonde douleur — a fait dans ses Cliniques de l'hôpital des Enfants Malades une large part à l'emploi des Eaux minérales chez les enfants. C'est à lui que je dois d'avoir su apprécier leur utilité et leur puissance thérapeutique ; il m'a souvent dit combien il était utile, pour les médecins, d'aller se renseigner, auprès de leurs confrères, sur les indications de chaque cure ; il m'a souvent incité à faire ces petits voyages pour ma propre instruction. Et chaque fois que j'ai mis son conseil à exécution, j'ai éprouvé, par moi-même, combien cette pensée était juste et féconde. — De plus, j'ai constaté qu'involontairement,

(1) Voyages d'Études Médicales aux Eaux Minérales françaises, *Presse Médicale*. — *Soc. d'Hydrologie méd. de Paris*. — *Gazette des Eaux*. — *Journal des Praticiens*. — février 1899.

automatiquement si je puis dire, nous sommes tous portés à recommander à nos clients les Stations que nous avons ainsi traversées, et cela pour deux raisons : d'abord, parce qu'en écoutant le malade nous conter ses misères, il se fait dans notre esprit un travail inconscient qui nous rappelle qu'à telle localité un confrère nous a dit que les affections de ce genre bénéficiaient ici d'une amélioration supérieure à tout autre traitement; — et puis, parce qu'on sent que la conviction se fait mieux chez notre client, quand nous pouvons lui décrire les établissements, le mode d'emploi de l'eau, la nature du pays, etc.

J'ai souvent regretté de n'avoir pas à ma disposition un moyen pratique de visiter toutes les Stations d'une façon méthodique et rapide ; j'ai pensé que d'autres confrères devaient avoir le même désir et profiteraient volontiers d'une organisation qui leur permît de faire, dans des conditions matérielles avantageuses, des voyages aussi agréables qu'utiles.

De semblables visites sont utiles à la fois aux médecins et aux Stations :

1° Utilité pour les médecins. — 1° *Il est impossible d'apprendre la thérapeutique hydrominérale comme nous apprenons la thérapeutique en général.*

Tout ce que nous apprenons en thérapeutique, dans le cours de nos études, est bien plus le résultat des prescriptions faites devant nous, par nos Maîtres, à l'hôpital, que celui de l'enseignement théorique. Au début de notre pratique, ces *leçons de choses* sont notre meilleur guide : si nous donnons de la digitale, par exemple, ce n'est pas seulement en faisant appel à ce que le livre nous apprend, mais surtout parce que nous nous rappelons avoir entendu prescrire ce médicament dans des circonstances analogues, à telle dose, sous telle forme, etc.; nous avions pu suivre le malade les jours suivants, nous rendre compte des effets produits. Le fait s'était gravé dans notre mémoire : c'est une notion définitivement acquise qui nous servira désormais dans toute notre pratique. Plus tard, quand, l'expérience venant avec les années, nous avons pu nous faire une thérapeutique plus raisonnée et plus personnelle, pourtant nous n'oublions jamais ces premières notions apprises au lit du malade d'hôpital.

Semblable instruction n'est pas applicable aux Eaux minérales; la plupart ne peuvent être utilisées loin de leur origine, et celles que l'on peut employer transportées ne produisent que peu d'effets, de lointaine analogie avec les résultats obtenus à la source même. La composition chimique de l'eau, sa température, ses modes d'administration si variés, le climat, l'altitude, etc., sont des faits matériels que l'on ne peut apprendre que *de visu*. Et, d'ailleurs, les cures hydrominérales s'adressent toujours à des états constitutionnels, chroniques, en dehors de toute période d'acuité, c'est-à-dire à des malades dans une situation tout autre que celle de ceux habituellement hospitalisés. La *leçon de choses*, base de son apprentissage thérapeutique, manque donc forcément, pour les Eaux minérales, à l'étudiant comme au médecin débutant.

2° *Le seul moyen d'avoir une notion exacte sur une Eau minérale est de se rendre à la Station et de se renseigner sur place.*

Les renseignements que nous avons besoin de savoir, pour la pratique, sur chaque Eau minérale, se résument à quelques données *peu nombreuses*, mais *bien précises* :

a) L'élément essentiel de sa *composition chimique*, celui qui la caractérise et la différencie des Eaux des autres groupes et des Eaux du même groupe ;

b) Sa *température* : eau chaude ou froide, et aussi ses caractères physiques : couleur, odeur, saveur :

c) Le *mode d'emploi principal* : si la cure consiste surtout en boisson ou en applications externes (bain, inhalation, gargarisme, douche, etc.), ou si ces deux modes d'emploi sont associés ;

d) Quelle est, au point de vue des *indications*, la *spécialité* de la Station, spécialité que l'analyse chimique seule ne révèle pas toujours, et que la polyclinique thermale enseigne ?

e) Et surtout les *contre-indications* : quels sont les malades qui ne doivent pas s'y rendre ; quels sont ceux pour lesquels la cure est non seulement indifférente, mais nuisible ?

Voilà les principales connaissances qu'il faut posséder.

Les monographies spéciales et les Traités d'Hydrologie se prêtent peu à l'instruction sommaire, rapide et précise, dont nous avons besoin. Chaque Station y est l'objet d'une exposition très détaillée, très complète, qui noie dans des détails secondaires les notions capitales qui nous sont indispensables; de plus, elle est étudiée isolément, sans comparaison suffisante avec les autres Eaux similaires. L'auteur n'a pas pour but d'indiquer l'Eau qui convient spécialement à telle maladie, mais seulement d'énumérer toutes les maladies qui pourront tirer, d'une Eau donnée, un bénéfice, à un degré quelconque. De telle sorte que telle cure particulièrement appropriée aux maladies de la peau est indiquée au même titre pour les maladies des voies respiratoires; telle autre, dont les maladies des voies respiratoires sont la spécialité incontestée, se trouve également recommandée pour les rhumatismes, les maladies de la peau, les voies digestives, etc., etc.

Il ne s'agit pas de mettre en doute les bénéfices réels et variés que le médecin d'une Station peut obtenir dans des affections dissemblables, quand il connaît à fond les variétés d'action et de maniement de ses eaux. Mais le médecin praticien, qui, lui, a la possibilité de choisir entre toutes les Stations, a besoin de savoir, non pas tout ce qu'on peut tirer avec plus ou moins de succès d'une eau, mais quelle est vraiment sa spécialisation, quelle est la maladie ou l'affection pour laquelle elle est particulièrement efficace. Le médecin, désireux de se renseigner d'une façon impartiale, veut savoir à quelle localité il peut envoyer *à coup sûr* chaque catégorie de malades, avec la certitude qu'ils y trouveront la cure qui leur convient. Les livres d'Hydrologie proprement dite ne mettent pas assez en relief cette note dominante, caractéristique, l'indication majeure; leurs auteurs sont trop préoccupés de faire connaître également les autres propriétés, qui sont exactes, sans doute, mais qui ne doivent venir qu'en seconde ligne.

Ce que l'étude théorique ne nous fournit que d'une façon lente, incomplète, souvent confuse, et au prix de réels efforts, un séjour de quelques heures à chaque Station suffit pour nous l'apprendre mieux et définitivement, sans efforts de mémoire.

Se rendre à une Station, visiter les établissements sous la direction d'un confrère qui nous indique la composition des eaux, leur température, leur mode d'emploi, leurs indications et contre-indications, etc., nous apprend en peu de temps tout ce que nous avons besoin de savoir. L'indication majeure, la spécialisation de la cure, que nous avons parfois de la peine à démêler le livre en mains, se dégage nettement de l'exposition, toujours si intéressante et si aimable, que veulent bien nous faire nos confrères. Et cette indication nous est confirmée par le mode d'administration que nous avons sous les yeux, par l'organisation des établissements faits en vue de l'affection qui y est le plus souvent traitée. Quand on a bu à Vichy ou à La Bourboule, pris un bain à Salies ou à Royat, traversé les salles d'inhalation du Mont-Dore ou d'Allevard, quand on a vu la douche-massage d'Aix ou d'Uriage, les salles de humages de Luchon, le gargarisme de la Raillière ou de Challes, les étuves naturelles de Plombières, les piscines de Lamalou, les boues de Dax, etc., etc., le souvenir de la localité et de tout ce qui s'y rattache reste désormais gravé dans la mémoire.

Tous les médecins qui, comme nous, ont visité les Eaux minérales ont éprouvé les mêmes impressions. Ils arrivaient à une Station, documentés par des lectures bien choisies, et cependant n'ayant pu se faire une idée suffisamment nette de ses propriétés, n'ayant pu réussir à savoir en quoi, par exemple, elle différait d'autres stations similaires pour une même affection. Et ils étaient surpris de voir combien, après cette visite sur lieu et les explications toujours si détaillées, si précises, si complaisantes des confrères, les difficultés s'aplanissaient et la nuance, la spécialisation vraie se dégageait nettement.

Tous les médecins qui s'intéressent aux Eaux minérales sont unanimes à reconnaître que ces visites sont la seule façon d'apprendre et de retenir ce qu'il faut savoir sur chaque cure thermale.

*
* *

2° ***Utilité pour les Stations.*** — Nous avons en France une gamme d'Eaux merveilleuse, permettant de répondre à toutes les indications. La plupart ont un légitime succès et voient leur clientèle augmenter chaque année, mais toutes ne progressent pas autant qu'elles le pourraient, surtout quand on les compare à leurs similaires des pays étrangers. Les causes de cet arrêt de développement de nos richesses thermales sont multiples : une seule nous intéresse ici. Les médecins praticiens, en général, n'accordent pas aux Eaux, dans leur thérapeutique personnelle, la place qu'elles méritent, et la faute en est à l'insuffisance de leur instruction à cet égard et à la difficulté qu'ils éprouvent de connaître pratiquement les Stations. Aussi, est-il de l'intérêt même des Stations de tenter quelque chose pour en faciliter la connaissance aux médecins : elles seront les premières à en bénéficier. Quand nous avons pu apprécier sur place les ressources d'une localité, son nom, les propriétés de ses eaux, leurs applications, les indications se présentent spontanément à notre esprit au moment propice, dans la conversation avec un client. Ne sommes-nous pas portés à adresser nos malades de préférence aux Stations que nous avons vues, visitées et pratiquées, dont la topographie est à jamais fixée dans nos souvenirs? Ne parle-t-on pas avec plus de conviction à son client quand on peut lui énumérer l'installation qu'il trouvera, le genre de cure qu'on lui fera faire, voire même la nature du pays, les distractions mises à sa disposition, etc.? Et lui-même ne croit-il pas plus volontiers son médecin, qui lui prouve ainsi qu'il connaît bien ce dont il parle?

Ainsi connues et appréciées des médecins, ne peut-on pas penser que nos Stations thermales entreront plus facilement en concurrence avec leurs rivales étrangères, auxquelles vont trop souvent les préférences mondaines? Dans l'intérêt de tous, il faut ramener vers nos centres thermaux le mouvement indéniable qui se marque vers l'étranger. Pour y atteindre, il y a, c'est vrai, plus d'une amélioration locale à apporter ; une surtout : l'accroissement du confortable, le perfectionnement de l'outillage sans élévation des prix actuels. Sans doute, c'est là le fait des administrateurs des établissements et des hôtels; mais, on ne saurait perdre de vue que la certitude d'une nombreuse clientèle peut seule les amener à faire les sacrifices qu'exige une installation confortable et complète. Que chacun y mette du sien ! Ce n'est point une question d'intérêt de clochers. Les Eaux minérales françaises constituent une richesse naturelle, qui doit être pour le pays tout entier la cause de revenus importants, et contribuer à sa prospérité générale. Aussi, tout ce qui peut favoriser leur développement prend une importance supérieure, touchant à la vitalité même de notre pays. N'est-ce pas rendre service à tous que de les faire mieux connaître du médecin qui est appelé, chaque jour, à les conseiller ?

*
* *

Tels étaient les motifs que j'exposais à l'appui de mon projet : le Corps médical accueillit favorablement ma proposition ; des Membres éminents de l'Académie de Médecine, de la Faculté, des Hôpitaux, de la Société d'Hydrologie voulurent bien l'approuver hautement et encourager sa réalisation en acceptant de faire partie d'un *Comité de patronage* qui fut ainsi constitué :

COMITÉ DE PATRONAGE

Président.

M. Brouardel, Doyen de la Faculté de Médecine de Paris, Membre de l'Académie des Sciences et de l'Académie de Médecine.

Vice-Président.

M. Landouzy, Professeur de Thérapeutique à la Faculté de Médecine de Paris, Membre de l'Académie de Médecine, Médecin de l'hôpital Laënnec.

Membres du Comité.

M. Cornil, Professeur d'Anatomie pathologique à la Faculté de Médecine de Paris, Membre de l'Académie de Médecine, médecin de l'Hôtel-Dieu, Sénateur de l'Allier.

M. Durand-Fardel (Ray.), Secrétaire général de la Société d'Hydrologie.

M. Fournier, Professeur de Clinique des maladies cutanées et syphilitiques à la Faculté de Médecine de Paris, Membre de l'Académie de Médecine, Médecin de l'hôpital Saint-Louis.

M. Gilbert, Agrégé de Thérapeutique de la Faculté de Médecine de Paris, Médecin de l'hôpital Broussais.

M. Huchard, Membre de l'Académie de Médecine, Médecin de l'hôpital Necker.

M. Lannelongue, Membre de l'Académie des Sciences et de l'Académie de Médecine, Professeur de Pathologie externe à la Faculté de Médecine de Paris, Chirurgien de l'hôpital des Enfants-Malades.

M. Monod, Conseiller d'État, Directeur de l'Assistance et de l'Hygiène publiques au Ministère de l'Intérieur, Membre de l'Académie de Médecine.

M. Proust, Professeur d'Hygiène à la Faculté de Médecine de Paris, Inspecteur général des services sanitaires, Membre de l'Académie de Médecine, Médecin de l'Hôtel-Dieu.

M. Jules Simon, Médecin honoraire de l'hôpital des Enfants-Malades.

Secrétaire général et Organisateur de ces Voyages.

Dr Carron de la Carrière, Ancien Interne des hôpitaux, Ancien chef de clinique adjoint de la Faculté de Médecine de Paris.

De l'étranger même arrivèrent de précieux encouragements ; d'aimables confrères s'offrirent pour faire de la propagande dans leurs pays en faveur de nos Eaux minérales françaises et de nos Voyages, disant que ces excursions scientifiques venaient « combler heureusement une lacune ». Le Dr Ehlers (de Copenhague) voulut bien de suite mener dans les journaux scientifiques de Scandinavie, une campagne, aussi brillante que généreuse, dont nous devions bientôt constater les heureux résultats. Je suis heureux de lui exprimer ici ma vive reconnaissance.

DEUXIÈME PARTIE

VOYAGE D'ÉTUDES MÉDICALES AUX STATIONS DU CENTRE ET DE L'AUVERGNE

Fort de l'appui de mon *Comité de Patronage* et des nombreux encouragements de mes confrères, je préparai l'itinéraire du voyage que j'avais le désir de proposer, pour le mois de Septembre de cette année, aux Stations du Centre et de l'Auvergne. M. le Professeur Landouzy voulut bien accepter d'en prendre la direction scientifique, et de venir, sur place, faire des Conférences sur la composition, les propriétés thérapeutiques, les indications et les contre-indications de chacune des Eaux que nous allions visiter. Dès lors, le succès était assuré.

Le groupe des Stations du Centre et de l'Auvergne m'a semblé plus particulièrement désigné pour un premier voyage. Il forme un ensemble d'Eaux variées à tous les points de vue : thermalité, composition chimique, mode d'administration, effets thérapeutiques. Il permet de voir successivement, et en peu de jours, d'une part, des Eaux thermales simples, alcalines fortes ou légères, chlorurées sodiques, chlorurées magnésiennes, arsenicales, sulfureuses même, et, d'autre part, des Établissements bien organisés pour tous les modes d'emploi : buvettes, bains, douches, piscines, pulvérisations, inhalations, etc. Le médecin qui connaît bien l'indication de chacune de ces Stations est déjà en possession d'un ensemble de moyens thérapeutiques qui lui permettent de faire face aux principales nécessités de sa pratique.

*
* *

Le but et les conditions du voyage furent exposés dans le Programme ci-contre :

Un grand nombre de journaux français et étrangers ont bien voulu reproduire ce Programme — quelques-uns in-extenso et à plusieurs reprises — et lui consacrer les appréciations les plus flatteuses ; j'ai grand plaisir aujourd'hui à leur adresser tous mes remercîments :

Angleterre : *British Medical Journal, Medical Press and Circular.* — Belgique : *Scalpel.* — France : *Annales de médecine et chirurgie infantiles, Archives générales d'hydrologie, de climatologie et d'hydrothérapie, Bulletin médical, Bulletin officiel du Syndicat des médecins de la Seine, Concours médical, France médicale, Gazette des Eaux, Gazette des Hôpitaux, Gazette des Maladies infantiles, Journal de médecine de Paris, Journal de médecine et de chirurgie pratiques, Journal des Praticiens, Lyon Médical, Médecine moderne, Presse médicale, Revue hebdomadaire de laryngologie, d'otologie et de rhinologie de Bordeaux, Revue scientifique, Tablettes médicales, Tribune médicale,* etc... — Roumanie : *Dreptatea, Epoca.* — Scandinavie : *Aftenposten, Berlingske politiske og avertissements-tidende, Dagens Nyheder, Dannebrog, Hospitalstidende optegnelser af praktisk lægekunst, Morgenbladet, Norsk magazin for lægevidenskaben, Tidsskrift for den norske lægeforening, Ugeskrift for læger, Verdens gang, Vort land.*

S'il en est d'autres qui m'ont rendu le même service, et dont je n'ai pas eu connaissance, qu'ils veuillent bien trouver ici l'expression de tous mes remercîments.

A tous je demande de bien vouloir me continuer leur sympathie et leur appui qui sont nécessaires pour la réussite de cette propagande scientifique et patriotique.

* * *

Ce premier voyage a eu lieu au début de Septembre 1899. J'ai eu la grande satisfaction de le voir pleinement réussir, suivant l'itinéraire et le plan d'études tracés d'avance, dans les conditions scientifiques et matérielles que je désirais. Il m'est impossible de ne pas constater, et cela, avec une joie profonde, que le succès a été complet. Le généreux concours de tous nos Confrères des Stations et les si intéressantes Conférences du Professeur Landouzy ont fait que nous avons reçu aussi complète que possible la *leçon de choses* que nous étions allés chercher. L'esprit scientifique dont étaient animés tous nos compagnons de voyage, leur vif désir de se rendre compte de tous les détails d'organisation et d'installation, leur curiosité assouvie, leur satisfaction d'avoir des journées de vacances aussi copieusement remplies pour leur instruction, ont été fort remarqués. « On a l'impression que ces visiteurs ne sont pas de simples touristes; ils interrogent, prennent des notes, critiquent et discutent, rien ne leur échappe : ce sont des médecins redevenus pour quelques jours de laborieux étudiants » (1).

* * *

LISTE DES ADHÉRENTS DU VOYAGE DE 1899

1. Dr Landouzy, Professeur de Thérapeutique à la Faculté de médecine de Paris, 4, rue Chauveau-Lagarde.
2. Dr Carron de la Carrière, Organisateur du voyage, 2, rue Lincoln, Paris.
3. Dr Andersen, Médecin du district de Viborg (Danemark).
4. Dr André, 23, place de la République, Paris.
5. Dr Aubry père, Prunay-le-Gillon (Eure-et-Loir).
6. Dr Audy, Patay (Loiret).
7. Dr Béclère, Médecin des Hôpitaux, 5, rue Scribe, Paris.
8. Dr Benicke, Médecin du district de Golstrup (Danemark).
9. Dr Bellencontre, 3, rue Scribe, Paris.
10-11. Dr Bernard et Mme Bernard, 48, rue d'Enghien, Paris.
12. Dr Berthod, 23, rue Drouot, Paris.
13. Dr Blondeaux, Seurre (Côte-d'Or).
14-15. Dr Bobrie père et M. Bobrie fils, 28, rue du Palais, La Rochelle.
16. Dr Bonnemaison, 2, rue Mignet, Paris.
17. Dr Botescu, Interne à l'hôpital Phylantropia, Bucharest.
18. Dr Boucheron, 11 *bis*, rue Pasquier, Paris.
19. Dr Brengués, Marguerittes (Gard).
20. Dr Castex, Chargé du cours de Laryngologie. Rhinologie et Otologie à la Faculté de médecine, 30, avenue de Messine, Paris.
21. M. Chassy, Interne à l'Hôtel-Dieu, Arles (B.-du-Rhône).
22. Dr Cohendy, 27, rue Ballainvilliers, Clermont-Ferrand.

---

(1) Compte-rendu de la *Gazette des Eaux* du Dr Morice, p. 12.

23 et 24. M. CONTET. Externe des hôpitaux de Paris, et Mme CONTET, 91, avenue d'Orléans, Paris.
25. Dr COURTOIS, Saulieu (Côte-d'Or).
26. Dr COUZEFEYTE, Villeneuve-de-Marsan (Landes).
27. Dr CUCALON (République de l'Équateur), 3, rue Lecourbe, Paris.
28. M. DECOTTIGNIES, Étudiant en médecine, 270, rue du Flocon, Tourcoing.
29 et 30. Dr DEROCHE et Mme DEROCHE, 67, rue de Rome, Paris.
31. Dr DESOIL, 109, rue d'Arras, Lille.
32. M. DUBAR, Étudiant en médecine, 5, rue Basse-des-Carmes, Paris.
33, Dr EHLERS, Privat-Docent à l'Université de Copenhague, Laxegade, 6, Copenhague (Danemark).
34. Dr FAUVET, Lussac-les-Églises (Haute-Vienne).
35. Dr FORNMARK, Médecin supérieur, Inspecteur de la ville de Malmo (Suède).
36. M. FOUILLOUX, Étudiant en médecine, Saint-Bonnet-le-Château (Loire).
37 et 38. Dr GAND et Mme GAND, 8, rue Lavalard, Amiens.
39 et 40. Dr de GEYNST et Mlle de GEYNST, 14, quai Dautrebande, Huy (Belgique).
41. Dr de GREIFT, 45, avenue des Arts, Anvers (Belgique).
42. Dr HANRIOT, Blâmont (Meurthe-et-Moselle).
43. Dr H. HENROT, Directeur de l'École de médecine de Reims.
44. Dr HERIGNY, 1, rue Fresnel, Paris.
45. Dr HÖRMANN (Chili), 31, rue Lubeck, Paris.
46. Dr HOUDÉ, Coulanges-la-Vineuse (Yonne).
47. Dr HUMEAU, 41, rue Joinville, Le Havre.
48. M. IMBAULT, Étudiant en médecine, Combleux, par Saint-Jean-de-Braye (Loiret).
49. Dr KADRI RACHID (Turquie), 2, rue des Coudraies, Sceaux.
50. Dr KYAERGAARD, Privat-Docent à la Faculté, Frederiksberg (Danemark).
51. Dr KZELGAARD, à Lógstór (Danemark).
52-53. Dr LAACHE, Professeur de Clinique Médicale à la Faculté de médecine de Christiania, et Mlle LAACHE, Universitetsgaden, 12, Christiania (Norvège).

54. Dr LANGE, Lille-Forvegade, 1, Copenhague (Danemark).
55. Dr LANGHOFF, Kgellerup (Danemark).
56. Dr LEFEVRE, Vailly-sur-Sauldre (Cher).
57. Dr LEFRANC-LAVALLÉE, Pont-Hébert (Manche).
58. Dr LEGENDRE, La Haye-Malherbe (Eure).
59. Dr LEGROS, 47, rue Denfert-Rochereau, Paris.
60. Dr LE ROY, 119, rue Grenelle, Paris.
61. Dr LEUILLIEUX, Conlie (Sarthe).
62. Dr LEVISTE, Dreux (Eure-et-Loir).
63. Dr LHUISSIER, Professeur à l'École de médecine de Rennes.
64. Dr LOCHARD, 11, rue Jean-Baptiste-Dumas, Paris.
65. M. LOISEAU, Étudiant en médecine, 14, boulevard Raspail, Paris.
66. Dr MANQUAT, Nice.
67. Dr MATHIEU SICAUD, 164, rue Vaugirard, Paris.
68. M. MAURIN, Étudiant en médecine, 20, rue Pestalozzi, Paris.
69. Dr MEYER, 4, rue aux Ours, Metz.
70. Dr MICHELSEN, Praestó (Danemark).
71. Dr MOLLER, 127, Hooftstraat, Amsterdam (Hollande).
72. Dr MONSARRAT, 42, rue de la Bienfaisance, Paris.
73. Dr NEUMANN, Médecin-Inspecteur en chef de la ville de Frederiksberg (Danemark).
74. M, NOEL, Étudiant en médecine, 119, rue de Grenelle, Paris.
75. Dr ONIMUS, Monaco.
76. M. PAMART, Étudiant en médecine, 9, rue Pestalozzi, Paris.
77. Dr PIGNAL, Annonay.
78. Dr PIOT, 66, rue Saint-Didier, Paris.
79. Dr POIX, 36, rue Chanzy, Le Mans.
80. Dr RIBAUX, Fleurier (Suisse).
81. Professeur ROHMELL, Médecin en chef de l'Asile des Aliénés Saint-Jean, à Roskilde (Danemark).
82. Dr RONDU, Saint-Saulge (Nièvre).
83. M. ROUSSEL (La Réunion), Étudiant en médecine, 7, rue d'Ulm, Paris.
84. Dr SAUVAGE, Fère-Champenoise (Marne).
85. Dr SCHMITT, 6, rue Villersexel, Paris.

86. Dr DE SCHOLTEN, Médecin-major, rue Danmarksgade, 52 Aalborg (Danemark).
87. Dr SERRINS, Ymonville (Eure-et-Loir).
88. Dr TINEL, Professeur à l'École de médecine, Rouen.
89. Dr TIXIER, place Michel-de-l'Hospital, 9, Clermont-Ferrand.
90. Dr TSCHUDNOWSKY (Russie), 40, boulevard Bonne-Nouvelle, Paris.
91. Dr DE VAUCLEROY, Professeur d'Hygiène à l'École Militaire, 290, avenue Louise, Bruxelles (Belgique).
92. Dr VAURIOT, Nîmes.
93. Dr VESLIN, 4, Petite-Cité, Évreux.
94-95. Dr VETLESEN et Mme VETLESEN, 21, Drammensveien, Christiania (Norvège).
96. Dr DE VILLARTAY, Vitré (Ille-et-Vilaine).
97. Dr WARDE, 5, avenue Condé-Chantilly.

Au total : 97, dont 28 étrangers.

*
* *

L'*emploi du temps* à chaque Station était réglé de la façon suivante : 1° *visite détaillée et interrogative des établissements*, 2° *conférence du Professeur Landouzy*, 3° *excursion* aux environs. Nous pouvions ainsi voir la Station sous toutes ses faces, en pénétrer, pour ainsi dire, l'anatomie et la physiologie.

La *visite des établissements* a toujours été aussi détaillée et aussi complète que possible ; elle avait été préparée d'avance, et avec grand soin, par nos Confrères qui avaient bien voulu tout combiner au mieux de notre temps limité ; ils nous ont montré méthodiquement toutes les installations en plein fonctionnement, nous indiquant et la manœuvre et l'application thérapeutique de leurs eaux usagées de diverses manières. Nous ne saurions assez leur exprimer toute notre gratitude pour les excellentes *leçons de choses* qu'ils nous ont données, l'amabilité et la patience avec laquelle ils se prêtaient à toutes nos questions ; chacun de nous était un peu l'enfant terrible qui veut tout voir et tout savoir, qui a tout à apprendre et veut tout retenir. « L'accueil que nous ont fait nos confrères nous a profondément touchés. Ils se sont dépensés largement pour nous instruire, pour nous faire comprendre toutes les ressources mises à leur disposition : ils ont, sans se lasser, répondu à toutes nos questions: ils ont été parfaits » (Dr Lochard) (1).

Les Administrateurs avaient bien voulu prendre leurs mesures pour nous ménager la libre disposition de leurs Établissements pendant notre visite, et pourtant cela n'allait pas sans une grande gêne pour eux; plusieurs Stations avaient encore beaucoup de baigneurs : il avait fallu les prévenir la veille et changer l'heure habituelle de leurs traitements ; et l'on sait le peu de complaisance des malades pour ces petites modifications. — Grâce à l'obligeance ainsi combinée de nos Confrères et des Administrateurs, notre visite était aussi parfaite que possible ; de cette façon tous les voyageurs ont pu se faire un compte exact du *modus faciendi* de chaque Station, ils y prenaient d'ailleurs un vif intérêt et ils en ont emporté le meilleur souvenir.

Après cette visite, nous nous réunissions dans une salle de casino ou de théâtre, et M. le *Pr Landouzy* nous exposait dans ce langage net et imagé, avec cette chaleur communicative, qui lui sont si personnels, tout ce qu'il faut savoir sur la Station : les applications thérapeutiques des eaux, aussi bien que les avantages des adjuvances qu'on y rencontre : climat, altitude, mécanothérapie, cure de marche, etc. Il étonnait ses auditeurs par son érudition en matière hydrominérale, son expérience personnelle, sa connaissance approfondie des Eaux minérales étrangères qu'il mettait en parallèle avec nos richesses minérales insuffisamment exploitées. « Dans un savant exposé, le Maître, avec de rares trouvailles d'expressions, une parole éloquente et convaincue, souvent avec des néologismes véritablement ciselés pour mieux frapper l'esprit et synthétiser les points qu'il voulait mettre en relief, énumérait les indications et contre-indications » (Hinzelin). (2)

Ces Conférences ont déterminé le grand et complet succès de notre voyage : jusqu'au dernier jour, l'orateur infatigable a fait preuve des mêmes qualités de savoir, d'endurance et de charme ; son auditoire, par son assiduité et ses chaleureux applaudisse-

(1) Lochard. Un voyage d'études médicales, *Le Siècle*, 19 septembre 1899.
(2) Voyages d'études médicales. *L'Impartial de l'Est*, 26 septembre 1899.

ments, lui témoignait sa vive reconnaissance. « M. le Pr Landouzy, auquel était confiée la direction scientifique du voyage, n'a été parcimonieux ni de son temps, ni de sa peine, pour être à la hauteur de la lourde tâche qu'il avait acceptée. Dans chaque Station, c'est-à-dire chaque jour, il a fait sur place, dans une causerie toujours aussi intéressante qu'originale, une sorte de synthèse des impressions que chacun avait éprouvées, résumant l'anatomie des Eaux et leurs applications. Il s'est toujours efforcé d'éviter l'aride Conférence hydrologique, avec les discussions stériles sur le comment et le pourquoi ; passant sous silence les théories, il s'est contenté de constater les résultats obtenus, de signaler les applications cliniques, affirmant, en toute vérité, qu'à Néris aussi bien qu'à La Bourboule : *Naturam aquarum effectus et curationes ostendunt* » (Dr Poix) (1).

Il n'est pas indifférent, pour l'envoi de ses malades, que le médecin sache quel genre de vie, d'exercice, de distraction même, en un mot, quel milieu attend son client pendant la cure qu'il lui conseille ; c'est pourquoi nous avons tâché de combiner, à chacune de nos étapes, une *excursion* qui permît de donner à nos voyageurs une idée de la configuration générale du pays. Chaque fois que cela était possible, l'excursion a été réalisée par le seul fait de se rendre en voiture d'une Station à une autre ; cela nous a procuré souvent des promenades admirables : de La Bourboule au Mont-Dore par la route de La Roche-Vendeix ; du Mont-Dore à Saint-Nectaire par le col de Dyanne ; de Royat à Châtel-Guyon, etc.

Les journées se sont ainsi succédées, bien remplies, un peu fatigantes peut-être, mais chacun mettait du sien, et pour faciliter notre instruction mutuelle et pour entretenir une cordiale gaieté.

« Partout, les confrères de l'endroit et les administrateurs des établissements thermaux nous ont fait une réception dont nous conservons tous la mémoire... Les quelques jours passés ensemble avaient fait de nous tous d'excellents camarades et quand, à la mode scandinave, nos confrères danois et norvé-

---

(1) Poix. Voyage d'études médicales. *Gazette médicale de Paris*, 7 oct. 1899.

giens poussèrent leur triple hourrah de leurs rudes voix d'hommes du Nord, plus d'un se sentit ému en songeant à la disparition dans le temps inexorable des attrayantes journées si rapidement écoulées » (Dr de Geynst) (1).

« Au milieu des réceptions, des toasts, au cours d'un voyage pittoresque et gai, dans un laisser-aller charmant de bonne camaraderie, nous avons pris une *leçon de choses*, suivi un cours appliqué de thérapeutique thermale, dont chacun de nous a tiré un large profit » (Dr E. Bellencontre) (2).

*
* *

Nous adressons de vifs remerciements à tous ceux qui ont bien voulu nous faciliter la partie matérielle du voyage. Les Directeurs de toutes les Compagnies de Chemins de fer ont montré, une fois de plus, la largeur de leurs vues, dès qu'il s'agit de l'intérêt général : en nous accordant une importante réduction de prix, sur toute la France. Le parcours de l'excursion s'effectuait sur les réseaux de l'Orléans et du P.-L.-M. ; le bienveillant appui pour cette œuvre scientifique et patriotique s'est manifesté non seulement par la réduction de prix, mais encore par la gracieuseté avec laquelle on a mis, à notre disposition, toujours un nombre de places supérieur à celui des voyageurs et, parfois, pour économiser notre temps, un train spécial.

Les Directeurs d'hôtels ont rivalisé de zèle pour nous recevoir — souvent trop luxueusement —, et ils ont dû faire des tours de force pour loger une caravane aussi nombreuse à cette époque de l'année, où il y a beaucoup de malades dans chaque Station.

Nos aimables agents de voyage, MM. Heuzé et Drillon, représentants des *Voyages Économiques*, ont droit à toute notre gratitude : j'ai pu voir de près, et apprécier, leur habile prévoyance des moindres détails, leur travail assidu et discret, leur délicatesse au service de nos intérêts.

---

(1) De Geynst. *Le Scalpel*, 8 octobre 1899.

(2) Bellencontre. — Voyage d'Études aux eaux minérales du Centre. — *Bulletin officiel du Syndicat des Médecins de la Seine*, 15 octobre 1899.

NÉRIS

Néris a été la première Station visitée ; c'était le point de concentration désigné, où devait se former notre groupe. — La gare de Montluçon avait été choisie comme gare d'arrivée quoique plus éloignée (7 kilom.) que celle de Chamblet (4 kilom.) en raison de son accès plus facile pour des voyageurs arrivant de tous les points de la France. Car Chamblet-Néris est bien comme l'indique son nom la gare qui dessert régulièrement.

Le trajet en voiture, *de la gare de Montluçon à Néris*, a eu, pour nous, cet avantage de nous permettre de jeter un coup d'œil sur la configuration du pays. Montluçon est à 215 mètres au-dessus du niveau de la mer, l'Établissement thermal de Néris à 350 mètres, d'où une différence de niveau de 135 mètres, répartis sur 7 kilomètres seulement. On monte ainsi par une belle route, souvent ombragée, longeant un ravin et d'où l'on découvre parfois un vaste horizon. Ce n'est pas la plaine monotone, mais une série de gracieuses collines dont les coteaux cultivés sont divisés par de grandes haies plantées d'arbres. L'impression est agréable à la vue de ce paysage légèrement accidenté, suffisamment boisé et ombragé, se prêtant à des promenades faciles et sans fatigue ; on se plaît à penser que ce cadre calme, reposant et salubre, est un complément heureux de la cure que les nerveux excitables viennent demander à Néris.

L'établissement thermal et les hôtels, habités par les baigneurs, sont situés au pied de la colline, sur le sommet de laquelle est bâtie la ville même de Néris, ce qui explique l'altitude de 350 mètres sur la place des Thermes et celle de 380 mètres sur la place de l'Église.

* * *

Sous la direction de nos Confrères, nous avons visité, successivement et dans tous leurs détails, les *Sources*, les *Bassins de refroidissement*, les *Établissements*. Nous avons goûté cette eau chaude, limpide, si faiblement minéralisée et si abondante à la fois, qu'elle est employée par les gens du pays à la plupart des usages domestiques, pour la boisson des animaux, comme pour l'arrosage des jardins. En arrivant à l'Établissement, dans le bassin situé à droite, nous avons été frappés de cette curiosité

Fig. 1. — Néris. Devant le bassin des *Conferves*. Cliché du Dr Hormann.

de la « flore nérisienne » que nul n'oubliera : c'est un de ces petits traits qui, vus au cours d'une excursion, comme la nôtre, suffisent pour graver à tout jamais, dans la mémoire, la caractéristique d'une eau. Ces *Conferves* apparaissent au fond du bassin comme une forêt en miniature ; ce sont des algues qui se présentent sous forme de masses gélatineuses, ressemblant à des grappes de raisin ou de frai de poisson ; à leur complet développement elles peuvent atteindre jusqu'à 1 mètre de hauteur.

Ces Conferves se développent, sous l'influence de la chaleur, de l'air, de la lumière, dans les bassins maintenus à une température élevée par l'eau minérale courante ; elles n'existent jamais dans les conduits souterrains qui servent à la distribution des eaux. L'abondance toute spéciale de ces matières organiques contribue à donner à l'eau une grande onctuosité.

Dans une Station où *le bain constitue la partie la plus essentielle du traitement*, où l'on traite surtout des nerveux et des rhumatisants, où l'eau est naturellement chaude et d'une grande abondance, l'*Établissement* doit pouvoir fournir tous les modes de balnéothérapie et d'hydrothérapie ; son organisation est parfaitement appropriée à son objet : les cabines sont vastes, avec des baignoires en marbre noir poli, d'une contenance de 500 litres ; le bain varie de température (32 à 40°), et de durée (de 10 minutes à 2 et 6 heures) ; le *bain prolongé* est une spécialité de Néris, le malade y est suspendu dans un hamac. Les *douches* sont données dans la cabine où on prend le bain, sitôt après le bain, soit directement sur la peau, soit à travers une couche d'eau de 5 à 10 centimètres ; leur action stimulante est graduée, suivant leur température, leur durée, l'ajutage employé (pomme d'arrosoir, demi-pomme, embouts coniques variant de grosseur jusqu'à la capillarité). — Des *piscines*, les unes chaudes (40°), les autres tempérées (32°) permettent de joindre à l'action du bain celle des mouvements actifs que donnent la gymnastique et la natation. Néris possède des *étuves naturelles*, les cabines reposant sur un bassin d'eaux thermales dont elles ne sont séparées que par un mince dallage. Il y aussi un service complet d'*hydrothérapie* chaude et froide, générale et locale (vaginale), y compris la douche-massage d'Aix.

L'eau de Néris est extrêmement abondante mais elle est uniformément chaude (52°) ; pour réaliser toutes les pratiques d'hydrothérapie, il fallait avoir de l'eau froide. On y a remédié en refroidissant cette eau chaude par deux procédés : 1° des bassins d'une vaste superficie, ayant un mètre de profondeur, dans lesquels l'eau se refroidit à l'air libre ; 2° la réfrigération par les appareils Pictet (acide sulfureux liquide) qui permettent d'avoir de l'eau, même glacée, en aussi grande quantité que l'on veut.

*
* *

C'est après cette longue et intéressante visite qu'a eu lieu la *première Conférence de M. le Professeur Landouzy :*

Messieurs,

« J'ai accepté l'honorable, mais lourde tâche de vous faire, sur place, le résumé des applications thérapeutiques des différentes Eaux minérales que nous allons parcourir successivement. Cette région de la France est une des plus riches au point de vue thermal et nous verrons, en peu de jours, défiler devant nous une gamme d'Eaux, aussi merveilleuses par leur variété de composition, que par les multiples indications qu'elles savent remplir. Mon désir est que nous fassions, au cours de ce voyage, surtout de l'enseignement mutuel, que nous prenions en commun des *Leçons de choses*, que je résumerai dans des *Causeries* sur les ressources thérapeutiques, les indications et les contre-indications de chacune des Stations que nous venons visiter.

« Me gardant des théories, des classifications, du détail des analyses chimiques, je n'aurai en vue que les spécialisations de chacune des stations, spécialisations qui nous sont connues grâce surtout aux observations accumulées et aux nombreux travaux publiés par nos confrères : c'est leur expérience spéciale que je m'efforcerai de vous transmettre d'une façon synthétique.

« Pour que vraiment nous prenions ensemble les *leçons de choses thermales* que nous venons chercher ici, il faut que chacun de vous fasse partout où nous passerons sa propre enquête. Regardez, interrogez, rendez-vous compte dans tous leurs détails de la situation, de l'installation, de la composition, de la manière d'ordonnancer les Eaux de chaque Station. Pour notre enseignement mutuel, nous venons sur place demander à nos confrères de nous montrer et leur outillage et les résultats qu'ils obtiennent de la médication hydrominérale ; nous savons — et nous les en remercions d'avance — avec quelle autorité, avec quelle compétence avec quelle amabilité et quelle précision ils veulent bien se faire nos éducateurs.

« J'ai dit *Causeries, Leçons de choses thermales*, parce que ce n'est ici ni le moment ni le lieu de Conférences didactiques sur l'Hydrologie, ce n'est pas le lieu de vous exposer les considérations doctrinales encore hypothétiques par lesquelles on a prétendu expliquer les résultats thérapeutiques des Eaux ; ce n'est pas le lieu de nous étendre sur les considérations, au demeurant intéressantes, qui permettent les essais de classification des Eaux minérales. Ces classifications chimiques sont encore très imparfaites, si imparfaites que l'accord n'existe pas à propos de beaucoup d'entre elles, quand il n'y a pas prédominance de tel ou tel élément les constituant. Je ne vous apprendrai rien en vous rappelant qu'une même Eau a pu, par exemple, être rangée dans les Arsenicales, les Ferrugineuses, ou les Chlorurées sodiques parce que l'arsenic, le fer et le chlorure de sodium y figure en quantité appréciable. Sans méconnaître certaine utilité présentée par les classifications chimiques, provisoires, nous les tiendrons pour accessoires dans notre étude de *thérapeutique pratique*, d'autant qu'il y a terriblement loin des *prémisses chimiques* aux applications et à l'action bienfaisante des Eaux. Pour ce qui est de nos besoins immédiats nous recourons plutôt à des classifications cliniques — aussi provisoires et revisables que les classifications chimiques — le critérium demandé à chacune de nos Stations, pour viser leur spécialisation, étant les résultats cliniques observés. Nous nous en remettons à la polyclinique thermale pour établir la quasi-spécialisation de la médication hydrominérale pratiquée en chacune des importantes Stations visitées. Sans méconnaître la valeur des prémisses chimiques tirés de la minéralisation des Eaux, nous nous efforcerons de montrer, qu'en matière de médication hydrominérale, comme, du reste, en matière d'autres grandes médications, ce sont les cures obtenues qui, mieux que n'importe quel autre élément de jugement, font la religion et la pratique des médecins thérapeutes. C'est pourquoi vous m'entendrez, en manière de physiologie de la médication thermale, paraphrasant un aphorisme bien connu, dire : *Naturam aquarum effectus et curationes ostendunt.*

« La nécessité de procéder ainsi pour le médecin thérapeute, dans l'inscience où nous sommes, du *comment*, et du *pourquoi* les Eaux soulagent, améliorent et guérissent, ne saurait être mieux démontrée qu'à Néris dont l'action calmante sédative, antialgique, dont la valeur thérapeuthique est si grande alors que ses Eaux ont été par les chimistes rangées parmi les indifférentes et les indéterminées.

« Leur minéralisation est si faible que c'est pour elle, que Durand-Fardel avait, dans sa classification si connue, créé la famille des *Eaux indéterminées*.

« L'eau de Néris est remarquable surtout par sa haute thermalité (52° centigrades), son abondance (1 800 000 litres par 24 heures) par la proportion de matières organiques qu'elle renferme, par la quantité de Conferves qui s'y développent pour former une des plus belles flores aquatiques qu'on puisse observer. La minéralisation alcaline faible et diverse (sans prédominance marquée d'un de ses composants) qui ne lui a pas mérité un rang dans la classification chimique ne fournit aucune explication de ses effets sédatifs si puissants. Néris a, comme tant d'autres Stations thermales de première grandeur, des raisons d'agir, de soulager, d'améliorer et de guérir que la raison ne connaît pas.

Bicarbonate de soude.	0,4169
— potasse.	0,0129
— magnésie.	0,0057
— chaux.	0,1455
— fer.	0,0042
— manganèse. . . .	traces
Sulfate de soude.	0,3896
Chlorure de sodium.	0,1788
Silice.	0,1121
Acide carbonique libre.	0,0490

« Tandis que sa *composition* reste *indéterminée et indifférente* pour les chimistes, ses indications s'affirment et s'accentuent pour les médecins ; son triumvirat est acclamé en clinique et nous lui rendons grâce pour toutes les *douleurs*, pour toutes les *algies*, qu'elle a calmées, soulagées ; pour toutes les déviations nerveuses, organiques ou fonctionnelles qu'elle a heureusement modifiées quand elle ne les a pas guéries : 1° chez les *névropathes* et chez les *névrosés ;* 2° chez les *rhumatisants* ; 3° chez les *utérines*.

« Si, chimiquement, Néris occupe le bas de l'échelle minérale, cliniquement elle en occupe le faîte.

« Si nous ne savons pas comment et pourquoi la médication de Néris guérit, nous savons ce qu'elle guérit, grâce à l'expérience de nos confrères et à la foi qu'ils nous ont communiquée. Cette expérience nous servira à dégager les indications et les contre-indications, la clinique, l'empirisme étant, en thérapeutique thermale comme en thérapeutique médicamenteuse, le vrai critérium, le tribunal auquel il faut toujours en appeler pour juger de la valeur d'une médication. C'est le réactif malade que nous allons voir, ici et ailleurs, fixer les médecins, je ne dirai pas sur la spécialité de leurs Eaux, mais sur l'emploi spécial qu'il faut en faire suivant les indications particulières dont les malades se montrent justiciables. Remarquez que je dis *malades* et non *maladies*, car il faut en finir avec cette conception surannée de croire que les cures thermales, comme les autres médications, du reste, s'adressent aux maladies : je passe, devant avoir plusieurs fois l'occasion de développer cette pensée.

« Si j'insiste tant sur ce fait que l'empirisme et la clinique feront notre opinion en matière d'indications et de contre-indications, c'est que la clinique nous permet de nous tenir en dehors des théories ; c'est que nous sommes édifiés par les *résultats* ; c'est qu'en matière de thérapeutique minérale, je le répète à dessein : 1° nous sommes absolument loin du pourquoi et du comment s'obtiennent les guérisons ; 2° nous en sommes seulement à un quantum de résultats excellents, moyens ou insuffisants, qui ont servi de bases à ce que nous considérerons comme des classifications cliniques : les médecins s'accoutumant à envoyer leurs malades là où ils ont appris à voir bien remplies les indications thérapeutiques réclamées ; les déductions qu'on peut tirer de la minéralisation d'une Station ne pouvant être qu'indicatrices, puisque des eaux analogues, différentes ou dissemblables, répondent parfois à des indications analogues ou dissemblables. C'est qu'une cure thermale ne consiste pas à employer *intus* ou *extra,* une eau comme on ferait d'une potion saline, c'est qu'il y a dans la médication toute autre chose, c'est, qu'à proprement parler, il s'agit d'une mixture, d'une véritable médication, c'est-à-dire de quelque chose de complexe, c'est qu'il entre dans cette manière d'association thérapeutique bien d'autres facteurs que la minéralisation de l'eau ; la thermalité, les gaz dissous ou libres, l'électricité en puissance ou en dégagement, les matières organiques en suspension, en formation ou en décomposition, tout cela a une importance dont nous commençons à soupçonner plus qu'à connaître le mode d'action. La preuve en est que des eaux, comme celles de Néris, de si faible minéralisation qu'on les range parmi les *indéterminées* nous rendent autant de services que des eaux des plus minéralisées, telles par exemple que Salies de Béarn, Salins du Jura, etc., ou encore Vichy, Vals, etc.

« Les Eaux de Néris, dites hyperthermales simples, ont une action qu'on peut résumer en un mot : *sédation,* c'est la cure antialgique, anticongestive par excellence, sédative puissante du système nerveux. Néris a des rivales dans sa spécialisation, mais aucune n'est plus puissante, que ce soit Ragatz-Pfæffers (Suisse), Gastein (Autriche), Schlangenbad (Nassau), etc.

« La cure de Néris consiste essentiellement en *bains*, variant de température (30 à 38°) ; de durée (de 10 minutes à 2 et 6 heures) ; accompagnés ou non de *douches* ; tous les modes de balnéothérapie, d'hydrothérapie sont particulièrement bien agencés ici, mais la grande spécialité sont les *bains prolongés de haute thermalité*. Ce sont eux qui procurent, à son maximum, cette puissance sédative, antialgique qui fait de Néris le rendez-vous de tous les nerveux qui ont besoin d'une action calmante et tonique à la fois : les *hystériques* de toutes formes, douloureuses spasmodiques ou convulsives, les *choréiques,* les *ataxiques* éréthiques (les torpides restent justiciables de Lamalou), les *algiques,* quelle que soit leur modalité douloureuse, quel que soit le siège de leur douleur, qu'il s'agisse d'un *tic douloureux*, d'une *sciatique* ou de la douleur si tenace, si insupportable que laisse, surtout chez les vieillards, un *zona*. Combien j'ai vu de névralgies zostériennes céder à la cure nérisienne qui avaient résisté à toute la série des médications les plus rationnelles.

« Sont spécialement justiciables de la sédation nérisienne les *neurasthéniques excités* ou douloureux, les malades atteints d'*irritation spinale*, de *maladie de Basedow*, les *enfants*, issus de neuro-arthritiques, dont l'irritabilité, l'impondération nerveuses trahissent la tare originelle. A propos d'enfants, je les voudrais voir plus nombreux ici et je m'étonne que les médecins attendent pour prescrire la cure nérisienne l'éclat que fait, trop souvent, lors de la pleine adolescence, la diathèse neuro-arthritique héréditaire. C'est avant que de grossières perturbations fonctionnelles se soient montrées qu'il faudrait faire suivre à toute une série de petits nerveux la cure préventive de Néris puisqu'elle peut remplir maintes indications thérapeutiques que le médecin de famille surprend parfois au seuil de la seconde enfance.

« Que d'affections du système neuro-musculaire n'éviterait-on pas en faisant, dès la dizième année, faire la cure nérisienne à ces enfants, au lieu d'attendre, pour les acheminer ici, qu'ils aient eu déjà maille à partir avec l'hystérie convulsive, avec la chorée, avec les tics de la face, avec les crises algiques et les accès de péritonisme qui ont préludé à l'établissement des règles? Combien mieux ne vaudrait-il pas mieux à Néris prévenir que guérir les tares nerveuses que je vise spécialement?

« Si la vraie clientèle de Néris est faite des *excitables*, des *irritables*, des *névropathes* et des *névrosés* qui sont en perpétuelles instabilités nerveuses (qui souffrent de spasmes, de contractures, de congestions, etc.), vous vous convaincrez que la réputation de Néris ne peut que grandir en cette fin de siècle, où le neuro-arthritisme se développe, où nous payons un si lourd tribut aux tares nerveuses, où tant d'hommes sont femmes sur ce point, où tant de victimes de maladies infectieuses et d'intoxications, pourtant évitables (syphilis, alcoolisme), où tant d'éclopés de la vie sont, héréditairement ou d'une façon acquise, la proie des névropathies.

« Deux autres catégories de malades doivent aussi venir demander leur guérison à la cure nérisienne : d'une part toutes les *utérines douloureuses*, péri ou juxta-utérines, chroniques ou subaiguës, surtout quand leurs douleurs locales sont augmentées par un état névropathique général ; — d'autre part les *rhumatisants*, articulaires ou même viscéraux, chez lesquels prédominent les phénomènes douloureux et l'hyperexcitabilité générale ».

*
* *

De notre passage à Néris, nous emportons le meilleur souvenir : on a l'impression d'une Station déjà prospère et en voie de grands développements ; on sent une direction agissante, voulant donner une impulsion nouvelle, on a la conviction que cette initiative sera féconde. A en juger par les améliorations récentes, déjà réalisées, Établissements et Hôtels auront bientôt tout le confort « à la moderne » tel que l'exigent les progrès du bien-être. Ces améliorations se font sans bruit, nous dirions volontiers sans assez de bruit, d'une façon trop discrète ; il faut les faire connaître, il faut dire et répéter que la

FIG. 2. — Néris. Parc-Casino. Cliché de M. Contet.

fâcheuse réputation de tristesse du site, de confortable insuffisant, que d'aucuns ont répandu sur Néris, sont choses erronées. D'une part, la configuration du sol légèrement accidenté, le climat calme, chaud, égal conviennent admirablement aux promenades et à l'hygiène des nerveux et des rhumatisants. D'autre part le traitement thermal y est aussi parfait que possible : Néris a des Station rivales qui peuvent l'égaler, mais aucune ne la surpasse.

LA BOURBOULE

Nous sommes arrivés à La Bourboule, en Chemin de fer, par la nouvelle ligne que la Compagnie d'Orléans a construite de Laqueuille au Mont-Dore et qui a été inaugurée au début de la saison de 1899 ; la voie suit un trajet pittoresque, présentant de nombreux travaux d'art. Quand on se rappelle le trajet en voiture imposé naguère aux baigneurs, qui étaient obligés de descendre à la gare de Laqueuille, on apprécie vivement cette heureuse amélioration, qui contribuera au développement de la Station ; elle répond à un réel besoin, car la clientèle s'augmente ici régulièrement chaque année. La Bourboule est d'ailleurs parmi les Eaux de premier rang à tous points de vue : *minéralisation arsenicale* sans rivale, *spécialisation cutanée* définitivement établie, *site charmant* dans une vallée large et verdoyante, entourée de montagnes se prêtant à des excursions variées.

Notre visite a commencé par les *Puits Choussy-Perrière* et l'installation des pompes puissantes qui refoulent les eaux dans l'Établissement et dans les réservoirs ; ensuite nous avons parcouru les *trois Établissements : Choussy, Mabru, Thermes ;* celui des Thermes est le plus luxueux avec ses murailles peintes à fresque, les flots de lumière pénétrant dans toutes les pièces, les cabines de bain prolongé, etc... Alimentés par les mêmes sources, ces trois Établissements ne diffèrent, au fond, que par des variantes de confortable et de prix, et offrent, chacun, tous les modes d'administration de l'eau ; toutes les bourses peuvent ainsi bénéficier du traitement bourboulien.

*
* *

Résumé de la Conférence de M. le Professeur Landouzy.

« Hier, à Néris, nous étions à 350 mètres d'altitude : aujourd'hui nous sommes notablement plus haut à 850 mètres, et demain, au Mont-Dore, nous serons encore plus élevés. C'est dire que nous commençons à compter ici avec le *Climat de montagne* ; là notion de climat apparaît, l'altitude vient

Fig. 3. — Vue générale de La Bourboule. Cliché de M. Heuzé.

prendre sa place dans l'association thérapeutique que représente la cure bourboulienne.

« Il ne saurait être à personne indifférent de remarquer dans quelle vallée pittoresque, variée d'aspects, est assise la station de La Bourboule : il y a là encore un facteur que sauront apprécier les malades fatigués, que leur état anémique rend justiciables d'une cure tonique, reconstituante dont les éléments arsenicaux, pour être importants, ne sauraient agir seuls. Trouver ici, aménité de séjour, commodités de logis, facilités de promenades pittoresques n'est nullement à dédaigner. Est-ce à des médecins que j'apprendrai que la santé vient aussi par les yeux?

« Quand on parle des Eaux de La Bourboule, il est entendu qu'il s'agit de ses sources principales, *Choussy-Perrière*, qui émergent d'un puits de 80 mètres de profondeur, à la température de 56°. Leur *débit* en 24 heures est de 576 000 litres; leur *composition chimique* est aussi importante et caractérisée que celle de Néris l'est peu : ce qui fait la particularité de l'eau de La Bourboule ce n'est pas seulement la spécialisation de sa minéralisation, c'est encore la teneur de cette minéralisation : c'est sa richesse en principes arsenicaux puisque La Bourboule est de toutes les stations thermales la plus arsenicale. La minéralisation totale atteint 6gr,50 par litre, à base d'*arsenic* surtout et de *chlorure de sodium :*

Arsenic métallique.	0,00705
(Qui équivaut à 28 *milligrammes d'arséniate de soude*).	
Chlorure de sodium.	2.8406
Bicarbonate de soude.	2,8920
Chlorure de potassium.	0,1623
Acide carbonique libre.	0,0518

« Si la dominante est l'*arsenic*, il ne faut pas oublier la teneur en chlorure de sodium et en bicarbonate de soude, qui font aussi de La Bourboule une eau alcaline et chlorurée sodique : ainsi s'explique, que, dans certaines classifications, vous la voyiez rangée sous une double rubrique : arsenicale : chlorurée sodique. Il est préférable, à mon sens, au point de vue de la thérapeutique clinique, de faire de la Bourboule un groupe à part, puisqu'elle est de beaucoup *la plus arsenicale des Eaux connues*. Elle n'a pas d'exactement pareille et sa réputation spécialisée m'apparaît devoir s'accroître par la nouvelle source *Croizat*, que nous visiterons cet après-midi et dont la minéralisation ne le cède en rien à son aînée *Choussy-Perrière*.

Les autres Stations qui peuvent rivaliser avec La Bourboule pour l'arsenic sont peu nombreuses; leur teneur en arsenic est moindre, elle est représentée par 0,0009 au Mont-Dore; par 0,005 d'arséniate de soude à Saint-Nectaire; 4 milligrammes d'arséniate de soude à Saint-Honoré.

« A La Bourboule, la *boisson* constitue le fond de la médication, à l'inverse de ce que nous voyions hier à Néris, où toute la cure consistait dans le bain.

« L'eau de La Bourboule est limpide, transparente, d'une odeur fade, d'une saveur salée, comparée à celle du bouillon de veau; sa température est de 56° à la source, 50° au robinet des baignoires; pour les *bains*, on est forcé, afin d'abaisser la température, d'ajouter à l'eau de Choussy-Perrière l'eau de la source Fenestre qui, légèrement minéralisée, est froide. Ainsi administrée à la fois intus et extra, en boisson et en bain, la cure bourboulienne devient la plus puissante médication dont nous disposions contre la plupart des dermopathies.

« De la spécialisation d'action de l'eau de la Bourboule sont justiciables la plupart des malades qui souffrent de déterminations cutanées. Le *bain* est calmant de la peau, et n'agit pas, à cet égard, comme le font les eaux chlorurées fortes qui sont très irritantes. Son action, d'abord substitutive douce, devient bientôt calmante et résolutive. Aussi les malades atteints de diverses dermopathies y sont-ils d'ordinaire soulagés, souvent guéris :

1° De leurs affections *prurigineuses*, qu'il s'agisse de lichen, de névrodermites, de prurigos... surtout quand les dermopathes sont des enfants;

2° De leurs affections *scrofuleuses*, superficielles ou semi-profondes; de toutes les dystrophies cutanées qu'ont laissées après elles les engelures déformant les doigts, indurant la peau et lui donnant son aspect chagriné et lichénoïde;

3° De leurs *eczémas*, particulièrement de leurs eczémas secs, chroniques ou subaigus surtout démangeants;

4° De leurs éruptions *séborrhéiques* ou *pityriasiques ;*

5° De leurs affections *squammeuses :* psoriasis, pityriasis, icthyose, kératose pilaire :

6° De leurs éruptions *acnéiques* ou de leurs poussées *urticariennes.*

Dans ces cas particuliers, comme en général, du reste, la médication bourboulienne réussit d'autant mieux qu'elle s'adresse à un *scrofuleux,* à un lymphatique, à un héritier de tuberculeux, à un dystrophique anémié, atone qui a besoin d'être tonifié, stimulé, remonté.

« Je disais, hier, à Néris, que je regrettais de ne pas voir plus nombreux les enfants qui, par héritage, sont névropathiques, hyperexcitables. Je répéterai la même chose ici ; je sais qu'ils viennent déjà en grand nombre chaque année, mais je voudrais les voir beaucoup plus nombreux encore, je voudrais qu'on n'attendît pas l'adolescence pour militer contre l'état diathésique scrofule ; car, de la naissance à la pleine adolescence, l'évolution de l'organisme, qui s'est faite au travers de la série des privautés mauvaises héréditaires (déviations organiques et fonctionnelles), a eu tout le temps de s'affirmer suivant un type morbide que la physiothérapie et la médication hydro-minérale auraient pu modifier. C'est par accès subintrant que se sont affirmées, sur les muqueuses comme sur la peau, les adultérations organiques et fonctionnelles qui ont imprimé au scrofuleux son aspect dystrophique, qui ont fait son facies et son habitus. C'est tout cela qu'aurait pu modifier la médication reconstitutionnelle de La Bourboule, agissant si particulièrement sur la nutrition générale autant que sur la nutrition des muqueuses et de la peau. Combien plus difficiles nous apparait, dans l'adolescence que dans l'enfance, à obtenir la résolution des engorgements cutanés, muqueux ou ganglionnaires ? Combien désespérément longue se montre la résolution d'inflammations de tissus commencées dans la seconde enfance, et auxquelles on ne songe à s'attaquer vigoureusement qu'à l'adolescence, quand elles ont résisté aux médications pharmaceutiques ?

« Je suis étonné qu'il n'en soit pas de la pratique bourboulienne comme de la médication par les eaux chlorurées fortes dont l'emploi s'applique si volontiers aux enfants : pourquoi ne pas agir par la médication de La Bourboule chez les enfants comme on le fait par la cure de Salies de Béarn, de Biarritz-Briscous en matière de déterminations osseuses, articulaires ou autres ? Je crois, qu'en matière de déterminations muco-cutanées infantiles, à la Bourboule devrait s'appliquer le *cito, tuto et jucunde*.

« Au total, la *peau* des *scrofuleux*, des lymphatiques, voilà le royaume spécial de La Bourboule. Et, par extension des effets stimulants que la *boisson*, la *douche*, le *bain*, le *climat*, l'*altitude* peuvent produire chez les *anémiques*, doivent aussi profiter de cette cure, d'une part, les *enfants scrofuleux*, d'autre part certaines *anémies* symptomatiques des diabétiques, des rhumatisants, des paludéens. Le *tuberculeux* mou ou torpide peut y trouver bénéfice, puisqu'on ne saurait trop le répéter, c'est par les modifications de terrain tuberculisable ou tuberculisé que se traitent les affections tuberculeuses et non par l'action curative exercée sur la bacillose. A mon sens, c'est le lymphatique, le *candidat à la tuberculose* qui doit venir à La Bourboule, c'est l'hérédo-tuberculeux, celui qui n'est encore que menacé, le bacillisable par dystrophie native, *l'arriviste*

Fig. 4. — La Bourboule. En descendant de la source Croizat. Cliché du Dr Hörmann.

plutôt que l'arrivé. Il se trouvera dans les meilleures conditions de réfections fonctionnelles et de restaurations organiques, par action stimulante, plutôt que par apport des éléments minéraux, pour réagir contre la contagion qui le guette ou contre l'invasion bacillaire, qui, une première fois, sous forme d'écrouelles, de pleurésie a frigore, d'adénopathies, d'ostéites, d'arthrites ou autres tuberculoses étroitement localisées, a déjà manifesté son éclosion. Je répète que c'est le menacé, l'affaibli, l'anémique, le déchu, le candidat et non l'arrivé à la tuberculose qui a des chances de se transformer, de se remonter, de se robustifier, de changer ses modes défensifs, ses activités cellulaires sous l'influence de la cure complexe de La Bourboule. Le bronchitique déclaré, le tousseur avéré, le congestif, celui qui a des séquelles pulmonaires, celui qui est déjà engagé dans la tuberculose, celui-là montera plus haut, il ira au Mont-Dore. A La Bourboule, il faut traiter les tuberculisables, les hérédo-tuberculeux dystrophiques. Au Mont-Dore, il faut traiter les malades qui, sous forme de laryngo-trachéite, de bronchite, de congestions pulmonaires, d'affections asthmatiformes, d'adhérences pleurales ont déjà frayé avec la bacillose, et cela, soit d'une façon grossièrement apparente, soit d'une façon larvée.

« S'il fallait, sous forme familière plutôt qu'aphoristique, établir un parallèle au point de vue des malades anémiques suspects de devenir ou d'être tuberculisés, je dirais que : La Bourboule convient pour ceux chez lesquels il faut prévenir : le Mont-Dore pour ceux qu'il faut guérir : la Bourboule pour ceux dont il faut modifier la constitution, le Mont-Dore pour ceux dont il faut attaquer les lésions.

« Si le *diabète* peut être justiciable de La Bourboule, c'est lorsque, par-dessus le symptôme, on vise le malade : le diabète des jeunes gens, par exemple, ou bien encore le diabète cachectique de certains vieillards ; c'est aussi comme anémique, c'est encore comme débilité symptomatique que certains paludéens se trouveront justiciables de la cure bourboulienne.

« Comme toute médication thermale puissante, la cure bourboulienne a de nombreuses *contre-indications* : 1° tout état *dyspeptique* assez accusé pour ne pas permettre la boisson de Choussy qui est l'élément capital de traitement ; 2° tout état pulmonaire *congestif*, fébricitant ; 3° tout état *nerveux* éréthique ; 4° les *hépatopathies* ; 5° les *angio-cardiopathies*.

« En résumé, nous enverrons à La Bourboule — eau *chaude, arsenicale forte*, chlorurée sodique faible, climat de moyenne altitude — pour y humer l'air, pour y boire, pour y être baigné, nos malades souffrant de la *peau*, surtout les *lymphatiques*, nos *enfants strumeux*, *dystrophiques*, *hérédo-tuberculeux*, les *can-*

Fig. 5. — La Roche-Vendeix.

candidats à la tuberculose, les *scrofuleux de toutes formes*. Ils devront faire des stages successifs à La Bourboule pour n'aller pas plus loin ni dans la lésion, ni dans la maladie, ni dans la juridiction thérapeutique auxquelles semble les promettre leur état constitutionnel, héréditaire ou acquis ».

*
* *

L'après-midi a été employé : 1° à visiter la *source Croizat*, nouvellement découverte : 2° à nous rendre au Mont-Dore, en voiture, par la route de la *Roche-Vendeix*.

Fig. 6. — Sur le sommet de la Roche-Vendeix. Cliché de M. Contet.

La *source Croizat* s'annonce comme devant être un précieux auxiliaire de son aînée, Choussy-Perrière : sa position exacte est sur la rive gauche de la Dordogne, au lieu dit Salon de Mirabeau. Pour la capter, on a dû faire des galeries verticales, puis horizontales ; nous avons pu visiter les travaux faits, le tunnel Croizat, sous la direction du distingué administrateur de la Société. Puis, nous sommes montés au plateau Mirabeau, où nous avons bu l'eau de ces sources chaudes et salées. Nous apprenions en route tous les détails sur cette nouvelle acquisition : la source très abondante (température 47° et demi) contient presque autant d'arsenic que Choussy-Perrière et deux fois plus de chlorure de sodium ; sa haute thermalité permettra de l'employer pour l'usage externe. Dans une récente communication à l'Académie des Sciences, M. Parmentier a montré que cette eau est non seulement remarquable par sa teneur en sel marin, mais encore par l'absence à peu près totale de fer, ce qui paraît montrer que dans une eau minérale non altérée, l'arsenic se trouve non à l'état d'arséniate de fer, mais à l'état d'arséniate de soude. Ce n'est qu'après l'action de l'oxygène de l'air que l'acide arsénique se trouve précipité à l'état d'arséniate de sesquioxyde de fer?

Notre trajet en voiture de La Bourboule au Mont-Dore par la route de la montagne, dite *la Roche-Vendeix*, avait été préféré à la voie de fer comme pouvant nous donner le meilleur et le plus complet aperçu des environs de La Bourboule: nous avons été favorisés par un temps superbe et nous avons admiré longuement les panoramas grandioses, variés et étendus qui se renouvellent tout le long du parcours : tantôt vallée large et verdoyante, tantôt aspect sévère et sauvage ; au fond, la ville de La Bourboule s'éloignant progressivement de nos yeux à mesure que nous montons. Arrivés au pied de la Roche-Vendeix, halte, pendant laquelle la plupart de nos confrères ont fait son ascension le long du sentier qui la contourne. De la Roche-Vendeix la route s'élève le long des pentes de la montagne de Bozat, traverse la forêt qui la couvre et arrive au plateau qui domine toute la vallée de la Dordogne. Une descente rapide nous conduit bientôt au Mont-Dore, où nous arrivons charmés de cette promenade qui nous laissera le souvenir du paysage sévère et souriant à la fois, au milieu duquel se trouvent ces deux Stations privilégiées : La Bourboule et Le Mont-Dore.

LE MONT-DORE

L'Établissement du Mont-Dore a été fort admiré et nos confrères n'ont pas ménagé leurs félicitations à son habile créateur qui voulait bien diriger notre visite. Architecte éminent, M. Camus a su accumuler tout ce que peut réaliser un sens artistique élevé, allié aux données pratiques les meilleures ; aussi cet établissement paraît-il être, à l'heure actuelle, celui d'Europe le

Fig. 7. — Vue générale du Mont Dore. Cliché de M. Heuzé.

mieux distribué et le mieux aménagé. Luxueusement reconstruit en 1890 sur l'emplacement même des Thermes romains, il est conforme à toutes les exigences de l'hygiène moderne. — Partout les *murs* sont *recouverts d'enduits imperméables* et les *planchers en ciment* ou en *mosaïque*, sont canalisés. Prohibition absolue du balayage à sec : après chaque service, toutes les pièces sont inondées d'eau et les crachats qui auraient pu tomber en dehors des crachoirs sont entraînés avant d'avoir pu se dessécher. — *Buvettes* placées à l'émergence des griffons ; 30 salles d'*inhalation* (28°, 30°, 32°). Salles de *bains*, de *pulvérisations*, d'*irrigations naso-pharyngiennes*, *bains de pieds*, etc. Nos confrères ont bien voulu nous initier à toute cette instrumentation si spéciale, nous expliquer la grande variété d'applications et d'effets obtenus.

*
* *

Après cette visite, particulièrement suggestive, nous nous sommes réunis dans une salle du Casino pour entendre la *Conférence de M. le Professeur Landouzy* dont nous donnons un court résumé :

« Depuis le début de notre voyage nous montons chaque jour davantage : à Néris, nous étions à 350 mètres, hier, à La Bourboule, à 850 mètres, aujourd'hui nous sommes à 1 050, et tout à l'heure nous atteindrons 1 250 mètres au parc naturel du Capucin. Si j'insiste, en commençant, sur cette question d'altitude, c'est qu'elle représente un élément important parmi ceux qui constituent la cure du Mont-Dore.

« A Néris, je vous disais :

« Eau aminéralisée, indéterminée chimiquement, agissant par sa haute thermalité et ses applications multiples et perfectionnées de balnéothérapie prolongée.

« Sa clientèle : les nerveux, les rhumatisants, les utérines douloureuses, d'une façon générale toutes les algies, puisqu'on peut proclamer la sédation fonction de la cure nérisienne.

« A La Bourboule, au contraire, je disais :

« Eau de minéralisation importante, arsenicale forte et chlorurée sodique faible, d'une température élevée, dont l'administration est à la fois interne et externe, dont l'emploi détermine une stimulation de tout l'organisme ; en sont justiciables les cutanés, les scrofuleux, les anémiques, les candidats à la tuberculose.

« Ici, je vous dirai :

« Eau bicarbonatée mixte, arsenicale, siliceuse ; spécialisation générale : *antiarthritique* ; spécialisation particulière : *respiratoire*.

« En arrivant hier au Mont-Dore par la route merveilleuse de la montagne, vous avez été, comme moi, saisis par l'âpre beauté de ce pays, qui, s'il ne rappelle pas les lignes coquettes de La Bourboule, s'épanouit dans une vallée dont les contreforts sont pleins de grandeur. Et je pense que, comme moi, vous n'avez, hier, rien compris à la légende de pesante tristesse qu'on prétend planer sur cette contrée privilégiée : je vous engage désormais à combattre cette erreur et à dire bien haut tout ce que vous avez vu de la beauté des sites et de l'agrément de la température.

« Nous sommes ici à la Station la plus élevée de France, après Escaldas (Pyrénées-Orientales) 1 350 mètres, Barèges (Hautes-Pyrénées) 1 232 mètres, et Thorenc (Alpes-Maritimes) 1 220 mètres. Les deux premières sont des stations sulfureuses, Thorenc est une station de cure d'air simple nouvellement installée au-dessus de Grasse. Avant toute considération hydrologique il était bon de tenir compte de la question *altitude,* car le Mont-Dore participe de tous les avantages du *climat de montagne*.

« L'eau du Mont-Dore est plus faiblement minéralisée que celle de La Bourboule, et cependant nous devons considérer cette station comme de toute première grandeur, comme l'égale de sa puissante voisine, si nous continuons à juger d'une station l'importance de sa spécialisation thérapeutique plutôt que par par sa composition chimique.

« Nous venons de voir à leurs griffons quelques-unes des 12 sources exploitées : *César*, *Madeleine*. *Ramond*, *Bardon*, *Félix*. L'eau du Mont-Dore est une eau claire, d'une saveur salée, d'une température de 40° à 47°, laissant déposer une pellicule irisée due à la silice et au fer. Sa minéralisation est faible : 2 grammes par litre.

Bicarbonates divers (soude, potasse, chaux, fer, magnésie).	1 gr. 069
Chlorure de sodium.	0 gr. 358
Arséniate de soude.	0 gr. 001
Acide silicique.	0 gr. 155
Grande quantité de gaz (acide carbonique, azote et oxygène).	

Ce qu'il nous faut retenir de l'analyse chimique c'est que l'eau du Mont-Dore est une eau bicarbonatée mixte, *arsenicale, siliceuse* et *ferrugineuse,* avec cette particularité que c'est la plus siliceuse des caux françaises. Le débit total en 24 heures est de 950 000 litres. Son emploi se fait sous trois formes : *balnéation, inhalation, boisson*. Les *trente salles d'inhalation* (à 28, 30 et 32°), ainsi que les bains de pieds et les *demi-bains hyperthermaux,* pris à l'émergence même des griffons, et dont vous venez de voir la parfaite et luxueuse installation, sont les spécialités du Mont-Dore.

« L'*action* générale de la cure mont-dorienne est nettement *anti-arthritique* par la stimulation et la régulation qu'elle imprime à la nutrition : elle augmente l'activité des oxydations organiques, détermine l'exode de l'acide urique, facilite les décharges uratiques, et cela d'une façon assez apparente pour frapper l'attention des malades qui dénomment « semaine des sables » la seconde semaine de la cure, pendant laquelle leur urine traduit surtout ces importantes modifications.

« Les effets obtenus par la boisson sont considérables et fournissent encore, étant donné ce que nous savons du faible taux de la minéralisation totale, un exemple des résultats cliniques supérieurs, dans leur teneur et dans leur variété, aux prémisses chimiques ; nous trouverions ici encore de quoi justifier nos velléités de classification thermale clinique, qui, pour les besoins de la pratique serait préférable, ce que le médecin sait pouvoir faire *avec* les Eaux minérales n'importe-t-il pas plus que la composition des eaux ? Au point de vue pratique notre enquête porte nécessairement plutôt sur les bénéfices obtenus par les malades que sur les indications données par les chimistes : *Naturam aquarum effectus et curationes ostendunt.*

« La boisson n'est qu'un des *quatre termes de la médication mont-dorienne*, je dis quatre termes, parce qu'à la *boisson* s'ajoute la *stimulation dérivante* des grands bains, des bains de siège et des bains de pieds, l'*inhalation* et un milieu d'*altitude*. On pourrait presque dire les bains hyperthermaux (qu'ils soient généraux ou locaux), la cheville ouvrière du traitement mont-dorien, tant est souveraine leur action décongestive et dérivante, non seulement dans les congestions arthritiques des voies respiratoires, mais encore dans les séquelles inflammatoires laissées dans l'appareil broncho-pulmonaire, la tuberculose, la grippe, etc.

« L'*inhalation* est subie, pendant une demi-heure à une heure, en activité déambulante, et, par suite, en plein fonctionnement des organes : c'est un fait intéressant à souligner. Les salles sont chauffées à trois températures différentes : 28°, 30° et 32° ; les malades respirent au milieu des vapeurs qui, descendant jusqu'aux recoins des alvéoles, envahissent et imprègnent tous les replis, les méats, les sinus, toutes les anfractuosités des voies respiratoires, depuis les cavités nasales jusqu'aux infundibula pulmonaires. Cette buée humide, chaude, chargée d'éléments minéraux, se répand dans tout l'arbre aérien, imbibe et stimule toutes ses parties, augmente l'activité des sécrétions bronchiques, provoque un véritable décapage de l'endothélium de surface et des glandes. Sans forcer les choses, on peut comparer l'action thérapeutique de l'eau du Mont-Dore, absorbée en inhalation ou en boisson, avec son action stimulante spécialisée sur la muqueuse bronchique (mise en état quasi catarrhal substitutif) à ce qui se passe chez les malades traités par les térébenthinées; on peut la comparer aussi aux effets anticatarrheux produits par l'élimination des balsamiques à travers la muqueuse respiratoire.

« Contrairement aux prévisions théoriques, les vapeurs résultant de l'ébullition de l'eau du Mont-Dore, contiennent, indépendamment d'une forte proportion d'acide carbonique libre, des traces appréciables de fer et d'arsenic. Ce *fait* serait dû, suivant l'*hypothèse* qui paraît la plus admissible, à la brusque dislocation des bicarbonates et à l'entraînement mécanique de quelques atomes des métaux ainsi mis en liberté. Beaucoup d'hypothèses sont permises si elles doivent aider à trouver la physiologie pathologique de l'eau mont-dorienne : peut-être se produit-il ici quelque chose d'analogue, *mutatis mutandis*, à ce que l'on suppose, dans la théorie des *ions*, se produire par dissociation des éléments constitutifs d'une eau minérale, par formation d'électrolytes : dislocation ayant pour résultat de défaire les combinaisons chimiques qui unissent bases et acides et de mettre, à l'état libre, acides, bases, métaux, gaz. Pour expliquer la *minéralisation* des vapeurs des salles d'inhalation, il faut tenir compte du procédé nouvellement introduit au Mont-Dore : avant d'arriver aux salles, les vapeurs produites par l'ébullition de l'eau du Mont-Dore sont chargées de particules minéralisées qui leur sont fournies par des pulvérisations d'eau minérale. La proportion d'acide carbonique contenue dans ce brouillard serait approximativement pour un litre 0,0062 (Nicolas), 0,0080 (Schlemmer), c'est-à-dire 15 à 20 fois la proportion d'acide carbonique trouvée dans un litre d'air, ce qui fait, que, pendant une heure de séjour dans les salles, on inhalerait un demi-litre d'acide carbonique?

« Je désire retenir votre attention sur cette inhalation, une des particularités les plus intéressantes de la médication mont-dorienne, parce que, si vous tenez compte de sa durée, des surfaces mises en contact, de la rapidité, de l'acuité, de l'intensité d'absorption des voies respiratoires, vous vous convaincrez. qu'en une heure d'inhalation, l'absorption d'eau mont-dorienne par la voie respiratoire peut dépasser celle obtenue par l'ingestion. Ainsi, double avantage de l'inhalation, puisque l'assimilation se fait sans passer par les voies digestives; ceci n'est point pour diminuer les effets obtenus par l'ingestion des eaux du Mont-Dore, mais pour montrer que le malade qui inhale, absorbe encore quoiqu'il soit loin de la buvette. — L'action de l'inhalation semble être essentiellement *décongestionnante* et *sédative*, calmante à la manière d'un topique, agissant par contact immédiat, agissant sur l'élément nerveux et spasmodique bronchitique. Si. aux modifications de nutrition apportées aux muqueuses respiratoires par l'eau du Mont-Dore, ingérée et inhalée. on ajoute l'action révulsivante, décongestive, stimulante périphérique produite par les grands bains, produite par l'emploi des demi-bains hyperthermaux et des bains de pieds, vous comprendrez pourquoi le Mont-Dore est la médication par excellence des catarrhes bronchiques. Sous son influence, on voit se modifier et cesser les irritations. les congestions, les spasmes d'origine laryngée ou bronchique, aussi le Mont-Dore voit-il affluer, chaque année davantage, les chanteurs, les orateurs, les prédicateurs, les professeurs, les avocats, tous ceux qui sont victimes des abus professionnels laryngés. L'action de ces inhalations n'est pas seulement décongestionnante, cataplasmante, sédative, elle est encore localement, topiquement, tonique, astringente, cicatrisante. à en juger par le bénéfice que retirent de la cure complète du Mont-Dore (boisson, bains hyperthermaux, inhalations) les malades atteints de processus exulcéreux des voies respiratoires, les malades atteints de tuberculose ouverte pourvu qu'ils ne soient pas fébricitants, pourvu que leur bacillose ne soit point en activité infectieuse.

« Si l'eau du Mont-Dore, prise en *boisson*, est reconstituante et stimulante : si par ses inhalations, combinées à la révulsion muco-cutanée, elle est aussi décongestive, révulsive, sédative, n'oubliez pas que tous ces résultats sont obtenus dans un climat d'*altitude*, et, qu'en somme, le traitement mont-dorien est une cure thermale hydro-minérale d'altitude. Cet élément n'est point à considérer seulement en tant qu'influençant la nutrition générale du malade, en tant que stimulant son appétit : cet élément n'est point seulement à considérer en tant qu'élément de climat d'altitude, il est à considérer en tant que qu'influençant les modalités respiratoires qu'on sait être différentes en montagne et en plaine. Exhaler les vapeurs mont-doriennes à 1 000 mètres au-dessus du niveau de la mer force le malade à une gymnastique pulmonaire nullement indifférente dans l'espèce. Les mouvements respiratoires augmentent de nombre et d'amplitude, d'où la mobilisation de toutes les cases alvéolaires, de toutes les régions pulmonaires, aussi bien de celles des sommets que de celles des bases, d'où véritable brassage des régions profondes et corticales pleuro-pulmonaires, d'où le traitement des résidua pulmonaires et pleurétiques. Et, comme gain définitif, au terme de la saison, augmentation de la capacité pulmonaire, expansion plus libre du poumon dans la cage thoracique.

« La décongestion et la sédation broncho-pulmonaires, on l'a compris, ne se font pas seulement par le massage pulmonaire que procurent les respirations faites dans les chambres d'inhalations, mais encore par la dérivation obtenue par les *bains de siège* et les *bains de pieds*, sortes d'érythèmes artificiels qui déterminent un appel du sang à la périphérie. Les *demi-bains hyperthermaux* sont une des pratiques les plus curieuses et les plus spéciales du Mont-Dore : pris jusqu'à la ceinture, dans des sources spéciales, à l'émergence des griffons, dont la température varie de 39° à 47°, ces demi-bains ont de 5 à 10 minutes de durée. En quelques instants, nous les avons vu provoquer une rubéfaction intense de toutes les parties immergées, suivie presque aussitôt d'une sudation marquée de la moitié supérieure du corps et d'un spasme vasculaire avec pouls serré et rapide; le malade revêt alors son costume de flanelle et retourne en chaise à porteurs à l'hôtel, il se met au lit où il reste longuement soumis à une forte suée.

« Voilà comment le Mont-Dore est la médication, sinon spécifique, au moins particulièrement spéciale, merveilleusement adaptée aux affectés des *voies respiratoires*, aussi bien chez les

Fig. 8. — Mont-Dore. Funiculaire du Capucin. Cliché de M. Heuzé.

malades qui n'en sont encore qu'aux irritations et aux congestions diathésiques ou professionnelles, consécutives aux maladies infectieuses, tuberculose, grippe, rougeole, etc., etc., qu'à ceux déjà victimés par des inflammations *localisées*. Le Mont-Dore est indiqué dans toutes les *rhinites, ventriculites, laryngites, trachéites, bronchites, congestions, adénopathies*, surtout évoluant chez les *arthritiques* ou chez les héritiers d'arthritiques, et cela quel que soit leur âge : qu'il s'agisse d'enfants, d'adolescents ou d'adultes, qui, par l'adultération organique ou fonctionnelle des voies respiratoires, première, récidivante ou chronique, superficielle ou profonde, simple ou polymorphe, dénoncent leur état diathésique ; le Mont-Dore doit, chez eux, intervenir à titre protecteur et prémonitoire pour qu'ici quelque affection des voies respiratoires ne prépare pas le lit à la tuberculose. C'est par ces merveilleux effets décongestionnants, détersifs, dérivatifs, sédatifs, que tout ce qui, dans les états morbides respiratoires, se mélange d'éléments nerveux, de toux spasmodique, de crises pulmonaires, d'asthme (que nos anciens décrivaient si justement comme une attaque de nerfs respiratoires), doit venir au Mont-Dore.

« C'est comme détersive, dérivative, décongestionnante — et non certes comme douée de propriétés chimiques spécifiquement ou antidotiquement agissantes — que la cure mont-dorienne s'adresse aux localisations respiratoires de la tuberculose : c'est parce qu'en outre elle a une action topique, cicatrisante, reconstituante, que la cure mont-dorienne est la médication de toute une variété de *tuberculeux arrivés*, des tuberculeux ayant même commencé à frayer avec la phtisie, des tuberculeux arthritiques notamment, qui, en ayant fini avec les poussées bacillaires, avec la fièvre des toxines, doivent résoudre les inflammations post, péri ou paratuberculeuses pour aboutir à la formation de tissus fibreux. C'est pourquoi je disais hier qu'il appartient au Mont-Dore d'aider à guérir les tuberculeux en puissance de désordres congestifs, de lésions irritatives, ulcéreuses, de guérir même les phtisiques, ceux qui ont frayé avec la consomption pulmonaire, pourvu bien entendu que leur fond, leur terrain mis au contact de la cure mont-dorienne puisse permettre des réactions utiles, défensives et non offensantes. Vous ne devrez envoyer ici, en matière de tuberculeux, que ceux de tempérament et de réaction *arthritique, congestive* ; ceux à forme torpide se trouveront mieux des Eaux-Bonnes ou d'Allevard ; quant à La Bourboule, nous avons dit qu'il fallait lui réserver la légion des scrofuleux, des hérédo-tuberculeux (c'est-à-dire des dystrophiques héréditaires issus de parents tuberculeux) et des anémiques symptomatiques, c'est-à-dire toute cette catégorie de bacillisables par droit d'hérédité de terrain, qui n'attendent qu'une cause contagionnante pour faire, d'une expectative, une réalité.

« C'est par l'action calmante, sédative (avec élection sur les points congestionnés, irritables et convulsés) que la médication mont-dorienne exerce sur les affections des voies aériennes que la cure qui se fait ici mérite la réputation de soulager toujours et de guérir souvent les asthmatiques. Les bains hyperthermaux et les inhalations associés à la note climatérique sont vraiment une des meilleures médications que je sache chez les asthmatiques pourvu (ceci est capital) que l'asthme soit fonction de réaction d'adultérations des voies respiratoires ; pourvu qu'il s'agisse de neuro-arthritiques qui par des crises de leurs nerfs respiratoires témoignent d'un état lésionnal, apparent ou fruste, superficiel ou profond, de l'arbre aérien. Les asthmatiques justiciables du Mont-Dore sont ce qu'on est convenu d'appeler, dans le langage de l'École, les asthmatiques vrais, et cela est si exact que les *faux* asthmatiques, c'est-à-dire les cardiopathes, les néphropathes sujets à des dyspnées d'accès se trouvent mis à mal par la cure mont-dorienne. Cette distinction n'est point assez sue des médecins qui acheminent vers le Mont-Dore des malades qui n'y devraient pas venir. Il est une erreur d'envois sur lesquels nos confrères de cette station insistent à juste titre, car elle peut entraîner de graves conséquences : ce sont les *pseudo-asthmes* méconnus, envoyés comme des *asthmes vrais*. Chaque année viennent au Mont-Dore des artério-scléreux, avec crises d'oppression, sous l'étiquette d'asthmatiques : à tous les points de vue, altitude, cure, le séjour leur est ici préjudiciable et peut leur être rapidement fatal. L'on a parfois d'autant plus de peine à les faire partir, qu'au début, dans les salles d'inhalation, ces malades éprouvent un soulagement temporaire résultant de ce fait que la circulation périphérique pour un temps se fait mieux chez eux.

« Ce ne sont point aux adultes seuls que s'applique la cure mont-dorienne spécialisée sur les affections fluxionnaires, spasmodiques et asthmatiques de l'appareil respiratoire. Les enfants, même les jeunes enfants, se trouvent très bien de la cure qu'on leur fait faire ici pour en terminer avec les reliquats qu'ont laissés chez eux certaines broncho-pneumonies grippales, rubéliques, coquelucheuses : il en est de même pour tous les accès d'asthme par lesquels trop souvent, au seuil de la seconde enfance, les héritiers d'arthritique dénoncent leur vice originel. J. Simon envoyait nombreux ici ses petits clients ; beaucoup d'entre nous, imitant sa pratique, se trouvent bien de la médication mont-dorienne que, à mon avis, on n'emploiera jamais assez tôt chez les fils de neuro-arthritiques si on veut dès l'abord enrayer chez eux les troubles fonctionnels respiratoires et empêcher ceux-ci de devenir troubles organiques.

« Si je me suis bien fait comprendre, il est grand l'empire du Mont-Dore, puisqu'il a le droit de revendiquer, avec les arthritiques apulmonaires, *tous les arthritiques respiratoires* chez lesquels il agit par prévention et par curation ; par prévention en empêchant les troubles fonctionnels de devenir organiques ; par curation en réduisant les rhinopathies, les pharyngopathies, les laryngopathies et les bronchopathies en évolution commençante. Grâce à son altitude, cette Station n'a pas de vraie rivale : car les Eaux de l'étranger, que l'on recommande et que l'on vante dans les affections des voies respiratoires, pour bienfaisantes qu'elles soient, pour analogues qu'elles soient en tant que composition minérale, pour comparables qu'elles soient comme spécialisation respiratoire, le cèdent toutes au Mont-Dore, en ce sens que la cure s'y fait en dehors de l'élément climatérique. Comparez au point de vue de l'altitude les stations les plus réputées de l'étranger et vous verrez qu'aucune (notamment en Allemagne) n'a les attributs climatériques que donne au Mont-Dore son altitude de plus de 1 000 mètres ; sauf Weissenburg, aucune des stations rivales du Mont-Dore n'a de climat d'altitude :

Wiesbaden (Taunus), 117 mètres :
Kissingen (Prusse rhénane), 120 mètres :
Kreuznach (Prusse rhénane), 105 mètres ;
Reichenhall (Bavière), 470 mètres ;
Ems (Nassau), 90 mètres ;
Weissenburg (Oberland bernois), 980 mètres.

« Ce que j'ai dit des principales applications thérapeutiques du Mont-Dore montre que ceux des malades qui en apparaîtront justiciables sont légions : leur nombre n'est pas près de diminuer car le neuro-arthritisme nous envahit chaque jour davantage, aussi est-il facile de prédire que ce magnifique Etablissement, pourtant conçu dans de si vastes proportions, sera bientôt insuffisant, et que, pour toutes les années à venir, les eaux ne seront jamais trop abondantes, les bains hyperthermaux trop nombreux, les salles d'inhalation trop spacieuses ».

*
* *

En sortant de cette Conférence, nous sommes montés au *Salon du Capucin* ; c'est une amélioration récente et des plus heu-

Fig. 9. — Au lac de Guéry. Cliché de M. Heuzé.

reuses, que l'installation du *funiculaire électrique* qui permet aux malades de se transporter sans efforts, et, en moins de 10 minutes, sur le plateau du Capucin. A l'altitude de 1,250 mètres, au milieu d'une forêt de sapins, ils trouvent un immense parc naturel dans lequel l'après-midi peut être consacré à la cure d'air, quand les promenades lointaines sont contre-indiquées.

Les *excursions* de l'après-midi se sont faites dans les meilleures conditions : les plus nombreux de nos confrères, à cheval ou à âne, sont allés au *Pic de Sancy*, ascension classique du point le plus élevé de la France centrale (1 886 mètres) ; les autres, préférant la promenade en voiture au *lac de Guéry* et aux *Roches Thuilière et Sanadoire,* ont longuement admiré le cirque merveilleux de la vallée de Rochefort, à l'entrée de laquelle se dressent ces deux roches colossales.

Les *Hôtels* du Mont-Dore sont en voie de transformation, dans une note d'hygiène excellente, qui montre ce que peut faire l'initiative privée pour l'amélioration d'une Station : suppression des étoffes et des papiers de tentures, ainsi que des carpettes ; descentes de lit et housses à matelas lessivables et renouvelées à chaque arrivée ; crachoirs à contenu liquide ; nettoyage et essuyage avec un linge humide à l'exclusion du balayage. En somme, suppression de toutes les draperies, tentures, etc., qui peuvent retenir les germes des maladies infectieuses : propreté et sécurité réunies. Nous avons visité plusieurs hôtels et plusieurs maisons meublées, dans lesquels toutes les mesures sont mises en vigueur ; elles méritent d'être fort encouragées et devraient être imitées par les hôtels de toutes les Stations, en attendant que la police sanitaire les rende obligatoires.

SAINT-NECTAIRE

Partis du Mont-Dore de bonne heure, le matin, nous sommes descendus à Saint-Nectaire par cette route, à travers la montagne, qui, foi d'Auvergnat, est la plus belle excursion du pays. Le Mont-Dore est à 1 050 mètres; nous avons monté pendant

Fig. 10. — Route du Mont-Dore à Saint-Nectaire. Château de Murols. Cliché du Dr Hörmann.

9 kilomètres pour atteindre le *Col* dit *de Dyanne* ou *de la Croix-Morand,* à 1,335 mètres, le point le plus élevé des routes carrossables de la contrée. Le panorama y est merveilleux. Puis la

descente commence, d'abord par 11 kilomètres de lacets rapides jusqu'au village *Chambon*, puis par une belle route jusqu'à Saint-Nectaire, qui n'est qu'à 750 mètres d'altitude. En cours de route nous avons visité les ruines du *Château de Murols*. Le *Lac Chambon* nous a particulièrement séduits par son étendue et son cadre de montagnes boisées. Plus d'un d'entre nous émettait le regret de ne pas voir, sur les flancs de ces montagnes, un *hôtel-cure d'air*, comme il y en a tant en Suisse. Le site s'y prête merveilleusement : demi-altitude, beau panorama, air pur et calme, montagnes peu élevées, forêts permettant tous les genres de promenades. Il me semble que cet exemple porte avec lui son enseignement et qu'il peut nous donner à réfléchir. Ici, comme en tant d'autres endroits, il nous suffirait de vouloir un peu, pour avoir, chez nous, des lieux de villégiature, de convalescence, de repos, bien organisés, tandis que nous sommes obligés d'aller les chercher en pays étranger ; les bords du lac Chambon notamment ne laissent rien à désirer à cet égard.

A Saint-Nectaire, nous avons successivement visité l'*Établissement de Saint-Nectaire-le-Haut* ou *du Mont-Cornadore*, la magnifique *Église*, les aménagements nouveaux de *Saint-Nectaire-le-Bas*. — L'*Église*, monument historique de première classe, nous a permis d'admirer le style roman-byzantin dont elle est le plus beau type en Auvergne. — La transformation de *Saint-Nectaire-le-Bas* a été très appréciée ; à quelques années de distance, j'ai trouvé des améliorations considérables et excellentes : un *établissement* spacieux, un grand *hôtel* confortable, les *bains romains* restaurés, un *casino* : une ville d'Eaux nouvelle s'est élevée rapidement sous l'impulsion d'une initiative privée, vraiment intelligente et pratique. Voilà Saint-Nectaire pourvu du confortable qui lui manquait et qui, jusqu'à présent, retardait son développement ; aussi ces efforts seront-ils couronnés de succès et trouveront-ils leur récompense dans l'augmentation de la clientèle. Et ce sera d'autant plus légitime que, par ses propriétés *reconstituantes*, son heureuse influence *digestive*, sa *vallée large* et entourée de forêts de pins, sa *situation* en pleine campagne, sa *petite agglomération* d'habitants, sa *vie facile*, Saint-Nectaire s'applique à tous les âges et l'on peut y prolonger son séjour bien au delà du temps du traitement, comme cure d'air, comme repos de vacances.

*
* *

Résumé de la Conférence de M. le professeur Landouzy :

« Ce matin, de 1050 mètres, où nous étions au Mont-Dore, nous sommes descendus à 750 mètres d'altitude ; le climat est ici habituellement plus doux que celui des deux dernières Stations, la Bourboule, le Mont-Dore que, nous venons de visiter. Quelques coteaux bien exposés, plantés de vignes, de noyers et de châtaigniers vigoureux ; une vallée large, bien protégée des

Fig. 11. — Lac Chambon. Cliché du Dr Béclère.

vents du nord et du midi ; air calme, sec, vif et tonique ; tel est le cadre dans lequel s'élèvent les stations de Saint-Nectaire-le-Haut et de Saint-Nectaire-le-Bas.

« La richesse thermale est ici considérable : 15 sources servent au traitement des malades, les unes froides, les autres chaudes ; elles sont disséminées sur un parcours de 2 kilomètres, et vous avez pu voir, en descendant de Saint-Nectaire-le-Haut à Saint-Nectaire-le-Bas, d'autres sources inutilisées, sourdre le long de la route et se mêler directement aux eaux du ruisseau. A l'Établissement d'en Haut ou du Mont-Cornadore, 2 sources chaudes alimentent les baignoires : *Mont-Cornadore* et *Rocher*.

« A Saint-Nectaire-le-Bas, la source chaude la plus importante est celle du *Gros-Bouillon*, ainsi dénommée à cause du dégagement considérable d'acide carbonique qui s'y produit. Vous avez vu cette cloche-gazomètre, suspendue au-dessus de la source pour recueillir l'acide carbonique, qui, de là, est amené au rez-de-chaussée, pour être utilisé en bains, douches, inhalations. La température du *Gros-Bouillon* à 35°, et sa grande abondance permettent de donner des bains à eau courante. Les sources voisines *Saint-Cézaire* (40°), *Papon* (49° et 52°) sont hyperthermales. Les sources froides sont également nombreuses : à Saint-Nectaire-le-Haut, *Parc, Maurange, Romaine ;* à Saint-Nectaire-le-Bas, *Dames, Dolmen, Rouge,* etc., agréables au goût, légèrement ferrugineuses, elles ne servent qu'aux buvettes. Cette gamme de température d'eau minérale, allant de 18° à 50°. permet de varier à l'infini le traitement ; mais les sources chaudes sont les plus importantes. celles auxquelles Saint-Nectaire doit surtout sa notoriété et sa puissance d'action.

« Ces eaux sont claires, limpides, incolores ; leur odeur est nulle, à l'exception du *Gros-Bouillon* qui a une odeur marquée d'hydrogène sulfuré ; leur saveur est acidulée et styptique pour les sources froides ; saline fade, comparée à du bouillon de poulet pour les sources chaudes. Exposées à l'air, ces eaux se troublent légèrement et laissent déposer des carbonates de chaux, de magnésie, de l'oxyde de fer que l'excès d'acide carbonique maintenait en dissolution ; ainsi s'expliquerait cette fine poussière que l'on voit le matin à la surface de l'eau des piscines, cette bouillie gluante, verdâtre, que l'on rencontre sur les parois des réservoirs, que nous remarquions ce matin sur le parcours de l'eau dans le ruisseau de la route.

« Au point de vue de la *Composition chimique*, ces eaux sont fortement minéralisées, 8 grammes par litre :

Bicarbonate chaux, magnésie, lithine, fer.	1 gr. 30
Chlorure de sodium.	2 gr. 25
Bicarbonate soude.	2 gr. 45
Silice.	0 gr. 135
Arséniate de fer..	0 gr. 103
Sulfate de soude..	0 gr. 14

Grande quantité d'acide carbonique.

« Ce qu'il importe de retenir, c'est que le chlorure de sodium et les bicarbonates y figurent pour les deux tiers ; que la caractéristique est l'égale quantité de chlorure de sodium et de bicarbonate de soude. Aussi peut-on la définir : Eau *chlorurée sodique et bicarbonatée mixte.*

« A Saint-Nectaire on boit et surtout on se baigne. Les *bains* sont à *eau dormante* ou à *eau courante*, de 20 minutes à 1 heure, à une température de 32° à 39°, suivant les sources. Il y a aussi le *bain acidulé,* dans lequel un courant de gaz acide carbonique pur pénètre par le fond de la baignoire. Une particularité de la Station est la douche vaginale d'acide carbonique et d'eau

Fig. 12. — Saint-Nectaire. L'Église romane, monument historique. Cliché de M. Heuzé.

à 26°, constituée par un jet naturel intermittent d'eau et de gaz carbonique. — Si le bain joue le principal rôle pour certaines catégories de malades, pour les utérines par exemple ; la *boisson* devient prédominante pour d'autres, ainsi pour les malades albuminuriques qui tendent à devenir la clientèle la plus nombreuse. Ce sont tantôt les eaux froides, gazeuses, ferrugineuses, tantôt les sources chaudes qui sont employées en boisson ; leur action est très différente. C'est un point que nos confrères règlent suivant l'état des fonctions digestives, et qui demande, avec une profonde connaissance du malade, avec une expérience toute spéciale, une surveillance quotidienne. Les eaux chaudes augmentent la sécrétion chlorhydrique de l'estomac et peuvent être aussi préjudiciables dans certains cas que bienfaisantes dans d'autres, suivant l'emploi qui en est fait.

« Au point de vue de son *action* générale, la cure de Saint-Nectaire *réunit les propriétés des eaux bicarbonatées faibles et des chlorurées faibles :* à la fois reconstituante de la nutrition générale, par la balnéation chlorurée sodique ; à la fois eupeptique, régulatrice des fonctions digestives à la façon des eaux bicarbonatées sodiques et calciques.

« A n'envisager que cette action générale, on comprend les succès que donne Saint-Nectaire chaque fois qu'il s'agit de *tempérament lymphatique*, lié ou non à l'arthritisme, de cet état précurseur de la scrofule vraie, c'est-à-dire des affections superficielles ou profondes des muqueuses. De même, toutes les *anémies,* la *chlorose* y compris, les troubles multiples de *croissance* (croissance trop rapide, céphalées persistantes, pseudo-hypertrophie du cœur, phosphaturie de l'adolescence, douleurs du rachis, etc.), trouvent ici la cure qui leur convient. C'est assez dire le grand nombre d'*enfants* et d'*adolescents* qui doivent être envoyés à Saint-Nectaire, d'autant plus que chez eux il faut agir de bonne heure pour enrayer le développement des manifestations lymphatico-arthritiques.

« Si nous recherchons l'action que les eaux exercent sur l'état *local,* elle peut se caractériser en deux mots : *résolutive* et *tonique,* et cette action se manifeste notamment et surtout sur les séquelles *rhumatismales* articulaires, sur les troubles atoniques des fonctions *digestives,* sur les altérations fonctionnelles du *rein,* sur les affections catarrhales de la muqueuse *utérine.* Voilà les données qui nous sont fournies par les travaux de nos confrères, MM. Ducrohet, Geneix, Porge. Pour savoir quels sont les malades justiciables de la cure de Saint-Nectaire, la considération capitale doit être l'état général du sujet, l'analyse de sa constitution. Saint-Nectaire est particulièrement approprié aux tempéraments *lymphatiques*, plus ou moins entachés d'arthritisme : quelle que soit l'affection locale dont notre malade sera porteur, il devra, pour venir ici, rentrer dans cette catégorie. Quoique excitante faible, la cure est contre-indiquée chez les neuro-arthritiques irritables, excités, et chaque fois que l'élément douleur prédomine. Ceci dit, nous pouvons entrer dans le détail des *Indications* :

« Les suites de *rhumatismes*, d'*hydarthroses*, de *périostites* y marchent à résolution ; quand il s'agit d'empâtements articulaires ou péri-articulaires, d'exsudats liquides, d'épaississements de synoviale ; la résorption locale est assez rapidement obtenue, la jointure est tonifiée localement, en même temps que la nutrition générale affaiblie reçoit un puissant stimulant.

« Comme excitant de la sécrétion gastrique et de la motricité de l'estomac, l'eau de Saint-Nectaire régularise les fonctions, diminue les fermentations secondaires gastro-intestinales et met un terme aux auto-intoxications secondaires si fréquentes.

Fig. 13. — Route du Mont-Dore à Saint-Nectaire, à Chambon. Cliché de M. Contet.

Comme telle, c'est l'eau indiquée dans la *dyspepsie atonique*, l'*hypochlorhydrie*, la *dilatation vraie de l'estomac*, aussi bien que la *distension* simple par fermentation et rétention gazeuses.

« Gubler a montré l'heureuse influence des Eaux de Saint-Nectaire qu'il appelait « une lymphe minérale » dans le traitement des *albuminuriques*. « Non seulement, dit-il, elles réparent « les pertes des sels neutres du sérum et activent l'hématose, « mais encore, par le surcroît de richesses minérales qu'elles « apportent, elles augmentent la capacité du sérum pour l'albu- « mine, diminuent l'excès de cette substance protéique et en « arrêtent le départ par les différentes voies d'élimination. » La clinique a ratifié les vues de Gubler, et, chaque année, les albuminuriques sont venus plus nombreux, à tel point qu'ils forment maintenant les quatre cinquièmes de la clientèle de chaque saison. La cure de Saint-Nectaire est une ressource d'autant plus précieuse que, par le seul fait qu'un malade est touché dans la fonction de son rein, il en résulte d'ordinaire une contre-indication à la plupart des autres eaux thermales.

« Les albuminuriques, paraissant au mieux justiciables de Saint-Nectaire, peuvent être divisés schématiquement en deux catégories : les albuminuriques ayant ou n'ayant pas de lésions rénales, ayant des troubles des fonctions rénales plutôt qu'une néphropathie. Les albuminuriques qui bénéficient le plus de la cure paraissent être ceux dont l'albuminurie est purement dyscrasique si on peut ainsi dire, telles : les *Albuminuries dues à des troubles dyspeptiques* (par fermentations stomacales ou intestinales, chez les dilatés, les constipés, les sujets atteints d'embarras gastrique à répétition) ; les *Albuminuries liées à la phosphaturie,* comme dans les troubles de croissance ; les *Albuminuries, suite de décharges uriques* (chez les goutteux, les migraineux, les obèses, les gros mangeurs, les fils d'arthritique). Quand l'albuminurie est fonction directe d'une néphropathie, Saint-Nectaire peut encore être utile, à la condition expresse qu'il s'agisse d'une affection récente, à son début, où l'on a des raisons de supposer que le rein n'est intéressé que superficiellement : c'est le cas de certaines *néphrites infectieuses* survenant dans le cours de la scarlatine, de la rougeole, de la varicelle, de la fièvre typhoïde, de la grippe, des oreillons ; c'est encore le cas des albuminuries de certains *brightiques commençants* et même de certains malades polyscléreux tout à fait au début de leur néphropathie interstitielle. Il est bien entendu que tout mal de Bright avéré est une contre-indication formelle. Cette action bienfaisante de Saint-Nectaire chez les albuminuriques paraît devoir être donnée comme la dominante de cette Station ; elle nous permettra de soulager toujours, d'améliorer souvent une classe importante de malades pour lesquels la thérapeutique ordinaire est souvent presque impuissante.

« Les *utérines chroniques*, ayant depuis longtemps franchi la période aiguë ; les inflammations torpides de la muqueuse, sont justiciables des bains de Saint-Nectaire dont l'action apparaît anti-catarrhale, cicatrisante et tonique. Les métrites chroniques, les ulcères rebelles du col, les sécrétions muco-purulentes qui les accompagnent, les exsudats reliquats de périmétrite ancienne trouvent ici soulagement et amendement notables. De même les jeunes filles lymphatiques, ayant des *troubles de menstruation* (établissement difficile des règles, arrêts prolongés, irrégularité habituelle) trouvent ici remède à leur état général et à leur état local. Nous savons que ces divers troubles organiques et fonctionnels s'observent chez des femmes de constitution et de tempérament fort différents, c'est pourquoi la personnalité de la malade plus que la forme et le degré de son affection déterminera le choix de la cure thermale; c'est pourquoi, sans prétendre esquisser ici un parallèle entre les diverses indications hydro-minérales dont sont justiciables les femmes qui souffrent d'affections pelviennes, nous dirions volontiers qu'il nous apparaît opportun de réserver Saint-Nectaire pour les lymphatiques, pour les anémiques: les eaux chlorurées sodiques fortes (Salies, Biarritz), pour les grandes scrofuleuses et les grandes anémiques; Néris pour les nerveuses, les hystériques, les douloureuses, les excitables, les algiques ».

ROYAT

Résumé de la Conférence de M. le Professeur Landouzy :

« Nous sommes entrés dans le département du Puy-de-Dôme, il y a quatre jours, en arrivant à La Bourboule et nous n'en sortirons que demain, quand nous quitterons Châtel-Guyon. Depuis le Mont-Dore nous continuons à descendre : hier à Saint-Nectaire nous étions à 750 mètres, aujourd'hui nous sommes à 450 mètres, nous ne nous trouvons donc plus dans un climat d'altitude.

« Dans la visite si intéressante que nous venons de faire sous la direction de nos confrères, vous avez vu que Royat possède quatre sources : *Eugénie, César, Saint-Mart, Saint-Victor,* qui, réunies, donnent un débit quotidien considérable : 1,522,000 litres.

« Les eaux sont transparentes, claires, d'une saveur saline agréable, sans odeur et très gazeuses ; leur température varie de 35° (Eugénie) à 20° (Saint-Victor). Leur minéralisation totale est élevée, 5 à 6 grammes ; au point de vue de la *composition chimique,* les éléments importants qui y sont contenus sont si nombreux qu'il est impossible de donner à ces eaux une étiquette simple et unique. Il faut les définir *thermales, alcalines, chlorurées sodiques, gazeuses, ferro-arsenicales* et *lithinées.* En effet, on y trouve des bicarbonates alcalins (soude, potasse, chaux, magnésie) à la dose de 3 grammes ; du chlorure de sodium, 1gr,70 ; des sels de fer et de manganèse ; un peu d'arséniate de soude, et du gaz acide carbonique libre en très grande quantité. En somme, c'est un médicament complexe que la Matière Médicale nous présente comme thermal, alcalin, chloruré sodique et gazeux.

« Si, au point de vue de l'Hydrologie, ces eaux, si riches et si complexes, sont d'une classification difficile en ce sens qu'on pourrait les rattacher presque aussi bien au groupe des alcalines qu'au groupe des chlorurées, au point de vue clinique leurs applications peuvent se résumer en un mot : eaux *anti-arthritiques*, s'adressant particulièrement à l'*arthritique anémié* et *déprimé*. Les arthritiques doivent venir ici, tout à la fois, pour combattre leur diathèse et pour soulager, et souvent guérir, les manifestations de leur diathèse.

« A Royat, la boisson et la balnéation jouent un rôle à peu près égal : leur association est aussi nécessaire, pour le bénéfice total de la cure, qu'au Mont-Dore et à La Bourboule. En *boisson*, cette eau, de digestion facile, stimule l'appétit, augmente l'acide chlorhydrique, c'est un médicament de choix comme eupeptique et calmant des estomacs crispés. Agréable et bienfaisante, topiquement (si on peut ainsi dire) à l'estomac qui la reçoit, l'eau est d'absorption et d'assimilation faciles ; en pénétrant dans le torrent circulatoire, ses éléments, qui l'ont fait comparer au sérum de notre sang, — véritable lymphe minérale, enseignait Gübler — ses éléments, dis-je, produisent une stimulation générale de toutes les fonctions ; les effets diurétiques sont très marqués, dès 48 à 72 heures après le début de la cure, les urines, quantitativement et qualitativement modifiées prouvent aux malades que, pour eux, ont commencé « les journées des sables ».

« Les *bains* sont donnés dans une *piscine* ou dans les baignoires avec de l'eau, soit dormante, soit courante ; les *bains à eau courante* de Royat sont une des caractéristiques de la Station, l'eau à température native, pénètre dans les baignoires, sortant directement de la source : il faut, pour qu'une eau puisse être ainsi administrée, qu'elle soit d'une grande abondance et que sa température ne soit pas trop éloignée de celle du corps à l'état normal. Les bains d'Eugénie sont à 31° ; ce sont ceux qui se donnent dans le Grand Établissement, ce sont les plus souvent employés chez les rhumatisants et les dermopathiques. Les bains de César à 27°, surchargés d'acide carbonique, d'une durée de 5 à 15 minutes, sont une des pratiques les plus anciennes de la Station et dont l'empirisme a bien fait connaître les applications thérapeutiques. Quand on entre dans le bain, la première sensation est celle de fraîcheur, à laquelle succède rapidement une sensation de réchauffement général avec picotement général ; toute la peau s'anime, rougit, se couvre d'une manière d'érythème scarlatiniforme ; ces phénomènes sont dus à l'action des myriades de bulles d'acide carbonique qui s'attachent aux moindres aspérités de la peau et recouvrent tout le corps, « véritable bain de Champagne », a-t-on dit. La sensation définitive est agréable, reposante et stimulante à la fois, et l'on comprend comment et pourquoi tous les malades nerveux anémiques, neurasthéniques refroidis, rhumatisants affaiblis, éprouvent une sensation de bien-être au sortir de ces bains et voudraient y prolonger leur séjour, car ils y perdent la sensation de leur lassitude constante.

« Vous avez vu ici une installation ingénieuse de *bains électriques* : ces bains peuvent être généraux ou locaux ; ces derniers sont le plus souvent employés pour les pieds et les mains des goutteux dont les articulations restent empâtées, engorgées. L'assouplissement des jointures et la résorption des produits épanchés sont favorisés par cette pratique. C'est là une particularité que je souligne avec intention, car nous disposons de peu de moyens thérapeutiques réellement actifs en pareilles circonstances ; ce n'est qu'à grand peine que nous parvenons à rendre l'usage de leurs pieds et de leurs mains aux goutteux qu'ont déformés et ankylosés les phlegmasies qu'amènent avec eux et après eux les tophus. Cette action des bains électriques d'eau de Royat serait due au passage du chlorure de lithium au travers des tissus sous l'influence du courant électrique ?

« L'eau de Royat est encore administrée sous forme d'*inhalations*, de *pulvérisations*, ce qui permet de porter son action topique plus spécialement sur certains points de la peau ou des muqueuses qui sont le siège de manifestations arthritiques : face, nez, pharynx, etc.

« La cure de Royat, en boisson et en bains, se résoud au total en deux actes, qui, à priori, ne peuvent pas être indifférents : d'une part, l'absorption sinon l'assimilation d'une eau chaude, gazeuse, alcaline, chlorurée sodique, arsenicale, ferrugineuse ; d'autre part, un contact plus ou moins répété et prolongé de la surface cutanée avec une eau surchargée d'acide carbonique à une température de 27° à 31°. La résultante thérapeutique, telle que nous l'enseigne la Clinique, se traduit par une *stimulation générale de l'organisme et une oxydation plus parfaite de tous les produits de désassimilation.* On peut, jusqu'à un certain point, essayer de s'expliquer ainsi pourquoi et comment Royat soulage, améliore, guérit la grande catégorie des malades *arthritiques, anémiques, déprimés,* de ceux qui ont été victimes du mal diathésique dans l'un quelconque de leurs appareils, et qui, en fin de compte, conservent et le trouble organique ou fonctionnel d'un organe et l'épuisement nerveux général.

« La liste est longue et variée de tous ceux qui rentrent dans cette catégorie, et qui viennent ici demander un soulagement, à des titres divers, pour des affections les plus variées et avec des chances égales de succès : les arthritiques touchés dans leurs articulations par le *rhumatisme* ou la *goutte* et conservant de l'empâtement et des raideurs, — ceux qui souffrent de l'appareil digestif : les atoniques gastro-intestinaux, les *hypochlorhydriques* surtout, — ceux qui sont touchés dans leurs fonctions respiratoires, ceux qui souffrent de *coryzas, pharyngites, bronchites*, de *catarrhe sec pulmonaire*, — ceux dont la peau porte les stigmates de leur diathèse, sous forme d'*acné,* d'*eczéma.* Les *hépatopathiques*, les *diabétiques,* doivent aussi venir de préférence ici quand leur état général s'affaiblit ; quand ils doivent lutter contre l'*anémie générale* ; toutes les fois que c'est du remontement de l'économie tout entière, de la stimulation et de la régulation de la nutrition générale qu'on peut espérer la guérison des troubles organiques et fonctionnels des organes.

« En résumé, la cure de Royat est indiquée chez tous les *arthritiques* dont il faut, par la minéralisation, par l'excitation et la régulation des réactions, refaire autant le dynamisme que la statique. Je répète donc ici ce que je ne cesse de dire à chaque Station : que nous devons avoir d'abord, et toujours en vue le malade et non la maladie ; que pour ramener le malade à la normale, la cure hydro-minérale doit être choisie et dirigée de telle sorte qu'elle puisse modifier les réactions déviées, arrêtées ou rendues insuffisantes par la maladie. Royat est l'apanage des arthritiques dont la constitution a été appauvrie, dont le dynamisme a été faussé, tandis qu'il est une tout autre catégorie d'arthritiques à grosses poussées congestives, pléthoriques, hyperexcitables, qui doivent plutôt aller au Mont-Dore.

« Tous les *arthritiques anémiques, déprimés,* réagissant mollement, doivent, à mon sens, faire ici un séjour beaucoup plus long qu'ils ne le font d'ordinaire, c'est pour eux surtout que la fameuse période des 21 jours (ainsi délimitée sans que trop on sache pourquoi) devrait être modifiée, devrait être allongée. Sous peine d'être plutôt onéreuse qu'avantageuse, la cure devrait être prolongée : d'abord, pour qu'elle puisse, par la répétition des réactions provoquées chez le malade, donner son maximum d'effets; ensuite parce que le malade a besoin de modifier un état constitutionnel tout entier. Pour devenir un autre lui-même, il lui faut se débarrasser des matériaux mal oxydés; procéder, par des assimilations nouvelles et par la régularisation de ses réactions organiques et fonctionnelles, à une modification profonde de toute sa nutrition. C'est pourquoi la cure thermale terminée, le baïgneur doit songer à toute autre chose qu'à se rejeter dans les conditions vicieuses de régime, de vie prfoessionnelle ou mondaine, qui, aidant aux tares originelles, l'avaient rendu malade. Est presque raison la comparaison qu'on a faite d'une cure hydro-minérale avec les pyrexies, nos clients — *mutatis, mutandis,* — passant par une véritable crise, du fait des manœuvres thermales comme ils y avaient passé au lendemain d'une fièvre éruptive, d'une fièvre rhumatismale ou d'une fièvre typhoïde. Si toutes les convalescences méritent une hygiène thérapeutique, cette manière de convalescent que représente l'organisme du baigneur et du buveur comporte un geure de vie, une diététique, une manière d'entraînement réglés que sauront lui procurer seules les cures *complémentaires*, presque aussi négligées en France qu'elles sont pratiquées à l'étranger.

« Ceux d'entre nous qui ne perdent pas de vue le travail imposé à l'organisme des baigneurs et des buveurs, durant les trois semaines fatidiques de traitement thermal, s'efforcent d'imposer à leurs clients des mœurs nouvelles et s'ingénient à leur préparer des cures complémentaires dont leur constitution et leur tempérament, autant que la nature de leurs états morbides, détermineront le séjour. C'est pourquoi, d'ordinaire, le baigneur doit se reposer, se recueillir et attendre dans la vie calme, au grand air, que les réactions lentes et continues, provoquées par cette cure, aient produit le plein de leurs effets. C'est pourquoi je veux que mes malades, après leurs cures, en Auvergne ou aux Pyrénées, fassent un stage à la mer ou à la montagne. Suivant leur tempérament, suivant la saison, je les dirige vers Biarritz, vers Saint-Jean-de-Luz, vers Arcachon, vers certaines plages de Bretagne, ou vers le plateau Thorenc, au-dessus de Grasse, où les convalescents trouveront un climat d'altitude, toutes les aménités de lieu et de commodités de séjour qu'ils puissent désirer. C'est pourquoi, hier, descendant du Mont-Dore à Saint-Nectaire, en passant devant le lac Chambon, je m'étonnais qu'on n'ait pas construit, dans cette vallée de demi-altitude, des *Chalets post-cure*. C'est pourquoi je souscris à l'idée dont j'entends parler ici même ; c'est pourquoi je souscris au projet qui me paraît en bonne voie d'études, projet qui consisterait à mettre à la disposition des malades traités dans toute cette région, une cure d'air au sommet du *Puy de Gravenoire*. Au sortir de leur cure thermale à l'une des Stations d'Auvergne, Néris, La Bourboule, le Mont-Dore, Saint-Nectaire, Châtel-Guyon, Vichy, aussi bien que de Renlaigue, de Chabetout, de Saint-Maurice, de Chateldon, de Saint-Alban, de Saint-Christophe, etc., etc., les malades trouveraient à 800 mètres d'altitude, dans un climat salubre, des *Hôtels-Cures* où, par les seuls agents naturels, soleil, air, marche, alimentation, ils feraient la convalescence de leur cure première. Trop de médecins, je le répète, oublient que, si les cures hydro-thermales agissent par action substitutive, dérivative, dépurative, hyperoxydante, stimulante, modifiante de la nutrition élémentaire et générale, elles ne produisent ces effets qu'à la faveur d'une série d'actes réactionnels qui demandent à l'organisme d'être partie prenante et participante à la cure ; ce qui a fait dire qu'une saison thermale était une manière de maladie provoquée, au lendemain de laquelle l'organisme, secoué, manœuvré, comme au cours d'une maladie, faisait sang neuf. Il est incontestable que si la statique, que si le chimisme, le dynamisme, l'hématisme du malade traité à Royat, sont autres quand il en part que quand il y arrive, c'est que des réactions organiques, cellulaires, phagocytaires, hématopoiétiques, nerveuses, se sont produites, comme elles se produisent au cours des maladies. Donc, logiquement, physiologiquement, ce ne sont pas seulement les malades *guéris* de fièvres, de paludisme, ou de poussées de croissance, dont il faut *ordonnancer* et diriger la convalescence, ce sont encore les malades qui ont fait une cure thermale, d'où très grande utilité des Stations de cure de convalescence, complémentaires des Stations de cure thermale. Il est certain qu'une cure de repos, qu'une cure de « manœuvres » de convalescence faisant suite au traitement thermal, qu'une *nach-kur,* qu'une *after-cure,* pour employer le langage des médecins allemands et des médecins anglais, il est certain qu'une cure d'air, installée dans ce merveilleux pays, qui est peut-être le plus richement doté au point de vue hydrologique, ajouterait encore aux ressources d'hygiène thérapeutique que groupe si nombreuses le Plateau central de France. Quel superbe fleuron Royat ajouterait à sa couronne thermale, si près d'ici, à Gravenoire, ou ailleurs, au centre des Stations auvergnates, on créait un Établissement modèle de cure d'air, cure *complémentaire* sans laquelle les maladies risquent de ne pas pleinement bénéficier de leur traitement thermal, surtout lorsque celui-ci a été intensif. Ce jour-là, l'Auvergne serait la terre promise des malades, puisque après avoir passé par le Purgatoire des cures hydro-minérales, montant aux Sommets *Élyséens,* ils trouveraient, en climat d'altitude, à vivre et à respirer dans la magnificence d'un décor changeant aux diverses heures de la journée ».

* * *

La visite détaillée des deux Établissements — *Grand Établissement* et *César* — nous a montré ce qu'est l'organisation complète d'une Station, quand son outillage, depuis longtemps bien installé, est constamment tenu au courant des derniers perfectionnements : *baignoires* en marbre ou en lave de Volvic ; *piscine ; bains à eau courante ; douches avec massage ; irrigations intestinales ;* salle d'*inhalation* en gradins ; salles de *pulvérisation ; bains hydro-électriques,* etc., etc.

Avant de quitter Royat, chacun a voulu visiter le grand parc Bargoin, bien ombragé, situé à 15 minutes de l'Établissement, qui est une ressource précieuse pour les enfants, si nombreux ici, et pour ceux des baigneurs qui ne peuvent faire de grandes excursions.

SANATORIUM DE DURTOL

C'était une bonne fortune pour nous, au cours de ce Voyage; de pouvoir étudier l'organisation d'un **Sanatorium** ; en outre de la question d'actualité médicale, Durtol se présentait d'avance à notre esprit sous les meilleurs auspices ; c'est un Sanatorium récemment installé, il doit donc présenter les aménagements les plus pratiques, de plus il a été créé et il est dirigé par notre distingué confrère le Dr Sabourin, qui a une compétence toute spéciale, car il a déjà été à la tête du Sanatorium du Vernet et doit à de beaux travaux une grande notoriété scientifique. De plus, chacun sait que c'est à sa courageuse et tenace initiative que nous devons d'avoir, en France, les premiers Sanatoriums scientifiquement organisés.

Le Sanatorium est établi dans le château de Durtol, à l'altitude de 520 mètres, au milieu d'un parc de 5 hectares, orienté au midi et à l'est, et abrité au nord-ouest par une vaste colline de grands bois très ombreux faisant partie de la propriété. Au pied et à l'abri de cette colline, partant du château, une vaste allée-promenade plantée de vieux arbres forme une immense terrasse d'où l'on jouit d'un panorama admirable sur Clermont-Ferrand et ses environs, jusqu'aux montagnes du Forez.

Tout le fond de la vallée est limité par des collines couvertes de pins et cette région est sillonnée de routes magnifiques qui rendent faciles les promenades et les excursions aux environs.

La vallée de Durtol est connue depuis longtemps pour les qualités médicales de son climat, et tous les étés les médecins y envoient les personnes affaiblies ou délicates de la poitrine pour respirer son air pur et vivifiant. C'est que, par suite de sa situation particulièrement favorable, cette vallée possède un climat essentiellement sédatif par rapport à la rudesse générale du climat d'Auvergne. C'est qu'aussi les brouillards de la plaine atteignent très rarement Durtol, comme on peut le constater journellement de la terrasse du parc.

Cette région d'Auvergne présente tous les avantages désirables pour l'installation d'un Sanatorium. Durtol est au centre de la France, à 8 heures de Paris, au milieu de toutes les grandes stations thermales d'Auvergne et tout particulièrement à dix minutes de chemin de fer de Royat, à 3 kilomètres d'une grande ville comme Clermont-Ferrand qui offre toutes les ressources désirables.

Avec tous les agrandissements actuels, le Sanatorium comprend 35 *chambres* de malades. Pour la cure d'air, il y a deux *vérandas d'hiver*, et pour les mois d'été une vaste *galerie* totalement abritée du soleil sur la lisière du bois. Une *chapelle catholique* est comprise dans l'Établissement. Enfin, une belle *vacherie* assure la fourniture du lait.

Les *expectorations* des malades sont recueillies dans les crachoirs de chambre et de véranda, et dans les crachoirs de poche du modèle Dettweiler. Tous les jours, la destruction en est opérée par l'ébullition avec la lessive de soude.

Après nous avoir fait visiter son Établissement, de la cave au grenier, nous avoir montré toutes ses dépendances, le Dr Sabourin a bien voulu, dans une aimable causerie, nous exposer quel est son *traitement de la tuberculose* et quelle est la *pratique de son Sanatorium* :

« Le Sanatorium de Durtol est une maison essentiellement médicale où la *direction* appartient au médecin. Tout y est installé et dirigé pour que la cure des maladies de poitrine s'y fasse d'après les principes de l'hygiène rationnelle, universellement préconisée aujourd'hui pour ces sortes d'affections, et pour que les malades y soient soumis à une surveillance constante de la part du médecin.

« Il faut poser en principe que *toute médication dirigée contre la phtisie est exclue du traitement*. L'Huile de Morue chez quelques malades qui la supportent bien, l'arsenic plus rarement encore, sont les seuls produits pharmaceutiques qui rappellent la thérapeutique antituberculeuse.

Fig. 14. — Sanatorium de Durtol.

« Le *traitement hygiénique* repose sur les facteurs habituels : *aération permanente, repos, alimentation solide.*

« A quelques variantes près, suivant les indications, voici l'*emploi de la journée* d'un malade *ambulant,* c'est-à-dire dont la *température buccale* n'atteint pas 37° le matin, ou au moins ne dépasse pas ce chiffre, et capable de marcher, d'aller à table, etc.

« *Lever* à 7 heures ou 7 heures et demie suivant la saison. La plupart des malades apyrétiques le matin prennent *eux-mêmes* le *tub* froid au saut du lit, avec l'eau qui a passé la nuit dans la chambre. Le tub n'est cessé, pas toujours même, que par les températures voisines de zéro.

« Le *petit déjeuner* a lieu en commun à la salle à manger. Ensuite *promenade* de durée variable, soit dans le parc, soit au dehors sur les routes voisines. Les malades les plus robustes, peu fébriles le soir, peuvent être autorisés à faire une heure ou une heure et demie de marche, sous contrôle du thermomètre le soir. Pendant la promenade ils ne doivent point s'asseoir dehors quelque temps qu'il fasse et surtout par le soleil, car plus il fait beau et chaud plus la promenade peut être dangereuse.

« De retour à la *véranda,* le malade pour se mettre à la chaise longue se couvre de sa pèlerine au moins quelque temps. Ce repos à la véranda dure jusqu'au grand déjeuner. Au premier coup de cloche la plupart des malades vont encore faire un tour de parc.

« *Grand déjeuner* à 11 heures et demie. Il a lieu en commun, en table d'hôte, dans les salles à manger à fenêtres constamment ouvertes, plus ou moins suivant le temps, les malades étant séparés des ouvertures par des paravents de 2 mètres de hauteur. Très rarement on fait du feu dans les salles à manger. Les malades, couverts de leur pèlerine, une brique chaude aux pieds, s'habituent à prendre leurs repas dans des salles où la température est souvent voisine de zéro.

« Le déjeuner se compose des plats habituels des grandes tables d'hôte, mets de confection simple, mets bourgeois, plats de famille, formant une nourriture telle que les malades peuvent en user pendant de longs mois sans satiété ni dégoût, comme cela a lieu trop souvent pour les aliments trop travaillés des tables d'hôtel. Au Sanatorium on mange beaucoup parce que la nourriture est bonne, et parce que l'entraînement existe là. Cette émulation, cette contagion véritable sont les principaux facteurs de la suralimentation ou plus justement de la forte alimentation.

« Il est recommandé aux malades de boire le moins possible. Les vins blanc et rouge sont à discrétion sur la table, mais un grand nombre boivent tout simplement de l'eau qui est remarquablement belle à Durtol.

« Ce n'est que par goût spécial que la bière ou le lait paraissent comme boisson de table.

« Au début de leur cure, quelques malades à estomac paresseux prennent à la fin du repas une infusion chaude de tilleul, de thé ou d'écorces d'oranges amères (confiture de Dundee). Le café est permis à un petit nombre, mais les liqueurs sont à peu près proscrites.

« Sortant d'une salle à température peu différente de celle du dehors, les malades n'éprouvent aucun malaise en allant au grand air. Quelques-uns vont directement à la chaise-longue, l'expérience leur ayant appris que la position couchée favorisait leur digestion ; le plus grand nombre vont se promener dans le parc pendant un quart d'heure, une demi-heure au plus.

« Retour à la chaise-longue. C'est le moment de la sieste. Jusqu'à 3 heures et demie le silence est de rigueur à la véranda,

« A ce moment on sert les *goûters*. Ils sont facultatifs et assez rarement ordonnés par le médecin. A 4 heures, les malades vont à la promenade durant une demi-heure en moyenne, suivant les indications médicales. Retour à la véranda jusqu'au *dîner*, 6 heures et demie.

« Il est servi dans les mêmes conditions que le repas de midi. En sortant de table les malades circulent plus ou moins dans la partie éclairée du parc, et, cette promenade effectuée, reviennent à la cure jusqu'à 9 heures et demie ou 10 heures, moment où l'on ferme les vérandas.

« En entrant dans leur *chambre à coucher* qui est restée ouverte tout le jour, ils trouvent leur fenêtre fixée au degré d'ouverture prescrit par le médecin, le paravent en place au pied du lit, et une boule chaude sous leurs couvertures en hiver. Ils disposent eux-mêmes avant de se coucher tout ce qu'il faut pour prendre leur tub le lendemain matin.

« Cette existence réglée, instant par instant, amène promptement un calme remarquable dans l'esprit des tuberculeux et leur maintient un moral excellent. Le malade qui s'ennuie au Sanatorium est une rareté. Il est remarquable que les tuberculeux ainsi enrégimentés, confiants dans l'autorité médicale qui les dirige, n'ont besoin d'aucune des *distractions* habituelles aux jeunes gens. On dort souvent à la chaise-longue : on y est souvent aussi purement contemplatif. La lecture est permise, mais on n'en abuse guère. La correspondance doit se faire surtout le matin, le plus loin possible de l'heure de la fièvre. Le dessin, la photographie, une série de petites occupations, les petits ouvrages pour les dames, les jeux non bruyants, constituent les grandes distractions. Mais les cartes sont formellement interdites. Quelques malades sont autorisés à faire de la musique, à jouer au billard, tous divertissements réglés par ordonnance médicale.

« Comme *vêtements* spéciaux les malades ont la pèlerine en drap à capuchon presque toujours suffisante en hiver. Pendant la mauvaise saison ils portent les sabots dits galoches et les chaussons fourrés de Strasbourg à semelle de cuir.

« Ils ne doivent jamais se promener au soleil, même en hiver, sans se garantir, avec l'ombrelle, la tête et les épaules. Autant que possible ils restent *tête nue* par tous les temps, et les foulards et cache-nez sont formellement interdits.

« Le Sanatorium n'est jamais chauffé en totalité. Assez rarement quelques malades font du feu dans leur chambre au lever. Cette *uniformité de température* dans tout l'établissement, qu'il fasse chaud ou froid, cette absence de transition en sortant ou en passant d'une pièce dans une autre font que les malades s'habituent au froid sans en souffrir. C'est un des bons éléments de l'endurcissement organique, et c'est aussi le moyen par excellence pour éviter les refroidissements, les rhumes et les accidents congestifs.

« Pour la nuit, en hiver, les malades revêtent la *chemise de flanelle*, et, s'il fait vraiment froid, ils endossent par-dessus un tricot ou une vareuse quelconque. Les dames ont, dans ce but, des *matinées* plus ou moins chaudes. Nous recommandons tout spécialement pour tout le monde le vêtement ample et léger dit *vareuse tennis*.

« Dans ces conditions, les malades s'endurcissent à l'air à ce point que la plupart ne ferment même pas leur fenêtre le matin pendant qu'ils s'habillent.

« Cette hygiène des tuberculeux au Sanatorium est complétée par la *discipline de la toux*, les malades apprenant à tousser juste ce qui est nécessaire pour expectorer, et par les *exercices respiratoires* que pratiquent les personnes à poitrine trop peu développée ».

CHATEL-GUYON

Résumé de la Conférence de M. le Professeur Landouzy.

« Hier, à Royat, je vous vantais la puissance de la cure qui s'y fait à destination des arthritiques déprimés (que ces arthritiques fussent affectés de pathies articulaires ou viscérales), aujourd'hui nous avons à étudier la spécialisation de Châtel-Guyon au traitement de toute la légion de malades qui souffrent d'impotence fonctionnelle du tube digestif; de cette nombreuse catégorie de gens mis à mal par atonie, par paresse constitutionnelle gastro-intestinale.

« Comme depuis que nous avons quitté le Mont-Dore, nous continuons à descendre (laissant hier Royat à 450 mètres), nous devons ici, à 380 mètres, trouver Châtel-Guyon bénéficiant des avantages que donnent les climats doux.

« La richesse thermale est considérable puisque les 26 sources de la Station débitent 2 000 000 de litres par jour. L'eau est limpide, inodore, incolore, de saveur acidulée, salée, laissant un arrière-goût styptique; laissant déposer de l'oxyde rouge de fer et du carbonate de chaux; la température est de 24 à 38°, suivant les sources: celles-ci sont agitées de bouillonnements plus ou moins intenses, plus ou moins intermittents, on dirait de l'eau en ébullition : c'est le gaz acide carbonique qui, échappé des profondeurs du sol, fait les remous de la masse liquide qu'il traverse.

« La *minéralisation* est importante tant par sa quantité, allant de 6 grammes jusqu'à 8 grammes (source Gübler), que par sa qualité : la caractéristique de l'eau de Châtel-Guyon est sa richesse en chlorure de sodium 1^{gr} 64, et surtout sa richesse en *chlorure de magnésium* 1^{gr},56, auquel s'ajoutent des bicarbonates divers (calcium, sodium, potassium, lithium, fer) à la dose de 3^{gr},50, et du gaz acide carbonique libre en grande abondance. Aussi a-t-on défini chimiquement les eaux de Châtel-Guyon : *eaux chlorurées sodiques, magnésiennes, bicarbonatées mixtes, très ferrugineuses, lithinées, chaudes et gazeuses*, avec cette particularité à retenir que ce sont des *eaux magnésiennes*.

« La teneur en chlorure de sodium a une importance extrême, c'est elle qui faisait dire à Gubler qu'à Châtel-Guyon coulait une véritable *lymphe minérale*.

« Ici on *boit* et on *baigne*. On boit aux sources : *Yvonne, Gubler, Marguerite, Deval*; on boit surtout, c'est la partie essentielle de la cure, tout comme à Saint-Nectaire. A petite dose, l'eau de Châtel-Guyon est eupeptique, apéritive, diurétique, légèrement laxative ; à forte dose, elle devient franchement laxative et même purgative ; elle n'a pas les inconvénients de l'eau de Carlsbad, parce qu'elle est en même temps tonique et reconstituante ; loin de débiliter, cette eau laxative reste, avant tout, stimulante et remontante. A la dose de trois petits verres, elle ne procure que des effets toniques du tube digestif. La cure-boisson de Châtel-Guyon gagne chaque jour d'importance, en ce sens que le traitement, pris à la source, peut être continué ou repris par le malade rentré chez lui. L'embouteillage fait en parfaites conditions (sans que des dépôts de fer se produisent dans les bouteilles) permet l'exportation de l'eau en tous pays, ce qui est d'un grand avantage aussi bien pour les malades que pour la Station, qui voit, de cette manière, augmenter singulièrement le champ de son action.

« Les *bains* sont presque toujours donnés *à eau courante* ; l'eau arrive aux baignoires directement des sources, sans avoir séjourné dans aucun réservoir, sans avoir été ni refroidie ni réchauffée ; usagée à sa température native 28 à 35°, elle est vraiment à l'état de « corps vivant », elle constitue vraiment une médication animée, c'est afin qu'elle ne perde rien de sa teneur en acide carbonique, qu'elle contient en si grande abondance, qu'on la fait arriver par le fond des baignoires. Ce sont là des conditions rarement réalisables, qui contribuent à laisser à l'eau de Châtel-Guyon toutes ses qualités et propriétés natives ; les manipulations de chauffage ou d'emmagasinage dans des réservoirs, que l'on est forcé d'employer dans beaucoup de Stations doivent forcément modifier la composition et l'action d'une mixture médicamenteuse fabriquée dans les entrailles de la terre, suivant des formules et des combinaisons chimiques toutes prêtes à se modifier suivant le temps et la distance qui séparent l'eau du bain de son point d'émergence. Les sensations éprouvées par le baigneur sont les mêmes que dans les bains à eau courante de Royat : d'abord sensation de fraîcheur, puis, sous l'influence du contact de l'acide carbonique qui adhère, sous forme de bulles fines à toutes les aspérités de la peau, picotement, chaleur et rougeur de la peau, comme si tout le corps avait été saupoudré de farine de moutarde ; on est entré blanc dans ce bain, on en sort rouge ; c'est le contraire de La Bourboule, où les dermopathiques, vous vous le rappelez, entrent rouges et sortent blanchis. Cette excitation de toute l'enveloppe cutanée retentit directement sur le système nerveux central ; partie de la périphérie, elle provoque une série de manières d'ondes réactionnelles, stimulantes, qui atteignent les cellules de toutes les parties du corps, et, en fin de compte, aboutissent à une stimulation générale de toutes les fonctions et de tous les viscères. Cette action totale sur la nutrition se traduit : par l'augmentation de la sécrétion rénale, par une augmentation des échanges azotés, par une augmentation des oxydations, de l'assimilation des chlorures, de la chaux et de la magnésie ; — par l'élimination rapide de l'acide urique et la diminution de sa production, — toutes conditions qui justifient les qualités des eaux de Châtel-Guyon, quand on les dit *dépuratives, reconstituantes, toniques, modificatrices, régénératrices*.

« Les malades qui forment la majeure partie de la clientèle de cette Station sont tous ceux qui, d'une façon générale, sont des *dyspeptiques, gastriques* ou *gastro-intestinaux*, et qui, au point de vue de la qualité de leur tempérament et de leurs troubles fonctionnels rentrent dans la catégorie des malades qu'on est convenu d'appeler des *atones*, des *torpides*. Les gastropathiques justiciables de Châtel-Guyon sont surtout les malades affectés d'hypo ou d'anachlorhydrie ; les gastralgiques arthritiques ; les faux dyspeptiques, c'est-à-dire les gastropathiques secondaires, les dyspeptiques qui souffrent de l'estomac par insuffisance ou pléthore hépatique. Toute une autre catégorie de dyspeptiques est justiciable de la médication de Châtel-Guyon, ce sont les dyspeptiques de la seconde digestion, ce sont les atones, ce sont les malades qui manquent de sécrétions intestinales, aussi bien que de tonicité musculaire intestinale. Nombreux sont les entéropathes justiciables de la médication de Châtel-Guyon : parmi eux, nombreux sont les *constipés* habituels : qu'il s'agisse de malades chez lesquels la *constipation* est *fonction* de neuro-arthritisme ; que leur constipation soit restée à l'état de trouble fonctionnel local ou qu'elle soit en rapport avec un état inflammatoire chronique de l'intestin. L'*entérite muco-membraneuse* n'est, en effet, nulle part améliorée davantage que par la cure de Châtel-Guyon ; cette affection si tenace, si rebelle à la thérapeutique ordinaire, trouve ici un soulagement, dès la première saison, tant au point de vue de l'inertie intestinale que des troubles de sécrétion ; les selles se régularisent, les produits membraneux diminuent et on peut espérer la guérison au bout de plusieurs cures successives

« L'action élective de la cure de Châtel-Guyon sur les fonctions digestives n'est pas limitée à l'intestin, mais c'est sur cet organe qu'elle atteint son maximum d'intensité, surtout quand on met en œuvre les grands lavages intestinaux, faits à faible pression avec l'eau minérale. Il y a, dans ces grands lavages, une véritable spécialisation de la cure de Châtel-Guyon, elle procure une excitation bienfaisante glandulaire et musculaire.

« C'est en tant qu'exerçant une *stimulation sur la couche musculaire*, aussi bien que sur les *glandes de tout le tube digestif et de ses annexes*, qu'on explique les heureux effets que la cure de Châtel-Guyon donne dans les *dyspepsies des hépatiques*, *des alcooliques*, *des gros mangeurs*. *Les albuminuries des dyspeptiques*, *les foies congestionnés du diabète et de l'obèse*, les *auto-intoxications des dilatés*, des *pléthoriques abdominaux*, trouvent ici, par le chlorure de magnésium la cure dépurative, par le chlorure de sodium la cure reconstituante qui leur convient.

« En résumé, doivent venir ici, et combien nombreux, les malades à mauvaise circulation porte, tous ceux qui souffrent toute une iliade de maux organiques et fonctionnels, du chef même de mauvaises circulations intestinales (circulation porte, circulation des fèces, circulation glandulaire, si on peut ainsi dire) justifiant le vieil adage : *vena portarum, porta malorum.*

« En résumé, doivent venir à Châtel-Guyon les atones, les fatigués du tube digestif, tous les asthéniques abdominaux qui sont en proie à la *pléthore abdominale*, à la *constipation*. Ils trouveront ici la régulation fonctionnelle abdominale plus durable qu'à la suite des purgatifs salins, en même temps que le relèvement des forces et la réfection de leur nutrition générale.

« Nous sommes ici dans une Station que d'aucuns ont eu l'idée, au moins singulière, d'appeler le Kissingen français ; je dis au moins singulière, parce que je ne sache pas que nos voisins étiquettent leurs Stations thermales de noms français ;

Fig. 15. — Dans le Parc de Châtel-Guyon, Cliché du Dr Béclère.

je dis au moins singulière, parce que cela pourrait laisser supposer que Châtel-Guyon cherche à égaler comme richesses minérales et comme applications thérapeutiques la fameuse station bavaroise. Or, si les eaux de Kissingen ont grande analogie de composition, si Kissingen revendique certaines mêmes catégories de malades, elle pourrait envier beaucoup à Châtel-Guyon, qui a une grande supériorité sur sa rivale de Bavière, dont les eaux sont froides et ne permettent pas la balnéothérapie, à eau courante, pourvue de toutes ses qualités *natives* dont les effets sont ici aussi remarquables que particuliers ».

*
* *

L'impression que nous avons emportée de notre promenade dans Châtel-Guyon est celle d'une Station en plein accroissement; ses deux Établissements situés aux deux extrémités d'un beau parc, ses eaux qui émergent, en plusieurs points de ce parc, bouillonnantes et courant à flots, ses bains à eau courante, ses irrigations intestinales spéciales, etc., ont particulièrement attiré notre attention. A leur sortie du sol, les eaux présentent un *bouillonnement* intense, comme si elles étaient en ébullition; c'est dû à l'acide carbonique qu'elles contiennent à la dose de près de 2 grammes par litre. — Les *bains à eau courante* sont la spécialité remarquable de Châtel-Guyon : l'eau arrive directement du griffon, pénètre dans la baignoire (500 litres) par le fond et en ressort par un orifice situé à sa partie supérieure; elle est courante pendant toute la durée du bain. Ce dispositif, aussi rare que simple, n'est possible que grâce à la quantité considérable de l'eau et à sa température suffisante pour n'avoir pas besoin d'être modifiée. — Une salle est spécialement aménagée pour les *irrigations intestinales* qui sont données suivant un système qui permet au malade d'être dans la position horizontale, couché sur un canapé recouvert de toile cirée, mode d'application plus doux et plus rationnel que les douches ascendantes, système du pal, les plus usuelles : le malade est placé de façon à avoir le buste dans un plan incliné : l'eau pénètre ainsi dans tout l'intestin à une faible pression, à la dose de 1 500 à 2 000 grammes.

L'eau de Châtel-Guyon *transportée* prend, chaque année, une plus grande importance, depuis que la cure à domicile entre davantage dans la pratique courante. Aussi avons-nous regardé avec grande curiosité la façon dont est fait l'embouteillage : la source Gübler est spécialement affectée à cet usage et sa mise en bouteille se fait dans d'excellentes conditions de garantie de pureté et de conservation de la minéralisation : captage effectué sur le rocher même où elle émerge, mise en bouteille faite à son griffon même, en évitant tout contact de l'eau avec l'air extérieur, eau conduite directement au fond de la bouteille, bouchage spécial permettant d'éviter la présence de bulles d'air à la surface du liquide. Ainsi embouteillée, l'eau de Châtel-Guyon conserve ses propriétés longtemps et nous pouvons en user en toute confiance ; pour ma part, j'en fais la base d'un traitement méthodique de la constipation des enfants et j'en ai souvent constaté les bons effets.

VICHY

Nous nous sommes adressés à la Société des Sciences médicales de Vichy par l'intermédiaire de son Président, notre confrère Frantz Glénard, pour la prier de nous guider dans notre Voyage d'Études à Vichy et de désigner un de ses membres qui voulût bien nous exposer le traitement de Vichy, ses moyens d'action, son mode d'administration, ses indications.

A notre arrivée à Vichy, nous trouvions à notre rencontre le bureau de la Société médicale, auquel s'étaient joints des membres de cette Société. Dans le salon de réception de la gare, son Président nous souhaite la bienvenue en une courte et cordiale allocution.

En arrivant à l'hôtel des Ambassadeurs, chacun de nous reçoit, en outre d'une élégante brochure préparée à notre intention et contenant tous les renseignements techniques sur les Sources et les Établissements de bains, une invitation de la Compagnie fermière de Vichy à assister à deux soirées de spectacle et, après le spectacle de la première soirée, à prendre part à un lunch servi dans le Salon des Fêtes. A ce lunch, au cours duquel le représentant de la Compagnie nous porta un toast des plus aimables, suivi d'une allocution de M. Landouzy, notre confrère Durand-Fardel nous remit, à chacun, le programme de la journée du lendemain, tel qu'il avait été élaboré et arrêté par la Société des Sciences médicales.

Un itinéraire avait été fixé, comprenant sept stations qui devaient être visitées l'une après l'autre dans la matinée :

1° Sources de la Grande-Grille, Chomel et Mesdames, qui se trouvent, toutes les trois, dans une même galerie de l'Établissement thermal.

Établissements de première et deuxième classes ;

2° Pavillon de l'Embouteillage des Sources Grande-Grille et

Hôpital qui y sont amenées à l'aide d'une canalisation en conduites de fonte ;

3° Bâtiments de la Pastillerie, où se trouve l'usine d'extraction des sels de l'eau de Vichy, la fabrication, à l'aide de ces sels, des pastilles et sucres d'orge de Vichy, et leur magasin de vente ;

4° Source Lucas ;

5° Source de l'Hôpital et Établissement de bains annexé à cette Source ;

6° { Source Larbaud, avec son établissement de bains, et Source des Célestins ;
Source Lardy et son Établissement de bains ;

7° Source Dubois.

Pour éviter l'encombrement à l'un ou l'autre de ces arrêts, la Société médicale de Vichy avait partagé, sur la liste des noms et par ordre d'inscription, les voyageurs en sept groupes de 15 visiteurs : trois médecins de Vichy étaient affectés à chacun des groupes pour le diriger et donner toutes explications.

Tout se passa dans un ordre parfait, avec la plus fructueuse régularité, chacun de nous ayant été prévenu la veille au soir du groupe auquel il appartenait et s'étant rallié au début de la promenade dans le vestibule de l'hôtel, aux trois médecins de Vichy qui lui avaient été désignés comme cicerones de son groupe.

Cette longue visite, si bien ordonnée, a été pour nous une excellente Leçon de choses, il suffit d'en énumérer les étapes pour que chacun de nous se rappelle et l'objet et les explications « vécues » que nos aimables confrères ont bien voulu nous donner.

* * *

Nous avons tous vivement apprécié la perfection de l'outillage pour l'*Embouteillage* et pour l'*Extraction des sels* des Eaux de Vichy. Nous avions sous les yeux la démonstration de la pureté des produits exportés de Vichy. Le « Guide » élégant que la Compagnie Fermière avait eu la gracieuseté de faire imprimer à notre intention, résumait fort bien ce qu'il nous en fallait connaître, et je lui emprunte sa description.

On ne saurait trop montrer quels soins minutieux sont pris pour assurer la pureté et la conservation de ces produits ; on ne saurait assez insister sur la confiance que nous pouvons avoir dans l'emploi de l'eau de Vichy transportée. Cette eau exportée dans le monde entier — 13 millions de bouteilles chaque année — a une clientèle qui doit toujours s'accroître.

Établissements consacrés aux services des Eaux transportées.

Le principal objectif a été de recueillir dans l'état le plus aseptique et à l'abri de toutes modifications chimiques les Eaux à transporter.

Les procédés de captage des sources, le puisage direct au griffon, mettent les Eaux des sources de l'État dans des conditions éminemment favorables.

Les soins extérieurs rigoureusement scientifiques donnés aux récipients assurent aux eaux dont on les remplit la conservation de tous leurs avantages naturels.

La préparation des bouteilles vides comprend trois opérations : le *trempage*, le *lavage* et le *rinçage*.

TREMPAGE

Cette première opération se fait à la gare d'emballage, à proximité des magasins qui contiennent les bouteilles vides. Les roues à tremper sont de grands cylindres horizontaux, portant sur toute la surface extérieure des armatures creuses dans lesquelles on enfonce les goulots des bouteilles, perpendiculairement aux génératrices. Ces cylindres plongent dans des cuves remplies d'eau acidulée et la vitesse est réglée de telle sorte que les bouteilles restent immergées pendant vingt minutes et soumises à l'égouttage pendant dix autres minutes.

LAVAGE

A la sortie des roues, les bouteilles sont portées directement aux machines à laver (système Portevin), qui sont installées dans le même atelier. Dans ces appareils, les bouteilles reçoivent intérieurement des jets hélicoïdaux très fins, sous l'énorme pression de 65 atmosphères, qui, par un système de mouvements combinés de rotation et de translation, balayent tous les points de la paroi intérieure des bouteilles. Pour ce lavage sous pression, il n'est pas fait emploi de l'eau de l'Allier, mais bien d'une eau de source, d'une pureté absolue, qu'une canalisation spéciale de plusieurs centaines de mètres envoie directement dans les pompes de compression.

RINÇAGE

Après le lavage, les bouteilles sont mises dans des caisses, les goulots renversés, puis transportées aux différentes sources sur des camions recouverts de bâches, où elles doivent, préalablement au remplissage, être soumises à un dernier rinçage spécial à l'eau stérilisée.

Cette eau stérilisée est produite dans des appareils Rouart, Geneste et Herscher, où de l'eau ordinaire est portée d'abord à 120°, puis refroidie à une température voisine de celle de l'eau minérale de la Source.

Cette eau stérilisée sort des appareils à une pression de deux kilogrammes par centimètre carré et elle est conduite à des jets sur lesquels toutes les bouteilles sont présentées, immédiatement avant d'être remplies d'eau minérale.

REMPLISSAGE

Le remplissage se fait sur un branchement venant directement du griffon de la Source, sans aucun intermédiaire de réservoirs d'aucune sorte.

BOUCHAGE

Les bouteilles sont, aussitôt après le remplissage, bouchées par des bouchons de liège qui, après un triage minutieux, ont séjourné plusieurs heures dans la vapeur d'échappement de la machine à stériliser.

Établissement de l'extraction des sels des Eaux de Vichy-État.

PASTILLERIE

Pour extraire les sels minéraux des Eaux de Vichy, une usine pourvue d'appareils mécaniques très perfectionnés et d'invention récente a été construite. Ils permettent d'obtenir un

FIG. 16. — Parc-Casino. Cliché du Dr Hörmann.

sel complexe représentant tous les éléments, — l'*Extrait sec* — des Eaux minérales.

Dans ce but, l'eau des Sources de l'État est amenée par une pompe puisant directement aux différents griffons, dans une bâche d'alimentation d'un appareil concentrateur à sextuple effet.

Lorsque les eaux de Vichy sont ainsi concentrées à 10° Baumé, elles sont reprises et traitées dans un autre appareil, où elles sont évaporées dans le vide jusqu'à 28 ou 30° Baumé.

A ce moment la concentration est telle que le sel se cristallise immédiatement.

Ce sel est bien la représentation exacte de tous les sels contenus dans l'eau de Vichy, à laquelle rien n'a été ajouté ni retranché.

Seulement, ces sels, à la sortie de leur appareil, sont réduits à l'état de sous-carbonates, tandis que, dans les eaux de Vichy, ils y sont à l'état de bicarbonates ; ils ont perdu un équivalent d'acide carbonique qui leur est restitué en les soumettant, pendant huit jours, au contact de cet acide, pris à la surface des sources au moyen des ventilateurs.

*
* *

Une fois l'itinéraire suivi et la promenade terminée, rendez-vous à 11 heures dans le Salon des Fêtes du Casino pour la *Conférence* de M. le Dr *Glénard* :

Messieurs et chers Confrères,

« La Société des Sciences médicales de Vichy, répondant au désir qui lui a été exprimé par le Comité d'organisation du Voyage d'études aux Stations thermales, d'entendre un médecin de Vichy faire l'exposé des ressources et des indications de la cure de Vichy, a désigné son Président pour remplir cette tâche. C'est ainsi que m'est échu le périlleux honneur de parler, devant un aussi imposant auditoire, de la célèbre médication de Vichy.

« Médication célèbre, en effet, celle qui fait affluer chaque année dans une petite bourgade du centre de la France soixante à quatre-vingt mille malades envoyés par leur médecin de toutes les parties du monde, parce que leur maladie est rebelle à toute autre thérapeutique ; à laquelle, chaque année, un millier de médecins viennent demander pour eux-mêmes l'amélioration de leur santé ; médication à laquelle reviennent toujours, tant qu'ils ne sont pas guéris, ceux qui en ont éprouvé les effets ; médication qui a résisté aux fluctuations des doctrines médicales et aux caprices de la mode, à laquelle ne réussissent pas toujours à échapper les méthodes thérapeutiques elles-mêmes. C'est que ce n'est pas la théorie, mais bien la pratique qui a fondé la réputation de Vichy. C'est la clinique, non la thérapeutique expérimentale qui en a édifié les solides bases. Or, comme l'a dit votre Directeur scientifique, M. Landouzy, « la thérapeutique expérimentale rend des services, et la clinique des arrêts ». L'efficacité de la cure de Vichy dans les maladies contre lesquelles elle est indiquée est un enseignement dont on doit tenir compte lorsqu'on veut dresser la pathogénie de ces maladies et déterminer leurs relations réciproques.

« Si l'affluence des malades à Vichy tient avant tout à la fréquence des maladies justiciables du traitement qui y est suivi, l'efficacité de ce traitement dépend des trois facteurs suivants :

« Valeur thérapeutique du médicament ;

« Méthode d'administration ;

« Connaissance exacte des indications.

« C'est là ce qu'il appartient au médecin de Vichy de vous faire connaître ; à vous de contrôler ses assertions et de faire bénéficier vos malades du traitement qui peut leur être utile.

I

« La cure de Vichy est essentiellement une cure de boisson. Nombreuses sont les sources du bassin de Vichy : les unes émergent dans la ville même de Vichy, ce sont les seules utilisées pour la cure de Vichy, les autres sont situées à une distance plus ou moins grande de la station thermale, telles, sur la rive droite de l'Allier, les sources de *Cusset*, à 3 kilomètres, celles de *Saint-Yorre*, à 10 kilomètres, qui sont des sources froides ; celles, sur la rive gauche : la source d'*Hauterive*, source froide, à 10 kilomètres, et, à 3 kilomètres de Vichy, les sources chaudes de *Gannat* (32°) et du *Dôme* (62°). Le plan que vous avez sous les yeux vous montre la distribution topographique des sources dans le bassin de Vichy.

« Les sources utilisées, à Vichy même, dans le traitement des maladies, par leur usage en boisson, sont au nombre de huit, et peuvent être classées, suivant leur température, en deux groupes :

A. Sources thermales ou chaudes :

Source	*Chomel.*	43°,5
—	*Grande-Grille.*	41°,8
—	*Hôpital..*	30°,8
—	*Lucas.*	29°,2

B. Sources athermales ou froides :

Source	*Parc.*	22°,6
—	*Lardy.*	20°
—	*Mesdames..*	16°,8
—	*Célestins.*	14°,3

« Leur minéralisation fondamentale est presque identique. Elle est, en chiffres ronds — en outre de l'acide carbonique libre — de 7 grammes de sels minéraux par litre, sur lesquels les *bicarbonates* (soude, potasse, chaux, magnésie, lithine) se trouvent dans la proportion de 6 grammes, le *bicarbonate de soude* (sel de Vichy), à lui seul, étant représenté par le chiffre de 5 grammes. Toutes contiennent, en outre, environ 0gr,30 de *sulfate de soude*, 0gr,50 de *chlorure de sodium* et 2 milligrammes d'*arséniate de soude* par litre ; les eaux de Vichy sont donc essentiellement des *eaux alcalines, bicarbonatées sodiques*.

« Je ne puis m'empêcher de vous faire remarquer que cette proportion de substances minérales dans l'eau de Vichy est la même que celle, calquée d'ailleurs sur la proportion des substances minérales du sang, qui a été adoptée pour la composition des sérums artificiels. De là, à utiliser l'eau de Vichy, qui est d'ailleurs une eau aseptique, comme sérum artificiel, il n'y aurait qu'une étape à franchir. Cette application serait d'autant plus rationnelle que la doctrine de la sérothérapie évolue actuellement vers une interprétation attribuant aux sérums une action dynamique d'incitation, mettant en énergie l'activité potentielle des leucocytes. Or, cette action dynamique, que l'on soupçonne depuis si longtemps, que l'on est obligé d'admettre, que l'on finira bien par trouver dans les eaux minérales, et à laquelle doit être attribuée la supériorité des eaux minérales, sur les eaux artificiellement minéralisées, et des eaux minérales bues à la source sur les mêmes eaux transportées, cette action dynamique ne manquerait pas de s'exercer bien plus efficacement encore en injection sous-cutanée qu'en ingestion dans l'estomac. C'est là une application nouvelle que je vous soumets pour certains cas et à laquelle je serais heureux, comme médecin de Vichy, d'être encouragé par mes confrères (1).

« **Action physiologique.** — En dépit de leur caractère fondamental commun de minéralisation, il existe non seulement entre les deux groupes des sources chaudes et des sources froides, mais encore, entre les sources d'un même groupe, une différence très tranchée d'action physiologique sur l'organisme.

« Ce sont les sources chaudes de Vichy qui sont surtout appli-

(1) Le vœu que je formule ici se réalisa deux jours après ma conférence, grâce à un médecin venu à Vichy pour y suivre une cure sous ma direction et qui, ayant entendu parler de cette application nouvelle de l'eau de Vichy, me proposa spontanément de s'y soumettre. Agé d'une trentaine d'années, il était atteint d'une affection que nous désignâmes, suivant ma classification, sous le nom de neurasthénie hépatique paludéenne et, depuis un an, chaque jour, il s'injectait sous la peau 10 centigrammes de morphine et prenait, en outre, chloral ou bromidia. Il présentait les symptômes d'anorexie, insomnie, faiblesse, tremblement, céphalée, selles irrégulières, amaigrissement de 11 kilogrammes ; foie souple, ptosé, sensible à la pression. Il se soumit au traitement de boisson de Grande Grille (600 grammes par jour), ingestion d'une dose de 7 grammes de sulfate de soude tous les matins, régime, douches froides et, chaque jour, deux injections sous-cutanées, matin et soir, d'eau de Grande-Grille. Il prit d'abord 1 gramme par injection, puis, au bout de 2 jours, 3 grammes, le troisième jour 5 grammes, le quatrième 10 grammes, matin et soir ; les jours suivants, il s'injecta 40, puis 60, puis enfin, du 16e au 20e jour, 90 grammes par jour.

Il n'y eut jamais aucune réaction locale ; par contre, les premiers jours, il éprouva à diverses reprises, 10 minutes après l'injection, une sensation d'excitation suivie, après 15 minutes, de 1 à 2 heures de dépression. A partir du 8e jour, notre confrère vit se réveiller l'appétit et les forces, il avait pu réduire la morphine à 3 centigrammes. Les 12e et 13e jours, des douleurs gastriques (crise thermale) nous firent interrompre l'ingestion d'eau, mais non les injections sous-cutanées ; à partir du 14e jour, amélioration générale qui persista jusqu'à la fin ; mais le poids du corps avait diminué de 2 kilogrammes.

Je revis notre confrère un mois après, à Paris. Il allait bien, le poids du corps avait augmenté de 3 kilogrammes, il n'y eut plus de symptômes de dépression, les injections de morphine avaient pu être cessées et une cuillerée à café de sirop de morphine tous les trois jours suffisait à les remplacer.

Notre confrère croit pouvoir attribuer l'absence de la réaction dépressive post-thermale (celle-ci n'est pas constante d'ailleurs) en grande partie aux injections sous-cutanées de Grande-Grille, et le résultat lui en a paru tellement favorable qu'il se propose d'y recourir chez lui, dès son retour. Un tel cas, encore unique, prouve tout au moins déjà l'innocuité, tant générale que locale, des injections sous-cutanées d'eau de Vichy Grande-Grille portées à la dose de 90 grammes par jour.

quées en thérapeutique. C'est en leur usage que consiste la vraie « cure de Vichy », avec la spécificité d'action qu'elle possède. Les sources froides répondent à des indications importantes, mais secondaires, et, dans bien des cas où leur action est efficace, le même résultat eût pu être obtenu par les eaux alcalines d'une autre station.

« Nous ne pouvons faire que des hypothèses sur les causes de la différence d'action physiologique des sources. Faut-il admettre, en outre de degrés possibles d'activité d'un dynamisme que nous soupçonnons sans le connaître, un mode d'action variant avec des propriétés physiques et organoleptiques un peu différentes, avec des nuances quoique à peine marquées dans la constitution chimique des eaux de Vichy. Vous avez noté, en les goûtant à la vasque, en outre de la différence de température, la différence de sensation, qui fait trouver, à la Grande-Grille un goût salé, une saveur aigrelette à l'Hôpital, à la source du Parc un goût sulfhydrique, aux sources de Mesdames et Lardy une saveur styptique, un goût franchement acidulé à la source des Célestins.

« Quoi qu'il en soit, voici ce qu'enseigne la clinique :

« A) Les *sources chaudes* de Vichy, en particulier la *Grande-Grille* et l'*Hôpital*, qui sont les plus employées, puis *Chomel*, dont l'usage s'étend chaque année davantage (la source *Lucas* étant réservée à des cas plus spéciaux), diffèrent des sources froides : 1° par une action de stimulation fonctionnelle du foie ; c'est là leur vertu spécifique ; 2° par une action beaucoup plus marquée d'alcalinisation des humeurs ; 3° enfin par une action sédative dans les affections douloureuses de l'appareil digestif, alors que la douleur est, au contraire, exaspérée par l'usage des sources froides.

« 1° L'action de *stimulation hépatique*, propre aux alcalins, due peut-être aussi à la présence, dans les sources chaudes, — qui seules en renferment — de dérivés sulfurés (Gautrelet), est le plus marquée avec la *Grande-Grille* qui contient le plus de soufre (1 milligr. 1/2 en SH), le moins marquée avec l'*Hôpital* qui n'en contient que des traces (1/2 milligr.). Aussi la *Grande-Grille* est-elle regardée comme le type des sources de Vichy à spécialisation hépatique.

« Cette action de stimulation fonctionnelle du foie, et par suite de relèvement de l'organisme tout entier, se traduit par un ensemble de symptômes dont la signification ne laisse aucun doute lorsque, volontairement ou par défaut de surveillance assez étroite, le médecin a permis à ces symptômes d'acquérir toute leur intensité et de constituer ainsi ce qu'on appelle la « crise thermale ». Les malades qui suivent une cure sans la surveillance d'un médecin de Vichy y échappent fort rarement.

« La *crise thermale* est une réalité clinique, parfaitement nette. D'après mes observations, elle survient le plus généralement le douzième jour de la cure : elle est apyrétique et, à mon avis, c'est une congestion légère du foie ; la durée de cette congestion du foie est de 48 heures ; ses symptômes sont, tantôt ceux d'une crise hépatique, tantôt ceux d'un embarras gastro-intestinal. On ne l'observe que chez les malades préalablement atteints d'une affection subjectivement douloureuse, soit du foie, soit de l'estomac ou d'une maladie à paroxysmes, comme la goutte, la lithiase biliaire ou la lithiase urique.

« La crise thermale peut être évitée ou, au contraire, provoquée dans un but thérapeutique par le médecin, suivant la source ou les sources qu'il prescrit, suivant leurs doses, l'heure de leur ingestion, l'administration opportune d'un purgatif, etc., etc. C'est affaire de discernement de sa part.

« Les médecins doivent savoir qu'il existe également une *crise post-thermale*. D'après mon observation, elle tombe en général entre les cinquième et sixième semaines après la fin de la cure de Vichy, présente également des symptômes de congestion hépatique, dure 4 à 8 jours et prélude à une amélioration durable de la santé. Parmi ces symptômes de congestion hépathique se trouve le fameux symptôme « faiblesse », que, dans l'ignorance des réactions hépatiques et de leurs signes cliniques, l'on attribua faussement jadis à une prétendue anémie alcaline. Le médecin, consulté à ce moment, conclut trop souvent à l'inefficacité de la cure qui vient d'être suivie un mois auparavant ; c'est la conclusion diamétralement opposée qui est vraie. D'après mon expérience, c'est, en outre d'un purgatif, la boisson, durant 12 jours, d'eau de Vichy, *Grande-Grille* ou *Hôpital* (transportée et chauffée à domicile) qui, le plus souvent, constitue le meilleur traitement de cette crise post-thermale.

« Les effets actuels et éloignés de la cure de Vichy, qui peuvent se traduire par la crise thermale et la crise post-thermale, ne sont explicables, puisqu'ils sont salutaires, que par une sorte d'action substitutive de cette cure.

« Les diabètes en général, la lithiase biliaire dans l'intervalle des crises, la neurasthénie hépatique, la goutte, les gros foies indolents, les foies ptosés, etc., sont tributaires de la Grande-Grille.

« 2° L'*action alcalinisante*, qui augmente la réaction défensive de l'organisme et surtout du foie, est beaucoup plus marquée avec les sources chaudes qu'avec les sources froides, en raison de la faible teneur des premières en acide carbonique libre (0,20 à 0,30) comparée à la teneur des sources froides (1,50) au moment de l'ingestion ; le gaz, par le fait de la température des sources chaudes, se dissocie et est éliminé, en partie, dès son arrivée à la vasque. Dans les sources froides, où il reste dissous, il est ingéré en même temps que l'eau : on le retrouve dans les urines et l'alcalinisation en est d'autant amoindrie.

« Cette action alcalinisante est facilement appréciée par l'examen des urines qui, d'acides, deviennent neutres lorsque la dose d'eau ingérée chaque jour est suffisante (un verre d'eau par gramme d'acidité urinaire).

« Parmi les sources chaudes, c'est celle de l'*Hôpital* qui présente l'action alcalinisante la plus grande, peut-être parce que c'est celle qui renferme le moins de dérivés sulfurés, ceux-ci, par leur action spéciale sur le foie, tendant à augmenter, au début, l'acidité des urines, lorsque l'eau est ingérée à doses insuffisantes pour les alcaliniser (Lagrange et Gautrelet). C'est cette propriété, surtout alcalinisante, qui fait considérer l'*Hôpital* comme le type des sources à spécialisation gastrique, car l'alcalinisation s'exerce aussi bien contre les acides de fermentation que contre ceux d'insuffisante combustion.

« A la source de l'Hôpital nous envoyons, au moins pendant les premiers jours de la cure, la lithiase urique, les dyspepsies douloureuses, les affections subjectivement douloureuses du foie, certaines variétés de cirrhose, l'entéroptose, etc.

« 3° L'action *sédative* des sources chaudes, lorsque leur

prescription a été réglée pour qu'il n'y ait pas de crise thermale, est le résultat de la combinaison de leur température, grâce à laquelle les circulations locales et la musculature sont stimulées, et de leur alcalinité qui, par la dissolution des mucus, combat l'élément catarrhal, excite la rénovation des épithéliums, favorise l'absorption, etc.

« La *Grande-Grille* est la source indiquée contre les maladies de la nutrition à douleurs intermittentes paroxystiques, dans l'intervalle des crises ; l'*Hôpital* contre les maladies à douleurs continues avec exacerbations.

« La source *Chomel* joint à ses propriétés, intermédiaires à celles de la Grande-Grille et de l'Hôpital, qui la rendent applicable dans un grand nombre de cas, celle d'exercer une action réellement efficace contre les déterminations pharyngées et bronchiques des maladies justiciables des alcalins.

« Quant à la source *Lucas,* la pratique démontre qu'elle rend des services non douteux, tant par l'usage externe que par l'ingestion, dans les déterminations oculaires et cutanées de ces mêmes maladies.

« B) Les *sources froides*, qui se distinguent des sources chaudes par leur teneur plus grande en acide carbonique dissous et par l'absence de dérivés sulfurés, possèdent l'action physiologique générale de toutes les eaux gazeuses et alcalines, entre autres l'action de stimulation de l'appétit et de la diurèse, mais elles répondent, en outre, aux indications spéciales suivantes qui les distinguent entre elles :

« La source des *Célestins,* par sa richesse en acide carbonique libre, est surtout efficace à dissoudre les calculs et dépôts phosphatiques précipités dans les voies urinaires ;

« La source du *Parc*, par la présence du sulfate de chaux (Gautrelet), exerce une action diurétique très prononcée ;

« Les sources *Lardy* et *Mesdames,* par l'association du fer aux bicarbonates alcalins, assurent à la fois une augmentation de l'hémoglobine circulante et des conditions meilleures d'absorption pulmonaire d'oxygène par cette hémoglobine dans les états anémiques consécutifs aux maladies justiciables des alcalins, dans ce que j'appelle la « chlorose hépatique », dans l'impaludisme, etc.

II

« **Modes d'emploi.** — *Cure de Vichy.* — La « cure de Vichy » consiste essentiellement en *ingestion d'eau.* D'après ce qui précède, on conçoit qu'il y ait plusieurs cures de Vichy, puisqu'on peut, en prescrivant telle ou telle source, à telle ou telle dose, alcaliniser plus ou moins ou même acidifier les humeurs, stimuler plus ou moins le foie. Mais si l'on réserve le nom de « cure de Vichy » à celle qui ne peut être opérée qu'à Vichy, on doit la définir : « l'art, pour le médecin, de combiner au mieux de l'intérêt des malades, les prescriptions fondamentales de boisson de la *Grande-Grille* ou de l'*Hôpital*, ou de ces deux sources, avec les prescriptions accessoires de boisson à une autre source. »

« C'est un art, et cette expression dont je me sers à dessein et qui comporte l'intervention de l'équation personnelle du médecin, est ici d'autant plus justifiée que nous connaissons mal le médicament, que les maladies contre lesquelles nous le dirigeons renferment encore une foule d'obscurités.

« Cet art, nous l'exerçons dans des conditions particulièrement délicates : notre tâche est loin d'être aussi aisée qu'on le croit communément.

« Le médecin d'eaux est rendu responsable vis-à-vis du malade des incidents et des suites d'une cure plus ou moins onéreuse, dont l'efficacité a été garantie, dont le maximum d'effet utile doit être obtenu dans un temps limité; il est rendu responsable vis-à-vis du médecin qui a conseillé la cure et promis sinon la guérison, du moins l'amélioration par cette cure; il est responsable, enfin, vis-à-vis de la médication que discréditeraient les insuccès, au grand détriment de tous les malades qu'elle est appelée à soulager ou à guérir.

« Le premier soin du médecin appelé à formuler la cure de Vichy est de vérifier son indication chez le malade qui lui demande conseil; il doit sauvegarder, si cette indication a été posée à tort, et l'état moral du malade et l'autorité du médecin qui a été victime d'une méprise.

« Si la cure est indiquée, il doit tout d'abord, dans la prescription de la boisson d'eau, résoudre les trois questions relatives au *choix de la source*, au *choix de la dose*, au *choix de l'heure* d'ingestion.

« C'est rarement le nom classique de la maladie qui fait décider du *choix de la source* ; ce sont plutôt l'habitus général du malade, l'état des fonctions digestives, des organes de l'appareil digestif, l'état du rein, l'état du cœur et des artères, la phase, la date de la maladie et, en ce qui me concerne, l'état objectif du foie à la palpation, qui facilitent les données pour la solution du problème.

« Bien que, par exemple, pour ne parler que des sources Grande-Grille, Hôpital et Célestins, la Grande-Grille paraisse avoir une action élective sur la fonction hépatique, l'Hôpital sur la fonction gastrique et les Célestins sur la fonction vésicale ou rénale, il est bien certain que si, à une même heure, on inventoriait les malades groupés autour des sources qui leur sont prescrites par les médecins de Vichy, on trouverait autant de maladies de foie à l'Hôpital qu'à la Grande-Grille, moins d'affections rénales aux Célestins qu'à l'Hôpital.

« Les auteurs qui écrivaient, il y a deux siècles, sur les indications respectives des sources de Vichy, vantaient la *Grande Grille* contre « les phlegmes recuits, les glaires, les colles, les plâtres, les vieus levains », ce qui correspond sans doute à notre catarrhe gastrique, et ils préconisaient l'*Hôpital* contre les coliques venteuses, néphrétiques, bilieuses.

« De nos jours, ainsi que je l'ai dit, et je crois refléter la pratique de tous mes confrères de Vichy, nous nous guidons plus sur la nature du malade que sur celle de la maladie pour formuler notre prescription et, s'il est des malades que nous confinons à une seule source pendant toute leur cure, chez le plus grand nombre nous sommes amenés par l'expérience à combiner les sources, soit en les faisant prendre simultanément le même jour, par exemple l'une le matin, l'autre le soir, soit en faisant suivre, après un nombre de jours variable, la cure exclusive de l'une par la cure exclusive de l'autre.

« Contrairement à l'opinion courante, partagée d'ailleurs par nombre de médecins, il n'y a pas de source plus « forte » que l'autre. La source qui est forte pour un malade donné est celle qui est mal tolérée par lui, ou du moins qui provoque chez lui des malaises non prévus. Rien de variable comme la tolérance de telle ou telle source chez les malades atteints pourtant de la même maladie. Cette variabilité paraît correspondre, non pas à un caprice de la nature, mais bien à une variété de phase de principe morbide, et plus exactement, d'après ma doctrine, à une variété de phase du processus hépatique. Le médecin de Vichy met autant de, comment dire?... de coquetterie, si ce terme est permis, à prescrire la source qui sera bien tolérée, qu'il en mettra, dans un cas donné, à prescrire le meilleur hypnotique ou le laxatif le plus efficace.

« Après la question de la source à choisir, vient celle du *choix*, de la *dose* à administrer. Ici la pratique varie beaucoup.

« Nous trouvons dans le livre, que Claude Fouet, médecin conseiller du roi, intendant et maître des eaux, a consacré en 1686 aux eaux de Vichy, livre dans lequel l'auteur se montre aussi consciencieux observateur que sagace pathologiste et expose le premier cette doctrine de l'hyperacidité des humeurs qui de nos jours tient une si grande place dans la théorie générale des maladies de la nutrition, dans ce livre nous trouvons un passage où il est dit que, par certains vents, les bestiaux, attirés de leurs pâturages par les émanations des sources, échappent à leurs bergers pour se rendre au bassin de la source, traversent même l'Allier à la nage et, arrivés à leur but, se pressent jusqu'à se heurter les cornes autour de ce bassin pour s'abreuver d'eau de Vichy jusqu'à satiété, et notre auteur se demande si c'est à la boisson d'eau de Vichy que les bestiaux doivent leur belle apparence de santé. L'eau de Vichy n'est donc pas toxique.

« A ses malades, Fouet conseille 2 à 3 verres d'eau par jour pendant 30 à 40 jours; cela paraît être sa dose minima, car il dit ailleurs qu'il suffit parfois de boire chaque jour 2 ou 3 verres d'une seule fontaine.

« Desbret, en 1778, conseille de toujours commencer par une petite quantité d'eau, 16 à 20 onces, c'est-à-dire au moins un demi-litre, puis d'augmenter de 6 à 8 onces par jour jusqu'à la dose voulue, sans jamais prendre plus de 4 livres, c'est-à-dire 2 litres d'eau par jour.

« Plus près de nous, Petit, en 1850, écrit que la dose ordinaire varie de 3 à 6 verres (de 200 grammes) par jour, et peut s'élever jusqu'à 15 à 20 verres par jour, non seulement sans inconvénient, mais avec grand avantage pour les malades. C'était l'époque dite « des petits papiers » durant laquelle le médecin se guidait pour ses prescriptions sur la réaction au papier tournesol de l'excrétion urinaire, dont il se donnait pour but de saturer l'acidité.

« De nos jours, la tendance est exagérée en sens inverse et, dans bien des cas, le minimum de la dose prescrite est inférieur à un verre par jour, le maximum ne dépassant qu'à peine le demi-litre.

« A cette pratique nouvelle je vois deux causes :

« L'interprétation abusive de la doctrine de la dilatation de l'estomac, qui fait de beaucoup de malades de vrais hydrophobes ;

« La terreur vraiment enfantine des malades, terreur que trop de médecins laissent à tort s'accréditer, à l'égard de la puissance et des dangers de la cure de Vichy.

« Il en est de la cure de Vichy comme de toutes les médications qui, bien que non toxiques, doivent pourtant être réglées et adaptées à chaque type morbide.

« Je crois que la pratique la plus rationnelle, telle que l'enseigne l'expérience, telle qu'elle résulte de la nature des éléments morbides et de l'agent médicamenteux en présence, peut adopter comme dose minima dans tous les cas la dose de 400 grammes par jour en 2 ou 4 verres et comme dose maxima des doses de 800 à 1 200 grammes suivant les indications.

« Après la question de dose vient enfin la question du *mode de fractionnement de la dose* adoptée et de l'*heure de l'ingestion* : la même quantité d'eau par jour sera administrée, chez celui-ci en une verrée, chez celui-là en deux demi-verrées à intervalle variable : à ce malade devra être conseillée l'ingestion à jeun le matin « au lever du soleil », ou longtemps après le repas : à celui-là, peu après qu'il est sorti de table. « On voit, écrivait Noyer en 1833, une foule de buveurs aller à la source de l'Hôpital après les repas lui demander un peu d'aide pour les digérer ». Enfin il est des malades (les entéroptosiques, les neurasthémiques) auxquels il convient de faire faire un premier déjeuner dès qu'ils se lèvent le matin, et de prescrire l'ingestion de la première verrée de chaque jour seulement deux heures après.

« L'importance de ces détails dans les prescriptions n'est pas exagérée, si l'on s'en réfère aux travaux qui ont été consacrés à l'action des alcalins sur la sécrétion gastrique suivant la dose et l'heure de leur administration.

« C'est pour répondre à ces diverses exigences que les buvettes des sources de Vichy sont accessibles aux malades de 6 heures du matin à 10 heures du soir.

« Une fois formulée la prescription du traitement interne, reste celle du *traitement externe* qui lui est associé dans tous les cas, au plus grand bénéfice des malades et dont sept établissements, parmi lesquels plusieurs sont plus spécialement affectés à telle ou telle pratique, assurent l'exécution, quelle que soit l'affluence des malades à un même moment, quelle que soit la prescription. Les établissements de l'État, dont la transformation, sur les magnifiques plans qui vous ont été soumis, est en voie d'être opérée et sera terminée dans deux ans, présentent les ressources les plus complètes avec les bains d'eau de Vichy, les douches ascendantes, les services fort bien installés de massage sous l'eau, d'hydrothérapie chaude et froide, de bains de vapeur et d'air chaud, de bains de gaz carbonique, de lavage d'estomac avec l'eau de Vichy, etc. Des salles de mécanothérapie, de bains électriques y vont être annexées.

« Je n'ajouterai qu'un mot à l'égard des *bains d'eau de Vichy*. Jadis les vingt et un bains d'une heure de durée étaient considérés comme nécessaires à une cure de Vichy. Actuellement, il a été reconnu qu'un grand nombre de malades étaient justiciables plutôt des douches froides ou tièdes ou du massage sous l'eau que des bains, et la durée du bain a été réduite à une demi-heure pour le plus grand nombre des cas. Enfin, l'eau de Vichy est mêlée, pour le bain, à deux tiers d'eau ordinaire, ce qui, pour un bain de 200 litres, donne encore un chiffre de 500 grammes de sels minéraux, suffisant à expliquer l'action tonique qui se manifeste à partir du sixième ou huitième bain.

« La durée traditionnelle moyenne de la cure, vingt et un à vingt-quatre jours, est conforme à l'observation clinique. A mon avis, une cure complète est préférable à deux demi-cures de douze jours chacune, espacées de deux à trois mois. Une seconde cure de douze jours, six à huit semaines après la cure de vingt et un jours, est remarquablement efficace dans quelques formes de lithiase biliaire.

« La cure de Vichy, telle qu'on doit l'entendre, serait bien insuffisamment formulée, si les prescriptions de médecins se bornaient à préciser l'usage et surveiller l'action du traitement interne et externe par l'eau. Quand on emploie un remède, a dit Hippocrate, il faut toujours l'entourer des circonstances favorables à son succès.

« Il est bien évident en effet qu'aucun précepte ne doit être omis relativement à l'hygiène, au régime alimentaire, à la régularité des excrétions, qui doivent être surveillés aussi bien pendant la cure qu'en dehors d'elle, car l'eau de Vichy ne répond pas à toutes les indications relevées chez un même malade.

« Le *régime alimentaire* joue, dans toutes les maladies justiciables de Vichy, un rôle des plus importants; bien que variable suivant ces diverses maladies, les lignes générales en sont pour toutes les mêmes. La Société des sciences médicales de Vichy en a formulé les règles il y a quinze ans, à la suite d'un rapport dont j'eus l'honneur d'être chargé et qui fut adopté. L'an dernier encore, notre Société a dressé la liste des aliments proscrits pendant la cure, a fait accepter ses décisions par le syndicat des maîtres d'hôtel, convoqué à l'une des séances de la « commission de régime », et fait afficher dans tous les hôtels un exemplaire de cette liste.

« On reproche parfois aux médecins de Vichy d'être moins sévères que les médecins de Karlsbad dans leurs prescriptions relatives au régime. Mais il est juste de dire que l'eau de Vichy, surtout bicarbonatée sodique, est une eau digestive, tandis que l'eau de Karslbad, plutôt chlorurée et sulfatée sodique, n'a pas d'action immédiate contre les troubles de la digestion gastrique.

« Parmi les prescriptions que comporte la cure de Vichy, une des plus importantes, à mon avis, est celle qui a trait aux *fonctions intestinales*. La cure de Vichy, pourtant si efficace dans toutes les maladies à constipation, celle-ci impliquant le plus souvent, je crois, une insuffisance excrétoire du foie, augmente la constipation et celle-ci est la source de la plupart des malaises observés durant la cure. Il est donc indiqué de la combattre. La pratique des médecins de Vichy est fort différente à cet égard, les uns n'attachant qu'une médiocre importance à ce symptôme, les autres n'y obviant que lorsqu'il devient une complication sérieuse, d'autres l'atténuant à l'aide de douches ascendantes et les derniers, parmi lesquels je me trouve, le poursuivant systématiquement, le prévenant même, à l'aide des médicaments laxatifs et en particulier des solutions salines. Je dois ajouter que, lorsqu'on a adopté cette dernière pratique et qu'on en a observé les salutaires effets, on ne se croit plus permis d'agir autrement dans l'intérêt des malades.

« Relativement à cette action, l'eau de Vichy bue à la source n'a rien à envier à l'eau de Karslbad bue à la source, qui ne provoque pas davantage d'effet laxatif dans les maladies à constipation. Il n'en est pas de même du sel extrait des eaux de Karlsbad qui est un précieux purgatif, mais le sel extrait des eaux de Vichy, pris aux mêmes doses, quoique moins énergique dans ce sens, produit cependant un effet laxatif très net. Je crois être le premier à le signaler.

« Enfin, il est une dernière prescription, sur laquelle il me sera bien permis d'insister parce que nulle part ailleurs qu'à Vichy, elle ne trouve une application aussi fréquente, c'est celle relative à la *sangle* chez les entéroptosiques. C'est une obligation étroite pour le médecin de Vichy de la conseiller dans ces maladies, dont le soulagement par la cure serait de courte durée, si cette indication formelle n'était remplie. Il serait mieux que cette sangle eût été conseillée avant que le malade ne vînt à Vichy, je me plais à constater que le nombre des cas dans lesquels l'indication, lorsqu'elle existe, a été déjà posée et remplie à l'arrivée du malade à Vichy est de plus en plus grand. Tout le monde sait qu'un intérêt purement scientifique me fait parler ainsi.

« Je vous ai exposé, Messieurs, ce qu'il y a d'utile à connaître sur la cure de Vichy, ses ressources, son mode d'application et j'aborde maintenant la question la plus importante pour vous, celle des contre-indications et des indications de cette cure.

III

« C. **Contre-indications.** — Si l'on distingue la « contre-indication » du « défaut d'indications », il n'y a, en réalité, que deux groupes d'affections dans lesquelles la cure de Vichy soit contre-indiquée : les *affections fébriles*, les *affections néoplasiques* : la cure de Vichy les aggrave. Si l'on parle de « défaut d'indication », c'est-à-dire de ces maladies dans lesquelles un traitement à Vichy même ne répond pas à l'indication fondamentale de la maladie, il faut éliminer toutes les maladies relevant de la *tuberculose* et de la *syphilis*. Alors même que l'eau de Vichy serait indiquée par des symptômes secondaires du côté de l'appareil digestif, comme cette indication peut être, dans ces maladies, remplie partout avec l'eau de Vichy transportée (chauffée ou non), et que la tuberculose et la syphilis exigent un traitement fondamental différent, la cure de Vichy doit être déconseillée. J'ajouterai cependant ici que la cure de Vichy augmente remarquablement, d'après mon observation, la tolérance pour l'iodure de potassium chez les sujets qui le supportent mal. Au chapitre des indications nous préciserons dans quels groupes de maladies elle doit être formulée et en dehors desquels elle est inutile.

« Que dire maintenant, dans les maladies justiciables de Vichy, des contre-indications qu'une appréciation par trop superficielle a laissé s'accréditer, telles que celles tirées de l'âge trop jeune ou de l'âge trop avancé ; de la faiblesse ou de l'anémie des uns, de la congestibilité ou de la pléthore des autres ; des troubles de la ménopause chez celle-ci, de la grossesse ou de l'allaitement chez celle-là ; ici de la maladie encore trop bénigne, là de la maladie trop récemment aggravée ou à peine relevant d'une phase paroxystique ; chez ce malade, d'une lésion valvulaire ; chez cet autre, d'une ancienne hémiplégie ou d'un ancien ulcère gastrique, ces contre-indications étant relevées sous prétexte que la cure de Vichy est « trop forte », ou qu'elle affaiblit, ou qu'elle congestionne, ou enfin que, lorsqu'on l'a commencée, il y faut recourir plusieurs années consécutives.

« Toute la question est de savoir si, oui ou non, la maladie fondamentale actuelle est justiciable d'une cure à Vichy : affaire de diagnostic pathogénique. Si l'indication est posée, elle doit être remplie, et le plus tôt sera le mieux, suivant l'antique adage thérapeutique. C'est l'affaire du médecin traitant dans la station de tenir compte, dans ses prescriptions, des conditions spéciales à chaque malade. La cure de Vichy n'affaiblit que lorsque la stimulation hépatique a été poussée trop loin, car cette faiblesse est un symptôme de congestion du foie. Une purgation suffit à la dissiper. Elle ne congestionne que lorsque le malade a ingéré de trop fortes doses d'eau, en particulier d'eau des sources froides, ou bien s'il fait des excès de table, ne se sèvre pas des aliments qui lui sont défendus, n'exonère pas son intestin, ou ne s'astreint à aucune hygiène.

« Les médecins exerçant à Vichy ont fréquemment l'occasion de peser la valeur de ces prétendues contre-indications, car il n'est pas de station thermale où l'on voie, comme à Vichy, autant de malades venir, de leur propre inspiration, chercher un traitement. Il serait désirable, à tous égards, que le médecin de Vichy n'ait pas aussi souvent à faire appel à ses sentiments de solidarité professionnelle pour justifier, aux yeux du malade, son médecin, tantôt de n'avoir reconnu qu'après plusieurs années de souffrances et de médications inutiles l'indication d'une cure à Vichy, tantôt d'avoir formellement proscrit cette cure alors que seule elle apporte le soulagement à de vieilles misères, en vain combattues jusque-là.

IV

« **Indications.** — Théoriquement, la cure de Vichy, et j'entends la cure spécifique de Vichy, est indiquée dans toutes les maladies où il y a lieu de stimuler la fonction hépatique languissante et de neutraliser les humeurs, sécrétions ou excrétions hyperacides de l'économie.

« Ces *indications fondamentales* se rencontrent formellement, et ce sont même les seules qu'il soit vraiment utile d'y relever, dans les maladies chroniques en apparence si dissemblables qui, empiriquement, affluent à Vichy depuis que ces eaux sont appliquées à la thérapeutique, mais dont la nature, les affinités réciproques, l'attribution raisonnée à la cure de Vichy ne sont scientifiquement démontrées que depuis quelques années. Ces « maladies de Vichy » peuvent être divisées en trois groupes, qui sont :

« 1° Un groupe formé de *dyspepsies*, d'*affections gastro-intestinales*, de *névropathies diverses*, sur le classement desquels disputent les nosologistes :

« 2° Les *maladies dites par ralentissement de la nutrition :* lithiase biliaire, gravelle, diabète, goutte, rhumatisme noueux, etc., etc. :

« 3° Les *maladies du foie et des voies biliaires et de la rate :* ictère, cirrhoses, angiocholécystites, splénomégalies, etc.

« Le premier groupe forme la moitié, et les deux autres (dont la proportion est à peu près égale) l'autre moitié des 60 000 malades qui, en moyenne, viennent chaque année chercher un traitement à Vichy, traitement presque toujours efficace. Ces trois groupes de maladies appartiennent, à mon avis, à la même famille, et j'ai proposé le terme nouveau d' « hépatisme » pour désigner leur lien de parenté.

« Je considère comme indispensable pour mon sujet, c'est pour cela que vous me pardonnerez de cesser maintenant d'être impersonnel dans mon exposé, de dire ici un mot de cette doctrine, parce qu'elle explique pourquoi, autour des mêmes sources, sous le sceptre d'une même médication, se rencontrent des types morbides en apparence si opposés, des hommes, des femmes, en proportion à peu près égale, des jeunes, des vieux, des gras, des maigres, ici la pâle entéroptosique penchée en avant, là le cirrhotique de couleur terreuse cambré en arrière, plus loin le vultueux diabétique à côté du cholélithiasique aux tons orangés et du graveleux ou du goutteux à la teinte rosée, à l'aspect rubicond; ailleurs, l'inquiet neurasthénique, le triste dyspeptique et ces ictériques dont le visage emprunte à la gamme du jaune ses nuances les plus variées.

« Montrer pourquoi toutes ces maladies se groupent sous une même médication, celle de Vichy, c'est donner les indications de la cure de Vichy.

« Les doctrines de l'arthritisme, de la bradytrophie, de l'herpétisme interprètent par un vice humoral commun, primitif, constitutionnel et héréditaire, la parenté, de tout temps consacrée, entre les types d'un des groupes justiciables de Vichy, celui des maladies de la nutrition. La doctrine de l'hépatisme affirme l'existence de caractères de parenté, non seulement entre les maladies de ce groupe, mais entre ce groupe et les deux autres groupes, celui des dyspepsies et névropathies, et celui des maladies proprement dites du foie. La parenté de ces caractères, la doctrine de l'hépatisme l'explique par la localisation commune dans le foie — dont la viciation fonctionnelle, acquise ou héréditaire, présente des variétés d'aspect en rapport avec la variété et souvent la combinaison des causes premières — du principe morbide commun qui leur donne leur cachet familial.

« Je vous en prie, messieurs, ne repoussez pas cette doctrine avant de l'avoir étudiée et discutée. Je ne l'ai connue qu'après avoir vu, étudié, comparé, à Vichy, des milliers de malades relevant de la même médication ; j'y ai puisé de telles clartés théoriques, de tels enseignements pratiques que je voudrais vous en faire jouir avec moi. Peut-être jugerez-vous que celui qui a entraîné sa génération à adopter le traitement des fièvres essentielles par l'eau froide, qui a introduit et fait accepter dans la pathologie classique les notions de splanchnoptose et le type de l'entéroptose, mérite que l'on veuille bien au moins discuter sa doctrine de l'hépatisme. Cette doctrine, je le répète, et c'est pourquoi j'ose insister sur elle devant vous, est, à mes yeux, la clef la plus sûre des indications de la cure de Vichy.

A. — Indication tirée de la diathèse.

« Je me suis attaché à démontrer depuis quinze ans, en recourant aux lumières de la classification naturelle qui inventorie tous les caractères, tant objectifs que subjectifs, et base leur valeur et leur subordination hiérarchique non sur leur apparence mais sur leur fixité, les propositions suivantes :

« Un grand nombre de maladies, dites névropathiques, sont symptomatiques d'une affection digestive.

« Un grand nombre d'affections digestives : dyspepsies, maladies d'estomac, maladies d'intestin, sont symptomatiques d'une perturbation fonctionnelle du foie (précirrhose, prélithiase, entéroptose secondaire ou seconde période de l'entéroptose primitive, neurasthénie hépatique, etc.): alors ce sont des « maladies de la nutrition ».

« Les maladies proprement dites du foie (sauf celles causées par le cancer, la syphilis, l'échinocoque et le tubercule) relèvent des mêmes causes que les maladies de la nutrition.

« Les « maladies de la nutrition » sont symptomatiques d'une perturbation fonctionnelle du foie.

« La perturbation fonctionnelle du foie, qui se traduit soit par un syndrome névropathique, dyspeptique, soit par un syndrome hépatique proprement dit, soit par un syndrome de maladie de la nutrition, reconnaît toujours l'une des causes premières suivantes (soit chez le sujet lui-même, soit chez ses ascendants) : alcoolisme, impaludisme, maladie infectieuse, génitalité (grossesse, accouchement, suites de couches, allaitement, ménopause), excès d'alimentation, secousses morales, traumatisme. Il y a donc, par exemple, un diabète hépatique alcoolique : une neurasthénie hépatique paludéenne ; une lithiase hépatique d'origine typhoïde, puerpérale (infection, auto-intoxication, traumatisme), une entéroptose secondaire hépatique, par infection, par intoxication, par ptose primitive (la puerpéralité pouvant la réaliser par ce triple mécanisme), par excès alimentaires, une goutte hépatique alcoolique, saturnine, etc. Ces causes premières sont toutes des causes de maladie du foie.

« C'est la perturbation fonctionnelle du foie qui est le caractère commun le plus constant de toutes ces maladies, le caractère familial. Les signes subjectifs et objectifs, l'étiologie, la marche, le traitement en sont essentiellement les mêmes. Mais il y a plus. Ces diverses maladies : dyspepsies, névropathies, maladies de la nutrition, maladies du foie, qui peuvent se succéder chez un même sujet dans le cours de son existence, se succèdent suivant un certain ordre, débutant par une dyspepsie ou un trouble hépatique léger, se terminant par le rhumatisme chronique ou un syndrome de cirrhose, en passant par les lithiases, les neurasthénies, l'entéroptose, la goutte, le diabète, etc.; cet ordre est le même pour tous les sujets dont l'affection hépatique relève de la même cause première. Parallèlement, et dans un ordre régulier aussi, se succèdent les divers types objectifs anormaux du foie. Depuis le plus précoce, qui est l'hyperesthésie à la pression d'un point localisé du foie, jusqu'au dernier, qui est la cirrhose ou la ptose, en passant par la tuméfaction, l'hypertrophie totale ou partielle, ces signes objectifs sont appréciables à la palpation systématique et méthodique dans 80 pour 100 des cas de toutes ces maladies (palpation classique et « procédé du pouce »).

« L'affection du foie qui existe chez ces malades est soumise à un processus d'évolution, et les diverses névropathies, dyspepsies, maladies de la nutrition, traduisent les phases successives de cette évolution. De même, les maladies du foie proprement dites sont les phases à syndrome hépatique de ce même processus.

« C'est l'affection du foie qui entretient la chronicité ; elle est le principe morbide qui cause la succession des maladies par lesquelles se trahit la chronicité. Cette affection du foie est donc une diathèse. Cette diathèse ne peut être exprimée par un autre nom que celui que j'ai proposé en l'appelant *hépatisme* ; ce terme « hépatisme » doit être, en raison des propositions précédentes, opposé à ceux d'arthritisme, herpétisme, diathèse congestive, qui traduisaient les mêmes faits, mais envisagés dans un champ plus restreint et par l'abstraction de caractères bien moins constants, et limités au seul groupe des maladies dites de la nutrition, alors que je les étends aux deux autres groupes des dyspepsies-névropathies et des maladies du foie. On doit désigner, pour exprimer la cause première (exogène) et la cause seconde (endogène), les maladies de l'hépatisme sous les noms de, par exemple : hépatisme alcoolique, hépatisme paludéen, puerpéral, infectieux, émotif, traumatique, etc., etc. Il y a autant de variétés d'hépatisme et autant de variétés de chacune de ces maladies ou phases de cet hépatisme qu'il y a de causes premières de l'affection du foie.

« Eh bien ! les trois groupes de maladies justiciables de la cure de Vichy appartiennent à la même famille : la famille de l'hépatisme.

« Dans tous les cas relevant de cette diathèse, on trouve en les cherchant systématiquement, les quatre symptômes fondamentaux que je considère comme les *signes cardinaux de l'hépatisme :* périodicité quotidienne ou quotinocturne des malaises, troubles des fonctions intestinales. troubles du sommeil, anomalie de l'état des forces, symptômes auxquels on peut ajouter la nocuité des alcools, des graisses et des farineux. Dans la presque totalité des cas, on trouve, en les cherchant, des signes objectifs anormaux du côté du foie.

« La première question à se poser lorsqu'on discute l'opportunité de la cure de Vichy dans une maladie chronique, c'est donc de savoir si cette maladie relève de l'hépatisme, car la cure de Vichy est le meilleur moyen que nous ayons à notre disposition pour enrayer l'évolution de l'hépatisme, c'est-à-dire de cette cause secondaire diathésique qui entretient la chronicité.

« *Or, la cure de Vichy est indiquée dans toutes les maladies chroniques de l'hépatisme, quelle que soit la cause, quelle que soit la phase de cet hépatisme, tant que la cellule hépatique n'est pas gravement compromise.*

« L'efficacité sera d'autant plus certaine que l'on trouvera réunis chez le même sujet le plus grand nombre des caractères suivants :

« Étiologie des maladies hépatiques : *alcoolisme* ou autre toxique du foie, *impaludisme*, *infections*, *auto-intoxication*, *traumatisme* (la *puerpéralité* peut agir comme cause par l'un de ces trois mécanismes), *secousses morales*, etc. ;

« Signes cardinaux de l'hépatisme.

« Syndrome dyspeptique, névropathique, hépatique, ou de maladie de la nutrition ;

« État objectif anormal, palpable, du foie :

« Hyperacidité des urines ;

« Antécédents morbides hépatiques proprement dits (congestion du foie, ictère, coliques hépatiques, etc.).

« De ces diverses notions la plus importante, car elle constitue presque à elle seule une indication de la cure de Vichy, est la notion étiologique. L'alcoolisme ou plus exactement l'éthylisme (terme que j'ai proposé pour désigner l'alcoolisme latent des gens du monde) est la cause de la maladie chez les deux tiers des hommes qui sont soignés à Vichy : la puerpéralité et en général les phases de la vie génitale (puberté, menstruation, grossesse, ménopause) ont déterminé la maladie des deux tiers des femmes dont la cure de Vichy guérit ou soulage les maladies.

« Le succès de la cure thermale sera naturellement d'autant plus complet et rapide que l'hépatisme aura été combattu à une phase plus bénigne, ou moins compliquée, ou moins avancée de son évolution, même dans l'enfance, si la diathèse, dans ce cas héréditaire, se traduit déjà par quelque maladie spécifique de cette diathèse.

« La cure de Vichy stimule le foie ; dans les maladies de l'hépatisme, les combustions sont insuffisantes, la cure de Vichy agirait donc en excitant les combustions par l'intermédiaire du foie.

« Passons maintenant rapidement en revue (cet exposé de principes, relatifs aux indications tirées de l'*étiologie* ou cause première et de la *diathèse* ou cause seconde, nous permet d'être bref) les divers syndromes de l'hépatisme et les divers signes de la localisation hépatique.

B. — Indication tirée des espèces morbides.

1° *Groupe des dyspepsies et névropathies.*

« Les *symptômes* suivants indiquent la cure de Vichy, si leur cause est hépatique, il faut savoir la chercher et quand elle existe la trouver :

« *Hyperchlorhydrie, catarrhe gastrique, dilatation de l'estomac* (par atonie), *entérite muco-membraneuse, gastralgies et entéralgies intermittentes, constipation chronique* (cure alcaline associée aux laxatifs salins quotidiens). Chez ces malades, cherchez le foie avant de chercher le chimisme gastrique.

« En revanche, la cure est inefficace contre ceux-ci, attribués à une névrose motrice : éructation nerveuse, régurgitation nerveuse, méricysme, vomissement nerveux.

« Les *syndromes* suivants, que j'ai proposés, et dont on aura soin de dégager le diagnostic sous leur apparence dyspeptique ou névropathique, constituent une indication formelle :

« *Entéroptose,* ou maladie des ptoses viscérales. On la désigne dans les traités de pathologie sous les noms de maladie du rein mobile, du foie mobile, ou sous ceux d'anémie, névropathie, catarrhe ou déviations du col utérin, cancer larvé, etc.; vous la reconnaîtrez aux signes suivants: faiblesse, amaigrissement, constipation ou entérite membraneuse, insomnie, dyspepsie, névropathie, souvent leucorrhée : crises de prélithiase ou pseudo-lithiase biliaire; efficacité de la sangle, du régime carné, des laxatifs salins, du bicarbonate de soude; ptoses, entérosténose, flaccidité hépatique, avec ou sans hyperesthésie du foie à la pression, etc.

« *Prélithiase biliaire.* Sachez la dépister sous les symptômes suivants : crampes d'estomac, crises nerveuses, gastriques ; étouffements, oppression : migraines menstruelles ; vomissements, indigestions ; névralgie intercostale, douleurs de l'épaule droite : constipation ; point cholécystique sensible à la pression ; fréquemment entéroptose, etc., tous symptômes qui, chez le plus grand nombre des malades, atteints plus tard de coliques hépatiques, ont précédé pendant plus ou moins d'années la première crise.

« *Prélithiase urique.* Vous la soupçonnerez par les caractères qui suivent : migraine, douleurs lombaires, douleurs erratiques, diarrhée, gravelle ; souvent menstruation douloureuse ; rein parfois sensible à la pression, surtout à gauche ; foie souvent ptosé, etc.

« *Neurasthénie hépatique,* décrite, depuis que je l'ai déterminée, sous le nom *neuro-arthritisme.* Cherchez si au-dessous d'un syndrome neurasthénique ne se cache pas une hyperesthésie du foie à la pression ; rarement vous trouverez des ptoses. L'histoire de la maladie a été hépatique avant d'être nerveuse.

« *Précirrhose.* Vous la rencontrerez chez les malades présentant catarrhe gastrique, anorexie, pituite, insomnie, engraissement, diarrhée ; parfois syndrome neurasthénique ; éthylisme ; hyperesthésie cholécystique ou gros foie souple, etc.

« *Cirrhose à syndrome dyspeptique.* Elle se présente sous l'aspect d'une simple dyspepsie ; mais cherchez bien et vous trouverez des signes hépatiques locaux de la cirrhose, parfois limités au seul lobe droit, et des antécédents cirrhogènes.

« L'inefficacité de la cure dans des cas semblables impliquerait : soit une prescription défectueuse de la cure alcaline ou du traitement complémentaire éventuel qui doit lui être associé (régime approprié, laxatifs quotidiens, sangle, traitement externe) ; soit la complication par adhérences péritonéales des organes entre eux, et, à ce dernier point de vue, la cure est un véritable critérium ; soit une erreur dans l'interprétation de la diathèse morbide qui, au lieu d'être hépatique et de relever des causes de l'hépatisme, a d'autres origines, la tuberculose par exemple.

2° *Groupe des maladies de la nutrition.*

« *Lithiase biliaire.* — La maladie qu'on devrait appeler « maladie paroxystique du foie » et dont la formation de calculs est une complication, se traduit par trois variétés de coliques :

« Les coliques de la *prélithiase,* qui ont leur siège subjectif dans l'estomac (crampes d'estomac, crises nerveuses).

« Les coliques de la *pseudo-lithiase,* qui ont leur siège dans l'hypocondre droit, que j'ai encore appelées « coliques sous-hépatiques » et dont la localisation paraît être plutôt le coude droit du côlon ou la première anse transverse (spasme annulaire par névralgie symptomatique du plexus solaire) que la vésicule. On les appelle encore crises du rein mobile, coliques hépatiques nerveuses. Ce sont les crises de l'entéroptose.

« Les coliques de la *lithiase,* qui ont leur siège dans les canaux excréteurs de la bile et sont dues à l'effort d'expulsion, soit de gravelle ou boue biliaire, ou « bile épaissie », soit de calculs plus ou moins gros.

« Dans ces trois variétés de coliques, l'indication de la cure de Vichy est formelle, incontestée ; l'efficacité en est brillante et rapide dans les deux premières, ainsi que dans la gravelle biliaire. La rapidité d'action dans la lithiase calculeuse est subordonnée au volume et à la mobilité des calculs. Lorsque, six semaines encore après une cure à Vichy, les crises n'ont pas diminué de fréquence ni d'intensité, ou bien lorsque, dans le cas d'ictère chronique par calcul intracholédocien, il n'y a encore, six semaines après la cure, ni diminution de l'ictère, ni efforts violents d'expulsion, que, d'ailleurs, l'état général du malade tend à s'aggraver, il y a lieu de poser l'indication d'une intervention chirurgicale. Celle-ci doit avoir été toujours précédée de l'épreuve d'une cure à Vichy.

« Dans tous les cas, que le calcul ait été expulsé spontanément ou par le fait d'une opération, l'indication de la cure de Vichy persiste au moins les deux années qui suivent l'expulsion de ce calcul.

« Quelle que soit la variété des coliques de l' « affection paroxystique du foie », l'indication de la cure de Vichy sera remplie aussitôt que possible après qu'elle aura été posée. La tradition des malades, d'accord avec l'observation des médecins, veut que trois cures consécutives, à un an d'intervalle, soient nécessaires pour guérir les coliques localisées à l'hypocondre droit.

« *Obésité.* — La cure de Vichy est efficace contre l'obésité hépatique acquise, celle contractée après l'âge de vingt ans (l'hépatisme puerpéral, l'hépatisme éthylique offrent les types les plus frappants de cette obésité). La cure est inefficace contre l'obésité originelle ou héréditaire, sauf — et j'ai pu me convaincre que cette indication peu connue était bien réelle — lorsqu'elle est appliquée dans les années de l'enfance.

« *Lithiase urique.* — La répercussion de l'hépatisme sur le rein (hépato-néphrétisme) indique formellement la cure de Vichy, même s'il existe l'albuminurie spéciale de la lithiase urique, tant que persistent les signes objectifs et les symptômes rationnels de la déviation physique et fonctionnelle du foie. Lorsque ces signes sont dissipés, à la cure de Vichy sera substituée celle par les eaux diurétiques. La cure de Vichy est indiquée chez les enfants atteints de gravelle. quelque soit leur bas âge.

« *Goutte.* — La goutte a de très grandes affinités, au point de vue des indications de la cure de Vichy, avec l'obésité, la lithiase urique.

« De même que pour l'obésité, la cure de Vichy n'est efficace que dans la variété acquise, hépatique, de la goutte. Elle ne l'est dans la variété héréditaire — celle dont les accès débutent avant l'âge de trente ans, et sans étiologie hépatique personnelle au malade — qu'à la condition d'être appliquée dès l'enfance.

« De même que pour la lithiase urique, la cure de Vichy est indiquée dans la goutte acquise tant que persistent les signes physiques et les symptômes rationnels (qu'il faut chercher) de l'affection hépatique qui l'a précédée, puis, une fois ces signes et symptômes dissipés, la goutte est justiciable des eaux diurétiques.

« *Diabète.* — Les diabètes sucrés doivent être distingués entre eux, non par le titre ou la permanence de la glycosurie, non par le degré d'intensité des symptômes dits rationnels de soif, polyurie, faiblesse, polyphagie (ces symptômes étant d'origine hépatique et non glycosurique, ainsi que je l'ai démontré), mais par la nature de la maladie de foie qui les accompagne toujours, et surtout par la cause de cette maladie du foie.

« Tout diabète sucré dans lequel on trouve une maladie « palpable » du foie (il faut la chercher) et à l'origine duquel on trouve, soit une des causes des maladies du foie (il faut aussi les chercher, parfois quinze ou vingt ans en arrière, comme dans le diabète alcoolique, dont j'ai démontré l'existence, dont les enseignements doctrinaux sont merveilleux), soit une maladie symptomatique de l'hépatisme (gravelle, maladie du foie, etc.), réalise une indication formelle de la cure de Vichy. Dans des cas pareils, l'efficacité est brillante et rapide, sinon toujours contre la glycosurie, du moins contre les symptômes subjectifs de la maladie : la cure doit être prescrite même dans les formes apparemment les plus graves.

« Dans les diabètes dont l'origine est mal élucidée, où les signes objectifs, *palpables*, d'une viciation hépatique sont peu nets, la cure de Vichy est encore indiquée. Son efficacité est limitée.

« L'efficacité est nulle dans le diabète dit pancréatique (diabète avec autophagie), dans le diabète des enfants (au-dessous de vingt ans) et dans celui des jeunes gens ou adultes de vingt à trente ans (sauf le cas d'alcoolisme précoce).

« *Migraine.* — La migraine constitue une indication de la cure de Vichy, lorsque, chez le sujet qui en est atteint, existe l'un des symptômes de l'hépatisme (symptômes cardinaux de l'hépatisme, signes physiques anormaux à la palpation du foie : étiologie des maladies hépatiques, hyperacidité des urines). La cure de Vichy est indiquée dans la migraine périodique provoquée par la menstruation.

« *Rhumatisme d'Heberdeen, douleurs erratiques, douleurs lombaires, sciatique.* — Ils donnent lieu à la même discussion, au point de vue de l'indication de la cure de Vichy, que la lithiase urique et la goutte. Si le malade est « hépatisant », que son hépatisme ne soit pas endormi, la cure de Vichy est indiquée.

« *Fausse angine de poitrine.* — Elle comporte les mêmes indications.

« *Asthme hépatique* (arthritique). — Il paraît, d'après un cas que le hasard m'a permis d'observer, justiciable de la cure de Vichy, mais seulement lorsque cette cure est appliquée dès les premières années chez les enfants qui en sont atteints. C'est une indication rationnelle à vérifier.

3e *Groupe des maladies classiques du foie.*

« Les maladies suivantes constituent toujours une indication de la cure de Vichy :

« *Congestion du foie.* — Le catarrhe gastrique est le plus souvent l'expression symptomatique de la congestion du foie à son début : plus tard celle-ci revêt le masque de l'hyperchlorhydrie et, à une troisième période, celui de la stase gastrique avec clapotage, ou de la neurasthénie.

« *Ictère.* — La cure de Vichy est indiquée, moins contre l'ictère, dont le décours est plus ou moins modifié par la cure, suivant la maladie ictérogène, que contre la menace d'hépatisme diathésique dont cet ictère est l'expression ou contre l'état d'hépatisme dont il est la complication. Tout malade, qui a été atteint d'ictère, doit aller, la même année, faire une cure à Vichy, si la maladie ictérogène est *médicalement* curable. Ce précepte doit être appliqué chez l'enfant, chez le vieillard, comme chez l'adulte.

« *Angiocholécystites.* — La cure de Vichy est indiquée dans tous les cas, une fois passée la période fébrile. Cette cure est en particulier efficace dans les formes qui ont revêtu les caractères de la fièvre intermittente, et elle réussit à prévenir le retour des accès.

« *Stéatoses du foie.* — Ce sont les hypertrophies souples et silencieuses qu'on observe dans la goutte, dans le diabète alcoolique ou celui par excès alimentaires. Il y a double indication.

« *Cirrhoses hypertrophiques.* — Quel que soit le syndrome (diabétique, dyspeptique, ictérique, ou même ascitique avec œdème), quand il n'y a ni fièvre, ni albuminurie, ni hémorragies, et que le gros foie a conservé son bord inférieur tranchant, que, d'ailleurs, la cellule hépatique n'est pas détruite, la cure est indiquée. Le malade est toujours soulagé et parfois au delà de toute espérance.

« Les cirrhoses toxiques, par hétéro-intoxication, les cirrhoses d'origine sanguine sont celles qui sont le plus rapidement modifiées.

« Par contre, la cure est contre-indiquée, ou du moins ne répond pas à l'indication, car elle ne m'a paru rendre aucun service, dans la *cirrhose hypertrophique avec ictère de Hanot*. Ceci confirme bien le principe, posé plus haut, de l'utilité, dans les cas où l'indication est douteuse, du caractère décisif tiré d'une cause première bien nette et personnelle au malade, de son hépatisme. L'étiologie de la cirrhose de Hanot est obscure.

« *Splénomégalies* (hépatosplénisme). — Elles sont justiciables de la cure de Vichy, tant qu'il y a des signes d'hépatisme, ou encore si l'étiologie paludéenne est formelle.

« Telles sont les indications de la cure de Vichy. Elles reposent essentiellement, d'abord sur un diagnostic diathésique ou pathogénique, celui de l'hépatisme ; ensuite sur un diagnostic étiologique, celui de la cause de l'hépatisme, et l'on peut affirmer que, lorsque l'hépatisme se trahit par les caractères positifs que nous avons énumérés, lorsque l'une des causes que nous avons signalées se trouve nettement à son origine, on rend service au malade, quelle que soit l'espèce morbide — c'est-à-dire la phase de son hépatisme — tant que la tare hépatique peut être combattue, tant que la cellule hépatique n'est pas définitivement compromise (analyse urinaire), tant qu'elle peut être stimulée dans ses fonctions, en lui prescrivant la cure de Vichy.

« Mais ce n'est pas tout, si vous acceptez la notion de l'hépatisme, vous pourrez prévenir l'installation de la diathèse, en intervenant de bonne heure, fût-ce dans l'enfance où la cure est particulièrement efficace, par le traitement des troubles hépatiques chez les malades où ils sont cachés sous l'apparence bénigne d'une dyspepsie ou d'une névropathie ou d'une affection légère du foie ; si vous acceptez la notion des maladies diathésiques envisagées comme les phases successives d'un processus hépatique en évolution, vous pourrez prévoir et prévenir, toujours en traitant l'hépatisme, le passage d'une phase donnée à une phase moins aisément justiciable de votre thérapeutique, lors de ces périodes que j'appelle les « tournants » de la diathèse.

« Vous n'enverrez ainsi pas plus de malades à Vichy, car ils finissent toujours par y venir, mais vous les enverrez plus tôt, et ils auront moins d'années à recourir à la cure qui les rapproche de la santé.

« Nous aurons, vous, de votre côté, et nous, médecins de Vichy, du nôtre, fait de bonne médecine, la meilleure de toutes, la médecine préventive, celle qui est le plus opposée à notre intérêt, mais aussi celle qui assure au médecin une place si haute dans l'échelle sociale. Une telle médecine, c'est la vôtre, vous le prouvez par votre sollicitude pour vos malades, cette sollicitude qui, au prix de perte de temps, de frais et de fatigues, vous conduit dans les stations thermales, pour vous y perfectionner dans la connaissance des armes à l'aide desquelles nous luttons avec le plus de succès contre les maladies chroniques. »

La Conférence de M. Glénard, écoutée avec l'attention la plus captivée, a été saluée par d'unanimes applaudissements. Par les grands problèmes qu'il a soulevés, notre confrère nous a laissé sous l'impression du concours inestimable que le trésor, unique en son genre, des observations recueillies sur les malades des stations thermales, peut apporter à l'édification d'une pathologie générale rationnelle et vraiment fertile en déductions thérapeutiques, telle que nous la souhaitons.

*
* *

Les *excursions* de l'après-midi se sont faites suivant le plan dressé par la Société Médicale de Vichy : les voyageurs se sont partagés en trois groupes :

L'un, le plus nombreux, prenait un train spécial pour Saint-Yorre, traversait l'Allier en bateau, visitait ensuite, dans des voitures mises à sa disposition par la Compagnie fermière, les sources d'Hauterive (où il était préparé un succulent five o'clock), de Gannat et du Dôme.

L'autre prenait le tramway de Vichy-Cusset, pour visiter les sources de Cusset.

Fig. 17. — A Vichy. Saint-Yorre. Cliché du Dr Hörmann.

Le troisième visitait les établissements particuliers de Vichy, hydrothérapie du Dr Lejeune, établissement hydrothérapique et thermorésineux du Dr Berthomier, établissement du Hammam.

*
* *

Le soir à 6 heures, dans le salon des fêtes du Casino, exposé, à l'aide de projections, des *plans de l'Établissement thermal* et du théâtre en construction par *M. l'ingénieur Guérin.*

« La nouvelle convention intervenue entre l'État et la Compagnie fermière de l'Établissement thermal de Vichy stipule qu'en plus de l'énorme majoration du prix de ferme et de plusieurs charges nouvelles, la Compagnie devra transformer, suivant un programme déterminé, les installations balnéaires actuelles et les autres établissements qui servent à son exploitation.

« Le programme de ces travaux de transformation comprend :

« 1° La construction d'un établissement thermal pour les troisièmes classes et différentes améliorations dans celui des deuxièmes classes ;

« 2° La construction d'un nouvel établissement thermal de premières classes ;

« 3° La transformation de l'établissement actuel des premières classes en un immense Trink-hall :

« 4° La construction d'une salle de spectacle et la transformation du casino actuel :

« 5° La transformation en parc de l'ancien terrain de l'hôpital.

« La première partie de ce programme, ainsi que la dernière, sont déjà exécutées. La Compagnie a livré cette année au public l'ancien terrain de l'hôpital aménagé en jardins et elle a donné à l'exploitation un établissement complet de troisièmes classes, dont l'aménagement balnéaire ne laisse rien à désirer. Cet établissement comprend 64 cabinets de bains, 4 grandes douches avec chacune 6 déshabilloires, 4 douches ascendantes et tous les services accessoires.

« La Compagnie a construit et mis également en service cette année un pavillon spécial pour bains sulfureux, dont l'aménagement est tout particulièrement approprié à ce genre de traitement. Les murs des 8 cabinets de bains, compris dans ce pavillon, sont entièrement revêtus de faïences qu'on lave avec un liquide antiseptique après chaque bain.

« Dans l'établissement thermal des deuxièmes classes il a été installé de nouvelles douches ascendantes avec appareils perfectionnés, et la Compagnie a fait ajouter aux salles de douches de grands salons d'attente et de nombreux déshabilloires.

« Le nouvel établissement des premières classes est en construction. Il s'élève dans l'îlot compris entre les rues Lucas et de l'Établissement, l'avenue Victoria et le boulevard National, sur une surface de 16 300 mètres carrés dont 8 200 mètres en bâtiments et le reste en cours et jardins.

« Ainsi que le montre le plan ci-joint, cet établissement est divisé en deux parties, l'une pour les dames, l'autre pour les hommes. Chacune de ces divisions comprend sous un groupement un peu différent le même nombre de salles et de services.

« Du milieu de la façade principale qui se trouve sur la rue Lucas, on entre dans un immense hall où aboutissent, à gauche et à droite, des galeries qui conduisent dans les deux divisions des dames et des hommes.

« Autour de l'axe et en arrière du hall d'entrée, on a groupé les services communs aux deux sexes. C'est ainsi qu'on trouve, immédiatement à l'entrée, le pavillon de l'hydrothérapie médicale qui, sous une forme restreinte, groupe sous la direction immédiate du docteur toutes les applications hydrothérapiques et autres qui sont réparties dans l'ensemble de l'établissement thermal. Dans ce pavillon en effet nous voyons autour des déshabilloires, des chambres chaudes, de massage, des bains de vapeur, des douches ascendantes, des bains électriques et des salons de repos.

« Une grande salle est réservée dans chaque division des dames et des hommes pour le massage médical à sec.

« Le cabinet du docteur donne de plain-pied sur la tribune de la salle de douches, commune aux deux sexes, mais ce service comporte une autre salle uniquement réservée aux dames qui ne veulent être douchées que par une doucheuse. Une piscine d'eau froide sépare ces deux salles de douches.

« Le cabinet du médecin est relié par un salon au dégagement qui conduit aux autres salles de douches de l'établissement dont nous parlerons plus loin, le docteur étant chargé de veiller au bon fonctionnement de toutes les douches et à l'exécution ponctuelle des ordonnances médicales.

« En arrière de ce pavillon se trouve, dans une salle de 32 mètres de longueur sur 8 mètres de largeur, la mécanothérapie. Dans cet immense local seront installés tous les appareils Zander les plus récents et les plus complets. Les uns marcheront, sous l'action seule des malades, les autres seront mis en mouvement par un moteur électrique. La Compagnie fermière s'est assurée par traité le monopole dans la région de l'application des appareils Zander.

« Plus en arrière encore, se trouve le service d'application de

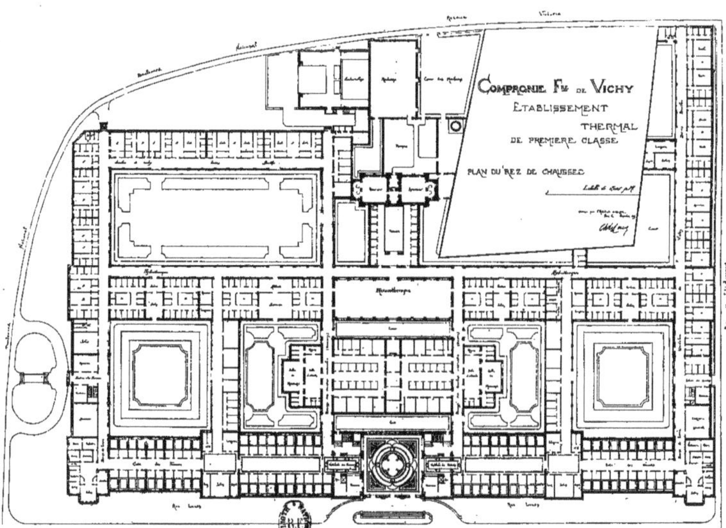

PLAN DÉTAILLÉ DU NOUVEL ÉTABLISSEMENT DE VICHY

Georges Carré et C. Naud, Éditeurs.

FIG. 18. — Vichy. Nouvel établissement.

l'acide carbonique naturel des sources pour bains, inhalations ou humage.

« Si nous revenons maintenant au grand vestibule d'entrée, nous trouvons à gauche et à droite les deux divisions destinées aux dames et aux hommes. Nous ne décrirons que l'une de ces divisions, l'autre étant à peu près semblable.

« Dès l'entrée du couloir de gauche par exemple, nous trouvons la galerie qui conduit au service d'hydrothérapie médicale côté des hommes. En suivant le couloir nous avons à droite et à gauche les cabines de bains, dont les très grandes dimensions permettront d'organiser dans chaque cabine la salle de bains proprement dite et un vestiaire. Au milieu du couloir un salon de repos et à l'extrémité trois cabines de grand luxe qui aboutissent à un salon spécial, à une salle de douches et à un cabinet de douches ascendantes. En plus de ces cabines du rez-de-chaussée, il en est prévu exactement le même nombre au premier étage. Les malades n'éprouveront aucune fatigue pour se rendre dans ces locaux, car en plus des larges escaliers qui figurent sur le plan, ils auront à leur disposition des ascenseurs mécaniques.

« Toutes les cabines seront alimentées par un robinet d'eau minérale, un robinet d'eau chaude et un robinet d'eau froide. Les cinq premiers cabinets seront munis de piscines individuelles alimentées à l'eau minérale. Deux de ces piscines seront de forme telle que les malades pourront y prendre le bain debout, dans une troisième ils pourront y recevoir la douche sous-marine d'eau minérale.

« Au milieu du couloir des bains s'ouvre une galerie qui conduit à l'hydrothérapie, et qui est bordée à droite par différents services spéciaux comme : les douches ascendantes prises assis ou couché, les lavages de l'estomac, les douches nasales et auriculaires, les bains de pieds, etc.

« A l'extrémité de cette galerie, à droite et à gauche, se trouve le service de l'hydrothérapie qui comprend 4 salles de douches avec piscines froides, vestiaires, bains de siège, salon de repos, salle d'escrime, etc. Deux de ces salles de douches doivent recevoir de l'eau minérale ou douce à volonté, froide ou chaude, dans les deux autres l'eau sera exclusivement froide.

« A la suite des bains de luxe et en bordure sur le nouveau parc, on a groupé le service des douches massages, qui depuis ces dernières années a pris à Vichy un si grand développement. Il y a dix salles de douches-massages avec chacune quatre déshabilloires.

Fig. 19. — Vichy. Nouveau Casino.

« A la suite et en bordure sur l'avenue Victoria seront installés les bains de vapeur. Un groupe comprend deux boîtes pour bains de vapeur humide, sèche ou d'air chaud, en communication avec une salle de douches et quatre déshabilloires. Il y a trois groupes semblables.

« Tous les services que nous venons d'énumérer se retrouvent sous un autre arrangement du côté des dames avec en plus quelques salles pour traitements spéciaux, comme les douches vaginales, etc.

« Les salles de pulvérisation des eaux étrangères, les salles d'inhalation d'oxygène, ainsi que les traitements électriques les bains de lumière et la radiographie seront installés au premier étage.

« Cet établissement est en construction actuellement, il sera très probablement livré à l'exploitation partiellement en 1901 et totalement en 1902.

« Immédiatement après, la Compagnie fermière s'occupera de la transformation de l'ancien établissement en un immense Trink-hall, sous lequel les malades pourront boire l'eau minérale des sources Grande-Grille, Mesdames et Chomel, tout en se promenant par quelque temps qu'il fasse. Autour de la source Chomel seront groupés les services des gargarismes, des pulvérisations, de humage, etc., à l'eau minérale de cette source.

« Pour permettre aux baigneurs d'étendre leur promenade, même en temps de pluie, on doit construire autour du Parc des galeries couvertes qui relieront les établissements des premières, deuxièmes et troisièmes classes au Trink-hall, au Casino et à la buvette de l'Hôpital.

« Dans ce programme de transformations, la partie consacrée aux distractions des baigneurs n'a pas été négligée. Ainsi que le montre le dessin ci-dessus, la Compagnie fermière doit modifier entièrement le Casino et construire une très grande salle de spectacle. Le projet prévoit de très grandes dimensions à tous les dégagements du nouveau théâtre dans lequel l'air et la lumière pénètreront partout largement. La Salle sera ventilée par des moyens mécaniques spéciaux qui maintiendront une température constante pendant toute la durée de la représentation.

« Le grand hall qui doit réunir le Casino actuel à la salle de spectacle et servir de foyer à cette dernière sera livré au public l'année prochaine. Ce hall a 24 mètres de côté et il est recouvert par une coupole dont le sommet est à 15 mètres au-dessus du sol.

« La Salle de spectacle sera terminée pour la saison 1901. »

BOURBON-L'ARCHAMBAULT

Notre visite a débuté par l'Établissement — propriété de l'État — dont les proportions vastes et luxueuses faisaient l'admiration de tous, et je pourrais dire, l'étonnement de beaucoup; c'est dans les cas semblables que l'on sent plus vivement l'utilité toute spéciale de la visite sur place; il est impossible, si bien faites soient les descriptions, de retenir, par la lecture seule,

Fig. 20. — Dans le Parc de Bourbon-L'Archambault. Cliché de M. Heuzé.

l'organisation d'un établissement, aussi bien que de sa mise en marche, et les manipulations auxquelles y est soumis le malade. En quelques minutes de promenade, au contraire, on écoute le confrère cicérone, on voit les appareils qu'il fait manœuvrer devant nous, on est de suite documenté. Maintenant que nous avons ainsi parcouru cet Établissement modèle, aucun de nous n'oubliera l'élévation de ses voûtes, ses décorations de faïences d'art, ses briques vernissées rouges et noires, la lumière répandue à profusion dans toutes ses parties, les larges *cabines* en marbre et faïence émaillée (contenant, chacune, une *piscine* au niveau du sol), les *deux grandes piscines* pouvant contenir 30 baigneurs chacune, etc.; propreté, confort, gaieté même, c'est l'impression que l'on emporte de cet Établissement où toutes les règles de l'hygiène sont si bien mises en pratique.

Nous nous sommes ensuite rendus à la source, nous avons vu les *citernes* où l'on trouve encore des vestiges de constructions romaines; une puissante machine élève l'eau pour la conduire à l'établissement, à l'hôpital militaire, aux bassins de réfrigération. Puis nous sommes montés, au sommet du plateau, au-dessus de l'Établissement, et là nous avons vu les *bassins de réfrigération* et le beau *panorama* qui s'étend sur la ville et sur les environs : les ruines du Château, résidence célèbre des sires de Bourbon, sa légendaire tour de Quinquengrogne, le *lac* qui baigne le pied de ces vieilles tours dont la circonférence dépasse 5 kilomètres.

* * *

Résumé de la Conférence de M. le Professeur Landouzy :

« Peu de Stations ont d'aussi beaux titres de noblesse que Bourbon-l'Archambault. Ses thermes étaient déjà connus au temps de la domination des Romains dans les Gaules : la construction romaine, qui formait l'enceinte de la source, subsiste toujours et sert de base aux constructions récentes. Sa renommée, ininterrompue jusqu'à nos jours, en faisait jadis le rendez-vous des personnages illustres de chaque époque ; Racine, Boileau, Mme de Sévigné, Mme de Montespan, etc., firent de Bourbon, dit-on, la succursale de Versailles, etc. Voilà des Eaux dont les propriétés ont été maintes fois étudiées, minutieusement observéees depuis tant d'années qu'on peut être assuré que leurs applications sont bien définitivement établies. L'enseignement, que nous en donnent aujourd'hui nos confrères, s'appuie ainsi sur la base solide de l'empirisme scientifique, fait de l'observation clinique la mieux suivie.

« L'*altitude* faible, 245 mètres, nous explique le *climat* doux et tempéré ; la température est plutôt élevée, les relevés de notre distingué confrère, le Dr Regnault, donnent 18° à 25° pendant les mois de juin et de septembre et 20° à 30° pendant juillet et août.

« L'eau est abondante et chaude ; la source qui alimente seule l'établissement a un *débit*, par 24 heures, de 1 200 000 litres, à une *température* constante de 52°. Claire et limpide, elle devient louche si on la laisse refroidir dans un récipient quelconque, et alors sa surface se couvre d'une pellicule de carbonate de chaux ; dans les bassins, exposés au soleil et à l'air, elle paraît verdâtre, par suite des *Conferves* abondantes qui se développent sur les parois de ces bassins. En visitant la source à son griffon, *les Grands-Puits*, vous avez vu les nombreuses bulles de gaz acide carbonique qui viennent, de la profondeur, crever à la surface et donnent l'apparence de l'ébullition, vous avez goûté cette eau légèrement salée, vous avez constaté qu'elle est inodore et qu'elle donne à la main une sensation douce et onctueuse.

« La *minéralisation* totale est de 4 grammes par litre, à base de chlorure de sodium (2^gr^,24) et de bicarbonates divers (1^gr^,33) ; il faut aussi tenir compte des faibles quantités de silice, d'iodure, de bromure, de lithine qui doivent jouer un rôle dans l'action de l'eau dans son ensemble. Si vous voulez une étiquette qui dise bien la caractéristique chimique de Bourbon vous y devrez écrire : *Eaux chlorurées sodiques, bicarbonatées mixtes, bromo-iodurées*. Voilà l'eau capitale de Bourbon ; à ses côtés, coulent deux sources froides : *Jonas* et *Saint-Pardoux*, bicarbonatées et ferrugineuses, froides, surtout employées comme eaux de table.

« La cure est surtout externe sous forme de *bains*, de baignoire ou de piscine, de *douches* générales, locales ou sous-marines. C'est l'eau thermale, seule, sans aucun mélange d'eau ordinaire, qui sert pour tous les usages. Puisée au griffon, elle est élevée dans un réservoir, maintenu plein pendant toute la durée du service des bains, de telle sorte qu'elle ne perd qu'un degré de sa température lorsqu'elle arrive aux robinets des piscines ou des douches. Pour avoir de l'eau refroidie, les 3 bassins de réfrigération, que nous avons vus au-dessus de l'établissement, sont également remplis et ainsi on peut donner bains et douches à toutes températures avec l'eau naturelle pure : bains à 35° le plus souvent, plus rarement au-dessous à 32° et au-dessus à 40° ; douches variant de 30° à 48°.

« Les résultats produits par les bains de Bourbon sont des effets *toniques* et *stimulants*, c'est l'action caractéristique de la cure : pour en bien faire saisir l'influence, le Dr Regnault oppose les bains de Plombières, de Bigorre à ceux de Bourbon-l'Archambault, de Bourbonne ; si les premiers sont sédatifs, calmants, les seconds ont des propriétés toniques, reconstituantes non moins évidentes.

« On boit aussi quelques verres d'eau, avant et pendant le bain, et si la *boisson* est un élément secondaire dans le traitement, elle produit cependant des effets diurétiques et diaphorétiques bienfaisants. Mme de Sévigné avait éprouvé ces effets qu'elle nous dit d'une façon exquise : « Vous voulez, ma très « chère bonne, — écrit-elle à Mme de Grignan, le 25 septembre « 1687, — de mes nouvelles, elles sont tout à fait excellentes. « Il y a deux jours que je prends des eaux ; elles sont douces. « et gracieuses, et fondantes : elles ne pèsent point : j'en fus « étonnée et gonflée le premier jour ; mais aujourd'hui je suis « gaillarde ; on les rend de tous côtés : point d'assoupissement, « point de vapeur. Si je continue à m'en trouver si bien, je ne « me servirai pas de celles de Vichy que l'on fait venir ici en « un jour : jamais union ne fut plus parfaite entre deux rivales. « On les fait réchauffer dans le puits le plus bouillant de ceux « qui sont ici, on les fait boire comme les autres ; celles-ci « reçoivent celles-là dans leur sein ».

« Les *indications* de Bourbon-l'Archambault tiennent dans ces deux mots : *Paralysies* et *Rhumatismes* ; c'est à l'efficacité de la cure dans ces deux cas que Bourbon doit sa vieille et solide *réputation*. Il semble bien établi que toutes les paralysies peuvent y trouver du soulagement et même des améliorations plus rapides et plus durables que par les autres traitements : *paralysies rhumatismale, diphtérique* ; même *hémiplégie* suite d'hémorragie cérébrale; *paralysie infantile*. C'est une ressource d'autant plus précieuse que la thérapeutique ordinaire a peu de prise contre ces affections, toujours longues et si souvent difficilement réductibles. L'hémiplégie d'origine cérébrale peut venir ici dès que les phénomènes inflammatoires sont calmés, car le traitement paraît d'autant plus efficace qu'il est appliqué à une époque plus rapprochée de l'accident. Tous nos confrères de Bourbon sont unanimes sur ce point, un apoplectique récent supporte la cure sans aucun danger et les bons résultats sur l'innervation générale et sur le retour du fonctionnement des muscles, sont beaucoup moins marqués quand on ne fait la cure qu'à une époque éloignée de l'attaque.

« Les *paraplégies* et les *paralysies* d'origine *médullaire* profiteront également de l'action favorable de la cure de Bourbon; qu'elles soient fonctionnelles, d'origine *hystérique* ou d'origine *rhumatismale*, qu'elles soient le résultat d'une *lésion anatomique* par commotion de la moelle suite de chocs, par maladie infectieuse, grippale, typhoïdique, para-syphilitique, etc. C'est une cure que vous devrez offrir à ces pauvres enfants victimes de ces *paralysies infantiles* si redoutables par les impotences musculaires plus ou moins étendues, par les atrophies localisées et définitives; les bains de piscines, les douches, le massage donneront des améliorations notables, à la condition encore que les enfants n'arrivent pas ici à une période trop éloignée du début de la maladie, pourvu toutefois que toute irritation spinale soit éteinte.

« La seconde catégorie des malades qui doivent venir ici comprend tous ceux porteurs de séquelles articulaires dues aux rhumatismes; Bourbon réclame, à juste titre, toutes les variétés et toutes les formes du *rhumatisme chronique*, mais son action est surtout efficace chez le *rhumatisant lymphatique, affaibli, anémié*, dont l'organisme a besoin d'être relevé au point de vue général, en même temps que la résorption des empâtements et épanchements articulaires ou périarticulaires doit être activée. Qu'il s'agisse des *suites du rhumatisme articulaire aigu*, avec ses raideurs, ses hydarthroses, ses pseudo-ankyloses consécutives, ou du *rhumatisme blennorrhagique*, ou même et surtout du *rhumatisme noueux déformant*, la thermalité élevée des eaux, les divers procédés de balnéation, la diversité et l'habileté de leur emploi par nos confrères, font que tous les malades trouvent ici un adoucissement à leurs souffrances un allégement à leurs infirmités comme à leurs difformités. L'effet bienfaisant obtenu dans cette affection complexe qu'on a désigné sous le nom de *rhumatisme chronique polyarticulaire progressif* est noté avec insistance, par nos confrères, dans leurs travaux ; cette maladie redoutable par son évolution continue, ses déformations progressives est une des plus rebelles à nos agents thérapeutiques médicamenteux ; des cures répétées de Bourbon peuvent enrayer sa marche, réparer en partie les désordres produits et empêcher les déformations et ankyloses qui font le désespoir du malade et du médecin. C'est en vertu de son action antirhumatismale que Bourbon rend aussi des services dans les *névralgies* diverses, intercostale, sciatique surtout, avec ou sans atrophie.

« Les *affections chirurgicales osseuses, articulaires,* trouvent ici le traitement qui leur convient quand, toute période aiguë ayant cessé, des raideurs, des épanchements, des douleurs persistent. C'est ainsi que les coxalgiques, les malades porteurs d'ostéites, de trajets fistuleux, d'ankyloses incomplètes, sous l'influence combinée de la thermalité de l'eau, de la douche sous-marine, des bains tempérés, etc., retrouvent l'assouplissement des jointures et parfois la rénovation des muscles. Ces propriétés de Bourbon expliquent l'installation de l'Hôpital militaire où nos confrères de l'armée soignent avec succès toute une série de cas spéciaux : *entorses* avec engorgements, *arthrites* ou *atrophies musculaires,* suites de *luxation* et de *fractures*, *cals* vicieux ou douloureux, *ankyloses* incomplètes, etc.

« En résumé, la cure de Bourbon-l'Archambault a une *action générale tonique et excitante de toutes les fonctions de la nutrition*, et une *action locale résolutive des manifestations plastiques de la diathèse arthritique* ».

*
* *

Après cette Conférence, nous sommes partis en voiture pour la source de *Saint-Pardoux*; nous avons goûté cette eau fraîche, agréable, gazeuse, réputée pour ses propriétés digestives, consommée comme eau de table dans la contrée et qui a un certain débit d'exportation. — C'était aussi l'occasion d'avoir un aperçu des magnifiques *forêts* qui entourent Bourbon ; les futaies de hêtres de la forêt de Civrais, que nous avons traversée, nous disent assez les ressources agréables de promenades dont disposent les baigneurs.

Fig. 21. — Au départ de Bourbon-L'Archambault. Cliché de M. Contet.

BOURBON - LANCY

Notre arrivée à Bourbon-Lancy, dans ce beau *parc*, aux larges allées, aux arbres séculaires, aux pelouses verdoyantes, par un temps admirable, a produit à tous une charmante impression ; nous nous rendions compte de la sensation de bien-être, de calme et de bon air que doit éprouver le malade qui, au sortir d'un long trajet en chemin de fer, descend de voiture dans ces conditions. Quand nous avons ensuite parcouru l'Établissement et les environs, cette première impression n'a fait

FIG. 22. — Bourbon-Lancy. Hôtel de l'établissement. Cliché de M. Heuzé.

que s'accentuer : avec Saint-Nectaire-le-Bas, c'est une des Stations qui ont subi, dans ces dernières années, le plus de transformations et d'améliorations, résultats d'une initiative locale, vigoureuse et bien conduite : *Etablissement* remis à neuf, — vaste *piscine* de natation, de 200 mètres carrés, à eau courante, 30°, — cabines larges, claires, avec *bain-piscine* et *douche Tivoli*, —

etc. Au milieu de la cour, les deux grands *bassins* circulaires et à ciel ouvert, dans lesquels les eaux se refroidissent.

L'*Hospice d'Aligre* avec son pavillon somptueux d'hydrothérapie et de balnéothérapie. — Une véritable nouveauté comme adjuvant thérapeutique dans une Station française; une installation de *mécanothérapie* complète et dans un beau local; ces appareils mécaniques de gymnastique du Dr Herz, de Vienne, analogues à ceux de Zander, permettent de soumettre les

Fig. 23. — Bourbon-Lancy. Arrivée dans le Parc. Cliché du Dr Hörmann.

muscles du membre supérieur, du tronc, du membre inférieur, à des mouvements passifs ou actifs à volonté.

L'après-midi, excursion fort intéressante à l'*Abbaye de Sept-Fonds,* magnifique installation agricole de moines qui, par leurs travaux, contribuent à la prospérité de la contrée : cultures des terres perfectionnées, minoterie, fromagerie, brasserie, etc.

Ces notes sont fort insuffisantes pour donner une idée de l'essor que Bourbon-Lancy a pris depuis quelques années et, pour apprécier comme ils le méritent, les services rendus à cette Station par les administrateurs actuels. Ce qui est certain c'est que le but est atteint, que la vogue ne manquera pas, que ces efforts seront récompensés et le « Wiesbaden Français » n'a désormais guère à envier à son rival.

*
* *

Résumé de la Conférence de M. le Professeur Landouzy :

« Nous sommes ici à une altitude peu élevée, 240 mètres seulement, je désire de suite appeler votre attention sur ce point

Fig. 24. — Bourbon-Lancy. Bassins de réfrigération et Établissement. Cliché de M. Houzé.

car c'est déjà une première condition favorable aux *cardiopathes* qui sont en nombre dans cette station.

« Les eaux sont fournies par 5 sources, elles sont chaudes, de 46 à 58°, et leur quantité est de 100 000 litres par jour. Eaux claires, transparentes, d'une couleur verdâtre quand elles sont vues en masse dans les bassins, d'une odeur fade rappelant celle du bouillon de veau. La *minéralisation* est peu élevée, 1gr,80 seulement, dont la majeure partie, formée par du chlorure de sodium (1gr,30). Le reste comprend des bicarbonates, de l'iode, de l'arsenic, de la lithine, en résumé on définit ces eaux en les disant : *thermales, chlorurées sodiques, bicarbonatées, iodurées.*

« La balnéation est la partie essentielle de la cure, *bains prolongés* et *douches sous-marines* sont le plus souvent associés ; l'action résultante est sédative, calmante du système nerveux et, en même temps, résolutive des exsudats fibrineux, articulaires, péri-articulaires. En *boisson*, cette eau est digestive et tonique chez les hypo-chlorhydriques, elle est très diurétique, et facilite l'élimination de l'acide urique, ce qui la fait rechercher chez les goutteux.

« La spécialisation de Bourbon-Lancy est le *rhumatisme* chronique, ancien, (ayant laissé des séquelles aussi bien du côté des articulations que du côté du cœur), dans tous ces cas où il faut : d'une part, tonifier doucement un organisme anémié ; d'autre part, résoudre des produits plastiques, tout en évitant d'amener une réaction trop violente, dans tous les cas de séquelles rhumatismales où le thérapeute doit se montrer avec une « main de fer gantée de velours ». Cette heureuse action antiarthritique, antirhumatismale, douce et résolutive à la fois, fait de cette station le rendez-vous de plus en plus nombreux des *boiteux*, des *infirmes du cœur*, de ceux qui ne sont pas encore arrivés à la *maladie* du cœur, de ceux chez lesquels l'*adaptation* du cœur continue à se faire à sa lésion. Les cardiopathes doivent, au point de vue thérapeutique, être différenciés en deux catégories ; les myo-hypertrophiques qui sont bien défendus par un muscle compensateur à la hauteur de sa tâche ; les scléro-hypertrophiques chez lesquels le muscle fléchit et dont la défense devient ainsi insuffisante, les uns et les autres ont beaucoup à gagner à suivre à Bourbon-Lancy une hygiène thérapeutique.

« En présence d'une lésion valvulaire irréductible, la vraie thérapeutique du cœur, la thérapeutique *secouriste* est l'art d'adapter toutes les ressources hygiéniques, médicamenteuses, diététiques, psychiques, en vue de ne point adultérer la puissance fonctionnelle du cœur. Comme le soulagement de cet organe est fait surtout du bon ou du mauvais fonctionnement des organes périphériques, est-ce sur ces derniers qu'on devra toujours agir en vue de faciliter mécaniquement leur irrigation et par suite l'impulsion cardiaque première.

« D'ailleurs n'est-ce pas là une application des principes de toute thérapeutique, qui doit avoir pour but de réveiller et d'entretenir les aptitudes fonctionnelles ? La thérapeutique est l'art d'adapter le coefficient fonctionnel du malade à ses servitudes organiques. C'est pourquoi une cure hydro-minérale bien conduite est-elle une bonne adjuvance chez les cardiopathes pendant toute cette période de malaises, d'à-coups qui va de l'épisode aigu premier au stade terminal asystolie. Bourbon-Lancy, par son climat sédatif, sa faible altitude, ses eaux diurétiques, décongestionnantes, offre toutes les ressources désirables pour

Fig. 25. — Bourbon-Lancy. Buvette. Cliché du Dr Hörmann.

l'organisation de manœuvres hygiéno-thérapeutiques des cardiopathes. Tous peuvent venir ici quelle que soit l'origine de leurs altérations valvulaires, que ce soit le rhumatisme articulaire aigu franc ou une maladie infectieuse, telle que la fièvre typhoïde : d'une part, leurs séquelles articulaires, péri-articulaires, trouveront un médicament fondant de leur processus irritatif ; d'autre part, la cure agira sur la circulation périphérique sédativement, modérera les spasmes cardiaques et vasculaires et produira par son ensemble un soulagement du travail du cœur.

Par des cures successives le malade retardera son passage de l'état d'infirmité cardiaque à l'état de maladie du cœur.

« Les affections lésionales du cœur, pourvu qu'elles soient encore compensées, ne sont pas seules à bénéficier, sédativement parlant, du séjour de Bourbon-Lancy, il en sera de même pour les troubles fonctionnels cardiaques de croissance, pour la fausse angine de poitrine. A l'exception de tous états aigus qui contre-indiquent la médication thermale, à l'exception des congestions viscérales, les diathésiques, les anciens rhumatisants, *invalides* des membres ou du cœur, trouveront à Bourbon-Lancy,

FIG. 26. — Bourbon-Lancy. Pavillon d'hydrothérapie de l'hospice d'Aligre. Cliché de M. Heuzé.

que d'aucuns voudraient appeler le Nauheim français, une Station privilégiée qui est en passe de s'approprier à leur état général et local. Action résolutive sur les lésions, action sédative sur les troubles fonctionnels, sur le malade tout entier; hygiène appropriée de la digestion, de la marche, de la respiration. En somme cardiopathes et médecins doivent venir ici pour y apprendre l'hygiène des maladies du cœur, pour y apprendre comment, par l'association sédative, diurétique, hydro-minérale; comment par l'association de l'hygiène, du climat, de la diététique, du repos et de la marche dosés; comment par l'association de la mécanothérapie hygiénique, de la cure, on défend les malades et on éloigne d'eux, le plus longtemps possible, l'asystolie ».

SAINT-HONORÉ

Nous arrivâmes à Saint-Honoré, avec un désir d'autant plus vif de tout voir, que c'était la dixième Station que nous allions étudier et c'était la première et la seule sulfureuse de tout notre voyage. Aussi conservons-nous un souvenir très précis de ses *buvettes*, de ses *bains*, de sa *piscine* et de son *outillage complet en vue des maladies des voies respiratoires : pulvérisations,*

Fig. 27. — Saint-Honoré. Parc et Établissement. Cliché de M. Heuzé.

douches de pieds, inhalations. Nous avons goûté l'eau, presque agréable, de ses buvettes, situées dans l'intérieur même de l'Établissement, à proximité des griffons, auxquelles l'eau arrive sans aucune communication avec l'air extérieur. Nous avons vu les *pulvérisations* pratiquées par tous les procédés : tamis, palette, tube en verre, pression mécanique, appareil à vapeur.

Nous avons inhalé dans la salle d'*inhalation gazeuse,* qui joue, avec la boisson, un rôle si important dans la cure. Les appareils employés sont décrits ainsi par le Dr Binet : « Un tube vertical se termine par une sphère creuse d'où partent des tuyaux un peu recourbés, superposés deux par deux. Les orifices des tubes, formant une paire, sont rapprochés et se regardent. L'eau monte dans le tube principal, emplit la sphère et s'échappe par les tubes latéraux. Les jets du tube supérieur et du tube inférieur de chaque paire se rencontrent, ils s'étalent en se confondant en une seule petite nappe mince qui tombe bientôt. Ces appareils sont placés au fond de trois puits de 2 mètres de profondeur, ils ont l'avantage de fonctionner automatiquement et de faire peu de bruit. »

Les *douches de pieds* sont une des spécialités de Saint-Honoré, très usitées, elles sont administrées après l'inhalation. — La vaste *piscine* est un précieux auxiliaire, surtout pour les enfants ; leurs ébats, natation et gymnastique, sont doublement favorables dans cette eau sulfureuse courante, naturellement chaude à 31°.

L'après-midi, excursion à la Vieille-Montagne (557 mètres), d'où l'on jouit d'un beau panorama, puis réception et lunch au château de M. le marquis d'Espeuilles, auquel tous exprimaient leurs vifs remerciements pour la cordialité avec laquelle il a bien voulu nous faire les honneurs de sa Station.

Au résumé, journée excellente, nous emportons le meilleur souvenir de cette charmante Station ; à l'arrivée et au départ, le long des routes des gares de Vandenesse et de Remilly, nous avons pu prendre un aperçu de ce beau pays du Morvan accidenté, pittoresque, couvert de magnifiques forêts et de prairies. — Aussi applaudissons-nous aux projets d'agrandissement et de restauration de la Station, dont on nous a fait part. Leur réalisation prochaine donnera, à coup sûr, un regain à la vogue de Saint-Honoré qui, par sa *note sulfureuse et arsenicale* si spéciale, sa *position géographique* au Centre de la France facile d'accès de tous les points de notre pays, ses qualités précieuses de « *station d'enfants* » réunit des éléments de succès très personnels.

*
* *

Résumé de la Conférence de M. le Professeur Landouzy:

« Saint-Honoré, à la lisière du Morvan, est une des régions les plus pittoresques de France, le paysage y est d'une autre note que celle des montagnes d'où nous descendons, la note souriante après la note grave: 302 mètres d'altitude; climat doux et tempéré, avec un refroidissement nocturne plus marqué que dans la plaine, *climat* type des *toni-sédatifs*, qui stimulent sans exciter.

« Pour la première fois, depuis le début de notre voyage, nous rencontrons une eau sulfureuse, instrument important de notre arsenal hydrologique; cette qualité sulfureuse complète la gamme thérapeutique que nous vous promettions au début de notre excursion. Nous avons vu successivement des eaux indéterminées (Néris), des eaux arsenicales (La Bourboule), des eaux chlorurées sodiques (Bourbon), des eaux siliceuses (Mont-Dore), des cures de haute altitude (Mont-Dore), etc., mais nous n'avions pas encore vu le soufre parmi les corps signalés à l'état combiné ou dissocié. Saint-Honoré est un des anneaux aberrants de la chaîne sulfureuse, si nombreux en France qu'aucun pays d'Europe, ni la Suisse, ni l'Allemagne, ni les pays Danubiens n'ont pareille richesse thermale; ce sont vraiment les Pyrénées qui détiennent la spécialité des eaux sulfureuses, de toutes teneurs et de toutes variétés, le soufre est l'élément dominant de toute la région. Au centre de la France, Saint-Honoré jouit de la prérogative d'être seule de sa catégorie; grâce à Saint-Honoré, le Plateau Central contient toutes les variétés de cures hydro-minérales.

« Quatre sources, de même composition, d'une température de 27 à 31° donnent un débit considérable (900,000 litres par jour). — Au point de vue de la *composition chimique* la particularité est l'*association du soufre et de l'arsenic* qui en fait un type unique en France.

Arséniate de soude	0,002
Sulfure de sodium	0,002
Hydrogène sulfuré libre	10 *centimètres cubes*
Chlorure de sodium	0,171
Sulfate de soude	0,026
Protoxyde de fer	0,001
Bicarbonates : chaux, soude, potasse, magnésie, lithine	0,229

« La cure est à la fois interne et externe, c'est la *boisson* qui a le plus d'importance, l'eau est facilement digérée même par les enfants ; il en est de même de l'*inhalation* pratiquée en commun dans la salle spéciale, pendant 5 à 15 minutes chaque fois. Au point de vue externe, toutes les pratiques sont mises en usage, comme le permet une eau à la fois si abondante et si richement minéralisée : *bains, douches, douches de pieds* chaudes, à 48, et 50°, *piscine*, *pulvérisations*, *douches vaginales*.

« L'*action* générale est excitante au début, sédative ensuite, l'excitation porte sur tous les appareils nerveux, digestifs, cutanés, mais son action élective spécifique se manifeste sur les *voies respiratoires*. L'excitation localisée en ce point paraît produire une action de décapage, anticatarrhale, substitutive d'abord, décongestionnante ensuite.

« C'est de cette action spéciale que sont déduites les *indications* de Saint-Honoré, une des variantes hydro-thermales adaptées à toutes les affections des voies respiratoires hantées sur un terrain débile, fatigué, anémié : *catarrhe du nez*, du *larynx*, des *bronches*, *catarrhe fonction de tuberculose*, chez des organismes originellement délicats ou devenus débiles. Saint-Honoré est applicable *à tous les âges* ; les eaux sont bien supportées dès l'enfance en boisson et en inhalation. Par sa composition comme par ses effets, Saint-Honoré doit être placé, au point de vue soufre, au-dessous des Eaux-Bonnes et de Luchon, au point de vue arsenic, au-dessous de La Bourboule. On soigne ici des malades qui, de par leurs affections, pourraient se réclamer, à la rigueur, de l'une ou l'autre de ces Stations. Dans l'appréciation de la préférence à donner à Saint-Honoré, on se règlera d'après le siège, la forme et le degré de la lésion ; on se règlera surtout d'après la constitution et le tempérament du malade. Ces deux éléments ne doivent jamais être perdus de vue quand il s'agit de fixer le plan et le choix de la cure pour tous nos malades chroniques. Voilà pourquoi, récemment à Berlin, réclamant contre la médication systématique et univoque du sanatorium appliqué à la cure des néotuberculeux ou des tuberculeux avérés, réclamant pour l'association thérapeutique qui a pour but d'englober, dans les indications, non seulement le terrain, la constitution, les réactions du malade, mais encore le siège, la forme, le degré des lésions, je réclamai pour les merveilleux médicaments que sont les eaux sulfureuses et arsenicales naturelles. Voilà pourquoi, parlant à Berlin de la médication : arsenicale de La Bourboule ; sulfureuse forte des Eaux-Bonnes, je vantais la combinaison sulfo-arsenicale de l'eau de Saint-Honoré, que 90 ans d'empirisme ont prouvé capable de conduire au résultat thérapeutique particulier que je vous ai dit, résultat dû à la manière dont sont groupés, combinés, dissociés, *températurés,* les différents éléments minéraux qui la composent.

Fig. 28. — Saint-Honoré. Casino. Cliché de M. Heuzé.

« Son action thérapeutique si puissante paraîtrait quelque peu paradoxale aux thérapeutes qui prétendraient déduire les applications d'une Station des prémisses chimiques, et qui, faisant fi de l'expérience accumulée des temps et des cliniciens, ne seraient pas conquis à cette vérité que les Eaux ont des raisons d'agir que la raison ne connaît pas ; qui ne seraient pas conquis à cet aphorisme que j'ai déjà répété tant de fois : *Naturam aquarum curationes ostendunt* ».

POUGUES

Pougues nous offrait deux particularités : une eau employée sur place en *boisson* et dont la consommation, *transportée*, augmente dans de grandes proportions chaque année. Il était intéressant, pour nous, d'étudier les moyens utilisés à cette Station — dont l'eau a un usage aussi limité qu'important — pour que l'eau prise à la buvette, aussi bien que l'eau bue en bouteille, ne perde rien de ses propriétés. Nous avions, en effet, à Pougues comme à Vichy, une installation type dans ce genre. M. Jéramec a bien voulu nous montrer en détail et la *buvette* et l'*embouteillage*, nous donnant tous les renseignements, que je puis reproduire, grâce aux documents qu'il m'a communiqués :

1° **Buvette.** — On sait que dans les sources minérales bien captées, débouchant à l'air libre, on ne rencontre plus de microbes à partir de 1^{m},50 de profondeur au-dessous de leur niveau. On a donc, à Pougues, pris tout d'abord la précaution de couvrir la source d'une cloche en verre avec joint hydraulique qui empêche toute communication avec l'atmosphère et assure l'asepsie complète, même de la dernière tranche liquide. De plus, par surcroît de précaution, on puise l'eau destinée aux buveurs à l'aide d'un tuyau qui pénètre dans le puits de la source à 1^{m},50 au-dessous du niveau supérieur.

A sa sortie, ce tuyau se contourne en un cercle, sur lequel sont branchés trois petits ajutages. Quand l'eau du puits pénètre dans ce tuyau, elle jaillit par ces trois petits ajutages recourbés. Or, au centre du cercle formé par le tuyau se trouve un plateau portant trois rondelles ; sur ces trois rondelles peuvent venir s'appliquer trois verres qui, à l'aide d'une tige centrale, glissent du haut en bas. Une légère pression sur ces rondelles suffit à donner la communication entre la source et le tuyau et à faire jaillir l'eau minérale, à travers les ajutages, dans les verres eux-mêmes.

A ce moment, c'est donc de l'eau minérale absolument pure qui jaillit des ajutages. Restait à lui conserver ce caractère et pendant son arrivée dans le verre et pendant l'ascension, jusqu'au

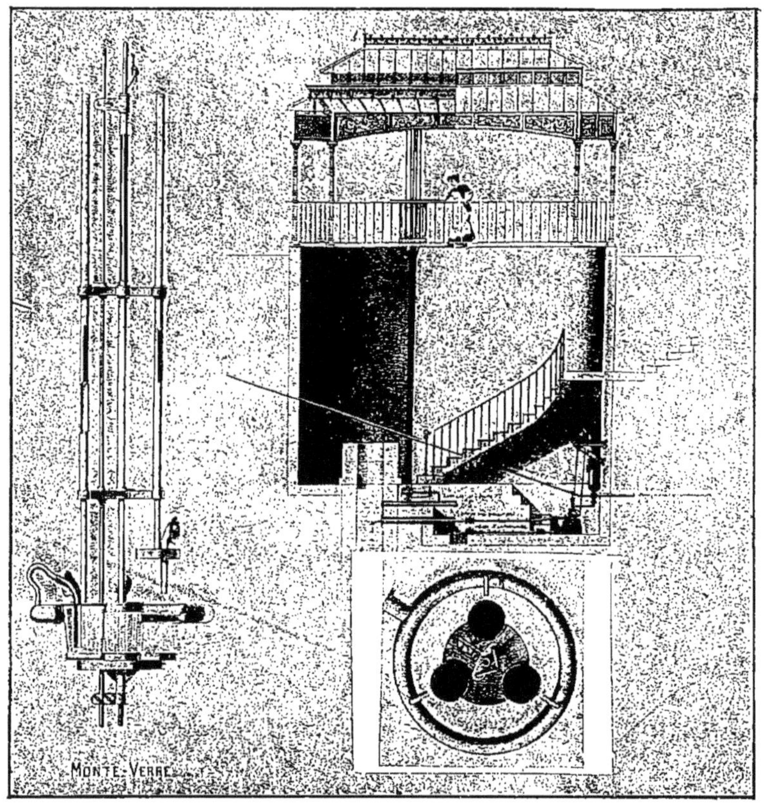

Fig. 29. — La buvette à Pougues.

moment où le buveur y trempera ses lèvres. On y a réussi en armant le verre d'un couvercle qui l'obture et qui est traversé par un tuyau pénétrant jusqu'au fond du verre, en s'évasant au dehors en forme de conque. C'est au fond de cette conque que vient se placer l'ajutage. L'eau descend *au fond* du verre, dont l'air est chassé par la couche superficielle en contact avec lui (et qui est toujours la même); puis on laisse le verre se remplir complètement. Il remonte alors, toujours protégé par son couvercle, qui ne s'enlève qu'au moment précis où la serveuse le tend au consommateur. L'eau arrive donc, dans un état de pureté absolue, de la source aux lèvres du buveur.

2° **Embouteillage.** — L'embouteillage demande la réunion de nombreuses conditions : 1° que l'eau soit récoltée pure et complète, qu'aucun de ses éléments gazeux ne subisse de déperdition; 2° qu'elle ne subisse aucune contamination de la source à la bouteille; 3° que la bouteille soit aseptique, d'une propreté absolue, que le bouchon le soit également, et que, de plus, il réalise une fermeture hermétique.

Tous ces détails ont été prévus et réalisés à Pougues par l'ingénieuse disposition suivante :

Dans le cylindre 1 se trouve de l'eau ordinaire, clarifiée sur un simple filtre à charbon. Elle passe dans le réservoir 2, où de nombreuses batteries de 100 filtres Chamberland la reçoivent. Elle en sort pour entrer dans le compresseur, d'où elle jaillit sous pression dans les ajutages verticaux figurant dans le bassin 5. Dans le réservoir 2 *bis* se trouve de l'eau acidulée à 1/10 qui vient alimenter le réservoir 4. Quant au bassin 3, il est alimenté directement par le réservoir 1.

La bouteille arrivant des verreries est nettoyée et rincée dans le bassin 3, où elle séjourne un certain temps; puis elle est placée dans un panier qu'on met à tremper dans le réservoir d'eau acidulée. La bouteille se remplit d'eau acidulée et séjourne là plusieurs heures. On retire enfin le panier; on le retourne de façon que la bouteille s'égoutte. On la place alors, le goulot en bas, sur l'un des ajutages du bassin 5, qui y darde un jet d'eau stérilisée sous pression. A ce moment, la bouteille elle-même est *absolument stérile*.

Pour lui conserver le bénéfice de l'asepsie, on la place — toujours verticalement — dans un casier où elle est soutenue par son renflement, sans que le goulot touche le fond du casier, sans, par conséquent, qu'il soit possible aux poussières d'avoir accès jusqu'à elle.

La bouteille est ensuite amenée au robinet d'embouteillage de la source, placé dans le voisinage immédiat, et qui est protégé

Fig. 30. — L'embouteillage de l'eau à Pougues.

par une tablette de verre — une manière de marquise en miniature — empêchant la chute dans la bouteille de tout corps étranger.

La bouteille est, comme les verres de la buvette, remplie par le fond et couverte pendant le remplissage, comme le sont les verres eux-mêmes.

On la bouche immédiatement après, avec des bouchons trempés pendant 24 heures dans le bisulfite de soude.

*
* *

La récente création de **Pougues-Bellevue** nous a d'autant plus intéressés que c'est le seul exemple rencontré au cours de notre voyage, d'une *cure de terrain* méthodiquement installée ; elle fait le plus grand honneur à notre distingué confrère Janicot qui en a été l'initiateur scientifique et à l'habile administrateur Jéramec qui l'a organisée d'une façon si ingénieuse. A leur

Fig. 31. — Pougues-Bellevue. Cliché de M. Houzé.

cure hydro-minérale, dont la réputation est définitivement établie, ils ajoutent ainsi un élément de succès d'autant plus heureux que la thérapeutique par l'hygiène est de plus en plus à l'ordre du jour. A Pougues on trouvera désormais réunies : cure hydro-minérale, cure de marche, cure d'air, etc. C'est le triomphe des « associations thérapeutiques », chères au maître Landouzy.

Œrtel a, on le sait, démontré que la marche progressive, entraînée, au grand air, est un excellent moyen d'activer les échanges nutritifs, les sécrétions de la peau et des reins, l'exhalation aqueuse des poumons et aussi d'augmenter la capacité respiratoire et la force du cœur.

La cure de terrain à Pougues est installée sur les coteaux du mont Givre, situé à 1 200 mètres de l'Établissement et dont le sommet atteint 300 mètres d'altitude (c'est-à-dire 110 mètres au-dessus du niveau des parcs de l'Établissement) : les terrains qui lui sont consacrés comprennent 20 000 mètres, bien exposés à l'Ouest et protégés des vents froids du nord. Cette distance et cette différence de niveau ont permis, en partant de la source

Fig. 32. — Pougues-Bellevue. Terrasse. Cliché de M. Heuzé.

Saint-Léger (alt. 190 m.) pour monter à Pougues-Bellevue (alt. 300 m.), de délimiter quatre itinéraires de longueur et de pente variables, tantôt sur de grandes routes bien ombragées, tantôt par des sentiers en lacets. Ainsi, on peut réaliser l'exercice de la marche sur tous les terrains : 1° terrain plat ; 2° montée légère ; 3° montée plus accentuée ; 4° montée rapide. Grâce à des poteaux indicateurs, placés de distance en distance, le médecin fixe chaque jour à son malade la dose et la manière d'entraînement auquel il doit se soumettre.

Quand on est parvenu au sommet, on se trouve sur une belle terrasse, d'une longueur de 140 mètres, de laquelle on embrasse un panorama magnifique : la vallée de la Loire, horizon d'un rayon de 50 kilomètres. Arrivé à cette hauteur (alt. 300 m.), le malade peut soit se reposer, soit continuer sa marche sur un vaste plateau de 3 000 mètres d'étendue. En y séjournant plusieurs heures chaque jour il bénéficie en outre d'une réelle cure d'air. Le Dr Hénocque a montré qu'il n'est point besoin, pour qu'une différence de niveau soit réellement utile, qu'elle soit très considérable. Il a constaté, que, même à l'altitude peu élevée de 300 mètres, au niveau de la lanterne de la tour

FIG. 33. — Pougues-Bellevue. Terrasse. Cliché de M. Contet.

Eiffel il y avait augmentation du nombre des globules rouges du sang et augmentation parallèle de l'activité de réduction de l'oxy-hémoglobine. Ces phénomènes persistent après un séjour de deux heures seulement à cette hauteur et continuent un certain temps après la descente. Si ces bons effets sont obtenus sur la tour Eiffel, avec l'air de Grenelle et du Champ-de-Mars, à plus forte raison combien doivent-ils être plus marqués à hauteur égale, en pleine campagne, particulièrement à Pougues-Bellevue où les conditions d'exposition solaire, de renouvellement d'air et d'abri des vents se trouvent aussi complètes que possible !

*
* *

Résumé de la Conférence de M. le Professeur Landouzy :

« Pougues possède cinq sources, mais la source *Saint-Léger* est son plus beau fleuron, et quand on parle de Pougues il est bien entendu que c'est toujours de Saint-Léger dont il est question.

« Son débit est de 15 000 litres par jour : c'est une eau froide (12°) d'une limpidité et d'une transparence absolues, d'un goût agréable, « aigrelet » et légèrement styptique.

« Au point de vue de sa minéralisation, elle est caractérisée par le bicarbonate de chaux (2 grammes) et l'acide carbonique (3gr,39) ; on y trouve en plus, quantité de bicarbonates de soude, de magnésie et de fer : aussi peut-on la définir une *eau alcaline, froide, bicarbonatée calcique, ferrugineuse faible.*

« La cure à Pougues consiste essentiellement dans la boisson, à la dose de 1 à 5 verres par jour.

« Son action immédiate et durable se résume en deux mots : *stimulation générale, stimulation locale* élective sur les *fonctions gastro-intestinales.* Le travail digestif est plus rapide, comme en témoigne le chimisme gastrique modifié : tous les éléments du suc gastrique, sauf le chlore, sont, en effet, augmentés.

« C'est à l'empirisme et à l'expérience clinique de nos confrères de Pougues, bien plus qu'aux prémisses chimiques, que nous devons de connaître quels sont les malades appelés à bénéficier d'un séjour dans cette station. La cure de Pougues Saint-Léger, dont la physiologie thérapeutique (comme c'est le fait de tant d'autres cures thermales) est indiquée soit pour des motifs d'ordre général, soit en cas d'affections localisées.

« Au point de vue général, l'eau de Pougues Saint-Léger est l'eau des débilités, des affaiblis, des anémiques, d'où qu'ils viennent, quelle que soit la maladie qui ait mis leur organisme à mal, quand l'hypopepsie, la dyspepsie sont la caractéristique symptomatique de leur état. Il en est de même pour toutes les anémies, sans en excepter la chlorose, car l'anorexie, la dyspepsie atonique y jouent un rôle important.

« Le goutteux atonique, asthénique, le diabétique arthritique, vieux, fatigué, dont la nutrition faiblit, dont les forces commencent à décliner, trouveront à Pougues plus de bénéfice qu'aux eaux alcalines chaudes quand ils sont arrivés à cette période de dépression, de dénutrition, dans laquelle l'état général à remonter est plus important que le symptôme glycosurie.

« Tous les malades dont je viens de parler bénéficieront des associations thérapeutiques dont vous avez vu ici les installations. En outre de la cure de boisson, ils trouveront à Pougues la balnéothérapie, l'hydrothérapie sous toutes ses formes, les différents massages, la gymnastique méthodique, et surtout la cure de marche, si judicieusement comprise et aménagée, dont vous venez de voir le terrain.

« Au point de vue des indications localisées qui forment la spécialisation de Pougues, vous devez envoyer ici tous les malades gastropathiques, qu'ils soient atoniques, neuro-moteurs ou hypopeptiques. Par ses propriétés excitantes de la fonction gastrique et du travail digestif, l'eau de Saint-Léger modifiera rapidement, parfois définitivement, le mauvais fonctionnement de l'estomac. Par les pratiques externes, auxquelles il sera soumis, le malade verra ses modes de réaction transformés ; sa nutrition entière subira des changements profonds, et les causes premières de sa lésion stomacale — le plus souvent une perturbation du système nerveux — seront avantageusement combattues.

« Si nombreuse que soit la clientèle des gastropathiques à Pougues, elle mérite de s'augmenter encore, car les hyperchlorhydriques et les dilatés, suivant un *modus faciendi* spécial, peuvent aussi y être traités avantageusement. Il suffit pour cela de tiédir l'eau de Saint-Léger. Preuve une fois de plus que la manière d'ordonnancer un médicament, de posologuer une médication hydro-minérale peut permettre des résultats contraires et en apparence paradoxaux. C'est ainsi que nos confrères de Pougues ont montré, que si on chauffe leur eau à 35°, elle cesse d'être excitante : d'une part, parce qu'elle cesse d'être froide ; d'autre part, parce qu'elle perd son acide carbonique ; et elle devient calmante et sédative de l'estomac. Elle soulage, sous cette forme, les gastropathiques hyperchlorhydriques au même titre qu'elle s'approprie aux hypochlorhydriques quand on l'administre à son état naturel. Il a suffi d'un changement dans la manœuvre, dans la posologie, pour atteindre ce résultat.

« La stimulation produite localement par l'ingestion de l'eau de Saint-Léger se manifeste également sur les *fonctions de l'intestin*, et c'est à ce titre qu'une longue série de malades viennent ici demander du soulagement pour une parésie intestinale ancienne, une entérite chronique des pays chauds, une dilatation

Fig. 34. — Au départ de Pourgues. Cliché de M. Heuzé.

cæcale habituelle, ancienne, engouement cæcal, troubles péri-appendiculaires, etc... Dans tous ces cas, des bains, et particulièrement des bains de siège, ajoutent leurs effets à ceux de la boisson.

« Du côté des annexes du tube digestif, sont justiciables de Pougues tous les troubles fonctionnels relevant de mauvaises digestions : lithiase biliaire, gravelle urique, gravelle oxalurique, gravelle phosphaturique, albuminurie légère des dyspeptiques, etc.

« En somme, l'indication de la cure de Pouges est essentiellement *gastro-intestinale* : soit que le malade souffre organiquement ou fonctionnellement de l'estomac ou de l'intestin sans répercussion appréciable sur les autres organes; soit qu'il éprouve de ce trouble premier un retentissement sur son foie et sur ses reins ; soit que sa débilité vienne de l'altération gastro-abdominale ou que sa neurasthénie première ait choisi l'appareil digestif pour localisation préférée. Ici encore c'est par la considération du support qu'on juge des indications; ici encore, c'est le malade, le terrain, la nutrition générale qu'on modifie, l'ensemble qu'on traite par-dessus la localisation. C'est pourquoi, si la spécialisation thérapeutique appartient, en fait, à l'eau de Saint-Léger, on associe à la cure hydro-minérale bains de siège, grands bains, douches, marche pratiquée méthodiquement et progressivement dosée.

« Sur ce dernier point, permettez-moi une parenthèse :

« Apprendre à un malade, apprendre à un débile porteur d'une affection pulmonaire ou cardiaque, apprendre à un obèse, apprendre à un neurasthénique sans force et sans volonté à marcher n'est point chose facile quoi qu'on en puisse croire; ce n'est point chose banale non plus, quoique la marche, la *canne à la main*, telle que nos pères la pratiquaient, réalise la gymnastique la plus douce et la plus complète. Je crois au rôle thérapeutique de la marche et je lui fais jouer un rôle important dans ma pratique de chaque jour. Or, nulle part, en France jusqu'à ce jour, on ne s'était, comme ici, préoccupé d'organiser la technique de la marche de façon que le malade puisse, en se promenant, faire de la thérapeutique et de la gymnastique pulmonaire, cardiaque, comme M. Jourdain, sans le savoir. Grâce à Pougues-Bellevue, la cure de terrain (qui a tout fait pour la réputation de Nauheim) est ici organisée : le malade peut, par des pentes douces et progressives, atteindre le sommet du Mont-Givre à 300 mètres d'altitude, et quand il y est parvenu, trouver sur une vaste terrasse, une cure d'air qu'il a conquise. Tous vous avez admiré tantôt le panorama magnifique, indéfini, que le regard embrasse du haut de ce plateau de Bellevue, si intelligemment aménagé. Pour ma part, je ne doute pas que cette cure de bains d'air, de lumière et de soleil, je ne doute pas que cette cure de marche, n'apporte des adjuvances extrêmement précieuses à la cure hydrique de Saint-Léger, puisque

Pougues pourra désormais se vanter de posséder et de réunir presque toutes les associations thérapeutiques.

« Messieurs, maintenant que j'ai fini, vous me permettrez de prier, en votre nom et au mien, nos confrères de Pougues de se faire les interprètes de notre reconnaissance auprès de tous leurs collègues des Stations que nous avons visitées. Ils les remercieront pour nous du véritable service qu'ils nous ont rendu en nous mettant à même d'acquérir, en peu de temps, une connaissance suffisante des Stations Thermales du Centre de la France et de l'Auvergne. Après ce que nos confrères nous ont appris ; après ce qu'ils nous ont dit de leur expérience personnelle ; après ce qu'ils nous ont fait voir de leurs installations, de leur outillage ; après ce qu'ils nous ont appris de leurs Eaux que nous avons vues, de nos yeux vues, que nous avons bues, dans lesquelles nous nous sommes baignés, nous comprenons maintenant et combien grandes sont les richesses minérales de la France, et quel merveilleux instrument thérapeutique est une médication thermale.

« Nous comprenons aussi de quel maniement délicat est l'arme à deux tranchants que représente la médication hydro-minérale ; combien difficile est sa manœuvre ; quelle expérience, quelle sûreté de main, quel doigté doivent avoir nos confrères hydropathes ?

« En quelle longue intimité ne doivent-ils pas avoir vécu avec les malades, de toutes catégories et de tous genres, pour pouvoir prendre d'emblée contact et mesures avec leur constitution, leur tempérament, leur valeur réactionnelle vis-à-vis de la médication thermale ?

« Quand on pense aux réelles difficultés inhérentes à la pratique thermale, on imagine, dans la médecine des Eaux minérales, comme dans toute thérapeutique, combien grande est la part laissée à l'artiste ; on imagine aussi de combien de science est fait l'art thérapeutique, où qu'il s'applique.

« D'autant, que pour faire bien la clinique thermale, que pour ordonnancer dans le temps, dans la forme et dans la bonne mesure la médication hydro-minérale, il faut être bien autre chose qu'un hydrologue. Assurément tous nos confrères que nous venons de voir à l'œuvre, sont chacun, passés virtuoses dans le jeu de leur instrument dont ils savent obtenir les effets les plus variés comme les plus délicats ; mais ceci ne leur suffit point, il faut que nos confrères soient passés maîtres en pathologie et en clinique générales, sous peine de laisser leur pratique devenir une médecine de pures équations. Ils savent qu'ils ont à compter moins avec des états morbides qu'avec des malades dont les troubles organiques ou fonctionnels sont le reflet pâle ou éclatant, apparent ou fruste de vices diathésiques héréditaires ou acquis, d'infections ou d'intoxications. Nos confrères savent que leurs clients seront participant, peu ou beaucoup, à leur médication, suivant la valeur de leur terrain, la qualité de leur constitution ou suivant la nature de leur tempérament, plutôt que suivant la minéralisation de leurs Eaux.

« Nos confrères savent tout cela, sous peine, s'ils l'ignoraient, de conséquences graves, de préjudices sérieux qu'encourent nos malades traités aux Stations thermales, d'après des diagnostics erronés ou incomplets, sur des indications mal reconnues, avec des posologies inconsidérées.

« C'est pourquoi la thérapeutique thermale est tout autre chose que ce qu'un vain peuple pense. C'est pourquoi c'est une haute estime et une pleine reconnaissance que, médecins et malades, nous devons marquer à nos confrères hydropathes, qui par la bienfaisante application de leurs Eaux nous ont appris : quels merveilleux agents modificateurs et régulateurs de la nutrition sont les stations thermales ; de quelle portée est la médication hydro-minérale, l'une des premières parmi les grandes médications, la première peut-être, si l'on considère qu'elle ne réussit pas seulement la cure des maladies, mais que, s'adressant aux vices constitutionnels originels, elle peut, en des mains expertes, être un excellent instrument de puériculture sachant mieux que soulager et guérir, puisqu'elle peut prévenir et empêcher.

« J'ai fini, Messieurs.

« Avant de vous dire adieu, ou plutôt au revoir l'an prochain, laissez-moi vous remercier de m'avoir invité à vous faire, sous forme de causeries quotidiennes, cet enseignement de choses familier, sans prétention. Je suis fier d'avoir inauguré avec vous cette manière d'enseignement par les *leçons de choses* sans lesquelles, en Médecine, il est aussi ingrat pour le Maître d'enseigner que pour l'étudiant d'apprendre. Je serais très heureux si, n'ayant pas été trop au-dessous de ma tâche, je pouvais me flatter que notre Voyage d'Études aux Eaux minérales vous a été aussi utile qu'il m'a été agréable : s'il en était ainsi il resterait parmi les souvenirs les plus durables de mes vingt-trois années d'enseignement de la médecine ».

TOASTS PORTÉS A POUGUES-BELLEVUE

Le 13 septembre 1899.

TOAST DE M. LE DOCTEUR JANICOT (DE POUGUES)

CHERS CONFRÈRES,

Une indisposition subite, heureusement sans gravité, de notre cher doyen, le Dr Mignot, me vaut, à l'improviste, l'honneur de vous remercier, au nom des médecins de Pougues, de la visite que vous voulez bien faire à notre petite station.

Petite, elle l'est assurément, en regard surtout des grandes « hydropoles » que vous venez de parcourir. Elle n'en a pas moins son originalité propre, et même ses quartiers de noblesse.

Je vous étonnerai sans doute beaucoup en vous disant que les premiers travaux de médecine hydrologique publiés en France furent faits ici, vers le milieu du XVIe siècle par Jean Pidoux, médecin des rois Henri III et Henri IV, qu'il attira dans notre station, dont il commença ainsi la fortune.

C'est également à Pougues, et par le même Pidoux, que furent administrées les premières douches froides. On pourrait donc dire que l'hydrothérapie est née ici.

Les échos de votre voyage, chers confrères, m'ont appris que M. le Pr Landouzy vous résumait dans la perfection — ce qui ne me surprend pas — tout ce que vous devez retenir, au point de vue pratique, d'une station thermale visitée. Je me garderai donc bien, malgré sa gracieuse invitation, de vous dire sur Pougues ce qu'il vous dira beaucoup mieux que moi.

Je me borne à vous souhaiter cordialement la bienvenue dans cette « annexe de notre station », que nous inaugurons aujourd'hui sous vos auspices. Ce lieu de repos, de changement d'air, de cure d'air et de lumière, qui s'ajoutera à notre cure d'eau, nous le devons à une Administration qui, bien loin de nous contrecarrer, nous autres médecins — comme cela n'arrive que trop souvent — marche d'accord avec nous. Elle n'a pas hésité à faire le très gros sacrifice d'argent que représente « Pougues-Bellevue » ; elle nous en promet un autre pour la réfection prochaine de notre trop modeste établissement.

En terminant, vous me permettrez de féliciter en votre nom M. le Pr Landouzy et mon ami Carron de la Carrière d'avoir si bien compris que, pour connaître réellement les Eaux Minérales, il faut les avoir touchées, goûtées sur place, avoir visité les établissements. C'est le cas d'appliquer la célèbre maxime de Condillac : *nihil est in intellectu quod prius non fuerit in sensu* ».

Messieurs, je bois à vos santés, à celles de ces dames, qui ont eu la gracieuseté de vous accompagner, à la santé de nos confrères étrangers, — dont plusieurs sont venus de bien loin — et à la prospérité des Stations thermales françaises.

TOAST DE M. JÉRAMEC

Directeur de la Compagnie de Pougues.

Il y a quelques jours j'avais l'honneur de vous souhaiter la bienvenue, au nom de la Compagnie des Eaux, dans la station de Royat ; c'est avec un vif plaisir que je salue votre présence, ici, à Pougues, dans cette antique station où le célèbre Pidoux a été en thérapeutique thermale, un précurseur dont le nom pourrait être inscrit au fronton de tous les établissements.

Permettez-moi de me féliciter, comme président de la chambre syndicale des stations thermales françaises, de l'heureuse initiative de M. le Dr Carron de la Carrière, initiative grâce à laquelle a été organisée, sous la haute direction de M. le Pr Landouzy, ce voyage d'études.

Pour la plupart d'entre vous, il constitue une fatigue et un sacrifice faits au désir de mieux connaître l'arsenal de notre thérapeutique thermale; mais il n'y a rien là qui puisse étonner ceux qui, comme moi, savent tout ce qu'il y a de dévouement au cœur d'un médecin français ou étranger.

Constamment penchés vers la souffrance humaine, vous n'avez d'autre but que de soulager et de guérir; et pour l'atteindre, ce but, vous ne connaissez même pas les distances; la présence de nombreux médecins étrangers est là pour le prouver; elle est un précieux témoignage de cette solidarité universelle vers laquelle marche la civilisation et dont le corps médical donne l'exemple, comme il le fait dans tout progrès moral ou scientifique.

La lecture de votre itinéraire, où Pougues est placé au terme de votre voyage, m'a rempli à la fois de terreur et de joie.

De terreur, car j'ai songé aux importantes stations visitées par vous, où l'eau distribuée *intus* mais surtout *extra* donne lieu, comme manuel opératoire, à un arsenal thermal des plus curieux. Chaude ou tiède, en nappe, en pluie, en poudre, vaporisée ou pulvérisée, l'eau, par toutes ces modalités si diverses, demande des appareils particuliers. — Or, ici, notre source Saint-Léger, froide (12°), a surtout comme application principale le traitement *intus*, et c'est sur les seuls appareils applicables à ce traitement que s'est concentré notre effort.

En vous exposant ainsi tout d'abord les tendances auxquelles la nature nous a ici conviés, nous avons voulu surtout nous éviter, nous l'avouons, une souffrance d'amour-propre.

N'ayant point à faire défiler sous vos yeux, pulvérisateurs, inhalateurs, poudroyeurs, etc., etc., j'ai tenu tout d'abord à vous dire que nous n'aurons à vous montrer que baignoires et salles de douches. De là cette terreur dont je vous entretenais à l'instant, sentiment personnel et tout égoïste.

La joie, au contraire, d'avoir vu Pougues placé au terme de votre voyage est toute désintéressée. Nous avons songé, en l'éprouvant, aux nombreuses attaques contre vos estomacs par des menus somptueux et variés. Saint-Léger vous sera apparue à la fin de votre voyage d'études comme une anse de salut destinée à vous protéger contre les gastro-entérostomies que quelques chirurgiens ne manqueraient point de vous offrir !

Espérons que cette fois surtout l'eau de Saint-Léger saura remplir sa tâche. Amie de l'estomac, elle est aussi l'amie des médecins : le Pr Landouzy, dans sa magistrale leçon que j'ai entendue à Royat et qui m'a fait regretter de n'être plus d'âge à lui demander une place à son cours, accusait justement l'humanité, et en particulier les médecins, de ne plus savoir manger.

Je constate, à mon avis du moins, qu'ils savent boire, puisque sur 36 médecins parisiens et 45 médecins de nos départements, présents à cette table, il y a 57 fidèles de Saint-Léger.

Pardonnez-moi, Messieurs, ces trop longues paroles. Je finis par où j'aurais dû commencer, en vous souhaitant la bienvenue à Pougues-Bellevue, sur ce plateau tout neuf où deux hectares de prairies ont été depuis six mois transformés et aménagés, et où deux autres hectares seront transformés à leur tour avant l'année prochaine.

Les malades pourront alors — après cette maladie thermale de 28 jours destinés à les guérir — se livrer, suivant l'image de M. le Pr Landouzy, à des « manœuvres de convalescence » qui assureront leur retour définitif à la santé.

Ainsi sera réalisé votre vœu le plus cher ; ainsi vous aurez coopéré pour votre large part au soulagement des souffrances, et à la prolongation de la vie humaine.

TOAST DU DOCTEUR DE VAUCLEROY

Professeur d'Hygiène à l'École Militaire de Bruxelles.

MESSIEURS ET CHERS CONFRÈRES,

L'heure de la séparation va sonner. Nous voici, trop tôt, arrivés à la fin de cet instructif et charmant voyage dont le programme, si judicieusement élaboré, nous a permis d'étudier sur place, presque sans fatigues et avec le plus grand profit, ces belles et nombreuses stations de l'Auvergne et du Centre de la France, incomparables au point de vue de leur situation, de leurs installations et de leurs richesses hydro-minérales.

Avant de nous séparer, mes confrères étrangers m'ont chargé d'exprimer leurs vifs sentiments de reconnaissance pour l'accueil si cordial, si franchement hospitalier que nous avons reçu dans ce beau pays de France que nous aimons de tout notre cœur pour son caractère généreux et pour les services qu'il a rendus à la science médicale par ses immortelles découvertes.

Les pays que nous représentons ici sont, presque tous, petits par l'étendue de leur territoire et par la force de leurs armements. Ils n'ont d'autre ambition que d'être grands par le cœur, par leur amour pour le travail et par leur désir de contribuer, autant que leurs puissants voisins, au bien-être de l'humanité.

Nous avons répondu nombreux à votre appel parce que nous étions attirés vers vous par des sympathies déjà anciennes et parce que votre Comité d'organisation, animé d'un esprit largement scientifique, ne voulant pas s'enfermer dans les limites étroites d'une entreprise exclusivement nationale, a créé une œuvre vraiment internationale en conviant les médecins du monde entier à participer aux études qu'il allait entreprendre dans une région présentant les ressources thermales les plus variées.

Notre éminent maître, M. le Pr Landouzy, a dit, avec raison, que l'organisation de ces voyages d'études constituait une œuvre *patriotique*. Permettez-moi d'ajouter que c'est aussi une œuvre *humanitaire*, prouvant que la science n'a pas de frontières et permettant à tous les médecins, français ou étrangers, qui ont eu le bonheur d'assister aux leçons de l'éminent conférencier, de faire bénéficier leurs malades des précieux enseignements qu'ils ont été à même de recueillir sur place.

Nous sommes heureux de le proclamer : nos espérances ont été réalisées au delà de toute attente. Nous avons parcouru des contrées d'un pittoresque admirable ; nous avons visité des stations d'une richesse hydro-minérale unique, pourvues des installations balnéaires les plus perfectionnées et disposant de toutes les ressources médicales les plus complètes pour le soulagement de l'humanité souffrante. Nous avons rencontré partout l'accueil le plus empressé tant de la part de nos excellents confrères des villes d'eaux et des directeurs des établissements thermaux que des administrations municipales et des populations. Partout nous avons été l'objet de réceptions charmantes dont nous conserverons le meilleur souvenir.

Nos remerciements s'adressent donc à tous.

Mais c'est pour nous un devoir bien agréable d'adresser un témoignage tout spécial de reconnaissance au *Comité de patronage* qui comprend les noms des plus illustres représentants de la science médicale française.

Nous venons d'apprendre, avec le plus vif regret, le décès de l'un des membres de ce Comité, M. le Dr Jules Simon, universellement connu pour ses remarquables études sur la médecine infantile. Qu'il nous soit permis de prier un de ses meilleurs amis et ancien élève, M. Carron de la Carrière, de bien vouloir présenter à la famille le respectueux hommage de nos sympathiques condoléances.

Parmi les membres du Comité de patronage il en est un surtout qui a droit à notre plus vive reconnaissance, qui a été pour chacun de nous, pour les étrangers tout particulièrement, d'une complaisance sans bornes, d'un dévouement constant et que nous tenons à remercier tout spécialement. Ai-je besoin de nommer l'infatigable et modeste secrétaire général, M. le Dr Carron de la Carrière, la cheville ouvrière de l'œuvre? C'est à lui que nous sommes redevables du succès de l'entreprise dont le premier essai a été un coup de maître.

Il a été le promoteur et l'organisateur de cette féconde institution des voyages médicaux qui ne fera que grandir et prospérer chaque année.

Nous sommes heureux d'associer à ces chaleureux remerciements le savant directeur scientifique de l'excursion, M. le Pr Landouzy qui n'a pas reculé devant les fatigues du voyage pour venir nous instruire et qui, toujours jeune d'esprit et de cœur, n'épargnant ni son temps ni ses peines, n'a cessé de donner à tous l'exemple de l'entrain et de la bonne humeur.

Chaque jour, dans chaque station nouvelle, après une visite détaillée des établissements thermaux sous la conduite des médecins de la localité, l'éloquent conférencier résumait les données relatives aux conditions climatériques de la contrée, aux propriétés chimiques, physiques et biologiques des eaux et décrivait en détail leurs indications et leurs applications. Tout cela dans un langage clair et précis, émaillant les descriptions les plus abstraites, d'expressions originales, imagées et parfois poétiques à tel point que chacune de ces causeries constituait l'attrait principal de la journée et restera pour chacun de nous le souvenir le plus durable du voyage.

C'est pour nous une grande joie de pouvoir saisir cette occasion pour donner publiquement au Maître ce faible témoignage de notre grande reconnaissance.

Quant à vous, chers confrères français, au milieu desquels, exempts des soucis journaliers et des préoccupations habituelles de notre profession, nous avons vécu des jours si heureux dont nous conserverons un impérissable souvenir, nous ne saurions trop vous remercier des attentions, des prévenances, des marques d'amitié dont vous nous avez comblés.

La famille médicale n'est pas, pour vous, un vain mot et vous nous avez accueillis et traités en véritables frères. En regardant autour de nous, nous ne rencontrons parmi vous que des visages sympathiques qu'il nous semble connaître depuis longtemps et nous éprouvons, au moment du départ, l'impression émue qu'on ressent en quittant de vieux compagnons, des amis de famille.

Notre plus vif désir est de maintenir les relations cordiales contractées pendant ce voyage et notre plus grand espoir c'est de vous revenir nombreux l'an prochain.

Nous ne vous disons pas adieu, mais nous vous crions de tout cœur : « Merci et au revoir, chers confrères et amis ».

TOAST DU DOCTEUR EHLERS

Privat docent à l'Université de Copenhague.

MESDAMES ET MESSIEURS !

Permettez-moi de vous remercier au nom des collègues scandinaves. Nos remerciements s'adressent au Pr Landouzy, au vaillant organisateur de l'inoubliable voyage, le Dr Carron de la Carrière, ainsi qu'à tous les confrères des stations thermales qui nous ont fait un si cordial accueil.

Vous vous étonnez peut-être du grand nombre de Danois qui prennent part à ce voyage d'instruction, mais l'explication en est pourtant bien simple et sera facile à comprendre par un petit aperçu historique. Le Danemark aime la France ; nous avons toujours aimé ce beau pays et sa belle langue. Nous avons même payé assez cher notre amour.

En 1807, le Danemark a subi sans déclaration de guerre du côté des Anglais le bombardement de Copenhague et l'enlèvement de toute la flotte qui se trouvait *non armée*, comme en temps de paix, dans le port. Poussé à outrance par cet acte de brigandage, le Danemark s'est allié à Napoléon Ier. Cette alliance et la guerre avec les Anglais, nous l'avons payée de la perte de notre marine marchande et de la ruine de notre commerce. Et nous avons payée en 1814 par la perte de la Norvège, cédée au général Bernadotte.

Laissés seuls dans notre première guerre victorieuse de 1848-49-50 contre l'Allemagne, nous n'avons pas tardé à succomber dans la seconde guerre de 1864 contre l'Allemagne et l'Autriche réunies. Et cette guerre nous valut la perte des duchés, soit 1/3 de tout notre terrain. Mutilés et démembrés, nous étions pourtant en 1870 sur la frontière allemande avec toute notre armée, avides de recevoir les premiers bulletins de victoires françaises. Hélas ! nous perdions vite l'espoir.

Depuis 1864, vivant en bonne intelligence avec le vainqueur, nous ne songions plus qu'à réparer nos pertes par la culture de nos landes désertes et par l'amélioration de notre agriculture.

Mais la population danoise augmente toujours dans le Slesvig ; le vainqueur s'en est effrayé et s'est mis à expulser par centaines — contrairement à tout droit des peuples — les pauvres sujets danois qui gagnaient paisiblement leur pain chez les paysans au cœur danois, quoique sujets prussiens. Cela nous fait craindre que nous risquions un beau jour le même traitement envers nos malades qui payent leur séjour aux Stations thermales de l'Allemagne.

Voilà pourquoi nous sommes venus en France pour nous instruire et pour vous demander si vous voulez bien recevoir les malades que nous enverrons. Nous ne promettons pas une clientèle riche — notre amour pour la France nous a appauvris —, mais nous promettons une clientèle honnête et amie de la France.

Faites de la propagande pour vos Stations minérales dans la Scandinavie. C'est nécessaire et ce sera utile, car notre instruction médicale est toute allemande et les livres allemands ne sont pas assez impartiaux pour parler des Stations françaises.

La population scandinave vous est très sympathique et nous, les médecins, nous reviendrons en plus grand nombre l'année prochaine.

Et maintenant, mes chers confrères scandinaves, plus de bans français !

Poussons les hourrahs scandinaves, les trois longs et les trois courts !

Merci et Vive la France !

TOAST DE M. LE DOCTEUR BÉCLÈRE

Médecin des hôpitaux de Paris.

Mesdames, Messieurs,

A cette étape dernière de notre voyage, la cordialité de l'accueil, l'éclat de la réception, la splendeur du décor ne sauraient nous faire oublier l'heure prochaine de la séparation. Avant de nous disperser, permettez que je donne une voix aux sentiments de tous.

Mon cher Carron de la Carrière,

L'excursion par monts et par vaux dont vous avez été l'inspirateur et le guide nous a semblé la chose du monde à la fois la plus agréable et la plus facile. C'est que vous aviez de longue main tout préparé pour notre instruction, notre bien-être et notre plaisir. Votre entreprise avait été mûrement méditée et dans tous ses détails minutieusement étudiée. Jamais votre calme souriant, votre tranquille possession de vous-même ne nous ont laissé découvrir les mille petits obstacles presque chaque jour rencontrés en travers de la route, et si j'en ai soupçonné quelques-uns, je sais que votre modestie me défend d'en rien dire ; votre douce fermeté en a toujours triomphé. Sur le terrain pacifique où vous nous avez conviés, vous avez été, mon cher Carron, l'organisateur de la victoire ! Nous souhaitons que cette victoire, dont vous avez le droit d'être fier, soit suivie de beaucoup d'autres semblables !

Mon cher ami, tous les tableaux si variés qui viennent de charmer nos yeux, depuis le spectacle magnifique des monts d'Auvergne jusqu'à la vue réconfortante, au moment de l'arrivée à l'étape, des tables abondamment chargées, toutes les joies de l'intelligence et du cœur que nous venons de goûter en d'instructives visites, en de savantes conférences, en d'amicales causeries, en de belles promenades, en de joyeuses et confraternelles agapes, c'est à vous que nous en sommes redevables. De nos sentiments d'affectueuse gratitude nous avons voulu que vous conserviez un témoignage durable, notre camarade le Dr Lochard en a eu le premier l'heureuse pensée, et nous vous prions d'accepter la coupe choisie par lui au nom de tous. A votre bonne santé, mon cher ami ! A votre succès présent, à vos succès futurs !

Mon cher Maitre Landouzy,

C'est de votre libre choix, sans mission officielle, que vous joignant à la troupe d'étudiants de tout âge, guidée par Carron de la Carrière, vous avez bien voulu devenir notre porte-étendard. Par votre activité infatigable, votre entrain, votre belle humeur, vous semblez le plus jeune d'entre nous et vos mains vaillantes ont tenu haut le drapeau de la science et de l'art médical français. Nous ne savons plus, depuis que vous nous avez demandé de l'oublier, si vous appartenez à la Faculté et à l'Académie. Mais que vous tentiez les plus hauts problèmes de la pathologie générale ou que sur le terrain de l'observation clinique vous distinguiez entre les plus fines nuances des états morbides individuels, nous savons que c'est toujours en maître et en maître éloquent que vous parlez. Telles sont même l'abondance, la flamme et la chaleur de votre parole, qu'en vous écoutant j'ai songé parfois, sur le vieux sol de l'Auvergne, qu'on lui reprochait à tort de ne plus porter que des volcans éteints ! Mieux éclairés, grâce à vous, sur les richesses thérapeutiques departies par la nature à notre beau pays, nous serons aussi plus ardents à en offrir le bienfait à nos malades. C'est animés d'une respectueuse reconnaissance que nous souhaitons, mon cher maître, de longues années d'éclat à votre enseignement !

Mes chers Compagnons,

Je veux répéter la parole déjà dite : il n'y a pas parmi nous d'étrangers. L'amour passionné de la mère-patrie laisse place en notre cœur à d'autres sentiments. Un lien de confraternité nous unit aux médecins de tous les pays sans exception. Ne poursuivons-nous pas tous le même idéal ; ne désirons-nous pas tous plus de savoir et moins de souffrance ? Mais des liens plus étroits nous joignent à vous, les fils des nations dont la France a éprouvé la sympathie. Au delà des frontières notre amitié allait à vous, avant même de vous avoir vus. Après que quelques jours de vie commune nous ont donné le plaisir de vous connaître plus intimement, notre amitié, grandie et fortifiée, vous demeurera étroitement attachée, malgré l'absence et l'éloignement. Nous levons nos verres en l'honneur des médecins amis de la France, devenus nos amis !

Mes chers Compatriotes,

Parmi nous aussi, beaucoup, que séparaient l'âge ou la distance, ont pu se connaître, s'apprécier et se lier d'une amitié durable. Ce n'est pas le moindre avantage que nous aurons retiré de cette excursion. Je bois, mes chers compatriotes, à notre affectueuse confraternité !

Mesdames,

Je laisse à notre savant maître le soin de doser dans quelle mesure votre gracieuse présence a augmenté ce qu'il appellerait volontiers, je crois, le *dynamisme* de notre troupe. Je sais que vous avez été notre parure, notre cocarde. Recevez, Mesdames, les remerciements et les vœux de bonheur de vos compagnons de voyage, reconnaissants et charmés.

Mes chers Amis,

A tous je dis merci ! A tous je dis au revoir !

TOAST DE M. LE PROFESSEUR LANDOUZY

Messieurs,

Je me serais abstenu de parler aujourd'hui (ayant conscience que c'est beaucoup d'avoir, chaque matin et chaque soir, pris la parole pendant que nous faisions *nos treize jours* d'étudiants en médecine thermale) si je n'avais pensé, qu'au moment même où se clôt notre voyage m'incombaient deux devoirs, au demeurant agréables et délicats.

Le premier, d'adresser à chacun de vous, Messieurs, les remerciements qui leur reviennent, car, à bien d'autres qu'à moi, doit aller votre gratitude.

Mon second devoir est de nous demander si, étudiants, partis pour étudier, pour revenir plus instruits, meilleurs et plus forts, nous avons lieu d'être contents les uns des autres et de nous-mêmes. Mon second devoir est — comme dirait le fabuliste — de tirer la morale de notre entreprise, afin que, si elle vous a instruits et intéressés ; afin que, si elle vous est apparue aussi bonne que nouvelle, nous la recommencions en d'autres régions de France.

Pour ce qui est des remerciements, ils doivent, premiers et intensifs, aller au Dr Carron de la Carrière, qui, initiateur et organisateur, a été l'âme de ce voyage, C'est lui, qui, avec l'idée, a fait surgir les premières bonnes volontés affirmées en un Comité de Patronage qui vous a sollicités, appelés afin que l'ami Carron de la Carrière vous groupât et nous conduisît. Si vous voulez que notre gratitude soit à la hauteur des mérites de notre jeune confrère, songez à tout ce qu'il lui a fallu dépenser d'énergie, d'études, de temps et de peines de toutes sortes, d'abord pour, par la Presse médicale, aux cent bouches, faire connaître son projet, *urbi et orbi*, des pays Scandinaves aux rives du Bosphore. Songez qu'il lui fallait faire — entreprise toujours périlleuse — accepter une idée nouvelle ;

songez qu'il lui fallait compter avec le dédain, l'indifférence ou l'opposition des gens qui ont toujours l'esprit ouvert à la critique des choses qu'ils n'ont eu ni l'esprit de concevoir ni l'énergie d'exécuter!

Notre organisateur peut être fier de son œuvre, son coup d'essai a été un coup de maître.

Partis pour prendre ensemble des *leçons de choses,* disons-nous qu'une des meilleures leçons que nous aura données ce voyage, sera son organisation et son succès, puisque le Dr Carron de la Carrière, se mettant en marche pour nous apprendre le mouvement, a su vouloir et pouvoir ; puisque, de son initiative privée, il a, pour une œuvre scientifique et humanitaire, su réduire les oppositions, et, ce qui est plus difficile encore, animer les inerties et dissiper les incertitudes.

L'œuvre était *scientifique* et *humanitaire* puisqu'elle avait pour but d'instruire *de visu* les médecins des manœuvres thermales et de leur apprendre l'une des plus puissantes parmi les grandes médications.

L'œuvre était humanitaire puisqu'elle mettait tous les médecins à même de connaître, pour en faire bénéficier les malades, les richesses thermales de France, si nombreuses et si variées qu'elles peuvent être enviées par l'Étranger.

Cette œuvre était encore *patriotique* en ce sens qu'elle faisait connaître aux médecins des deux mondes, aussi bien qu'aux médecins français, les ressources thérapeutiques infiniment grandes et variées, émergeant de notre sol, ressources thérapeutiques trop souvent demandées à l'étranger, alors que nous les avons merveilleuses chez nous.

Pour ce qui est des remerciements qui m'ont été, ici, comme partout où nous avons passé, personnellement adressés, je les accepte puisqu'ils vont grossir ceux dus à Carron de la Carrière pour qui je demande le maximum.

Venant ici avec lui, j'ai prétendu, comme lui, faire œuvre d'initiative privée en venant faire un devoir de vacances. Il a été, au Professeur de Thérapeutique en vacances, aussi agréable qu'utile, de se faire, avec vous, étudiant en médecine thermale, persuadé que je suis, que conseilleront et pratiqueront utilement la thérapeutique hydrominérale ceux-là seuls d'entre les médecins qui, sur place, auront vu en action les médications animées, que sont vraiment les Eaux Minérales.

C'est en cela que, sans fausse modestie, nous pouvons reconnaître que l'œuvre que nous venons de créer, l'œuvre des *Voyages d'études médicales* est vraiment bonne.

Elle est bonne parce qu'elle fait des médecins meilleurs, plus forts, mieux armés — surtout contre les états diathésiques et les vices constitutionnels — puisque les médecins-voyageurs auront été mis à même d'apprécier la puissance d'armes thérapeutiques dont se méconnaissent la valeur et la portée tant qu'on en ignore la manœuvre. C'est en cela que notre voyage aura été utile aussi aux Stations parcourues; plusieurs d'entre elles nous ont apparu avec des mérites supérieurs à leur renommée; à plusieurs de ces Stations, dont nous avons apprecié les vertus, nous serions, retournant le dicton, tentés de dire; « mettez ceintures dorées, viendra la rènommée! ».

Si nous acceptons les remerciements que nous donnaient à l'instant MM. Jéramec et Janicot c'est, qu'en effet, nous avions conscience que notre Voyage se traduirait par un avantage réciproque; pour nous, qui recevions de nos confrères des Stations un enseignement technique: pour les Stations qui entendraient les critiques par nous formulées sur certains *desiderata* que nous releverions dans leur outillage, dans le confort ou dans l'hygiène de leur installation. Aux Stations bien avisées, de faire leur profit des comparaisons que nous avons faites avec certaines de leurs rivales de l'étranger; aux Stations bien avisées, de se mettre, en toutes matières et de toutes manières, « à la moderne » et de se souvenir, qu'il y a longtemps (déjà, Montaigne l'écrivait dans son voyage à Plombières, en Allemagne et en Italie) qu'on répète que la réputation d'une eau minérale est faite aussi « de commodités de séjour, de beautés de lieu, de facilités de compagnie ».

Ceci sera éternellement vrai et bien naïves seraient celles de nos Stations qui s'en remettraient uniquement à la thermalité et à l'électro-chimisme de leurs eaux pour conquérir réputation de par le monde; un peu de parure et beaucoup d'hygiène font plus pour une eau thermale que 10° de plus et qu'un gramme de plus de bicarbonate de soude!

C'est ce qu'ont compris MM. Jéramec et Janicot quand, à côté de leur célèbre source de Saint-Léger, ils ont imaginé et créé ce Pougues-Bellevue où se vont faire les cures de terrain, les cures de bains d'air, de lumière et de soleil, sur une terrasse d'un horizon merveilleux et sans limites. Combien de Stations vont être réduites à envier Pougues, qui pourtant savent, elles aussi, qu'il en est de la santé comme de la jeunesse « qu'elles viennent aussi par les yeux ».

Si, Messieurs, toutes les Stations que nous avons visitées, nous croyaient devoir des remerciements — que nous exprimaient si cordialement MM. Jéramec et Janicot — c'est qu'elles savent, pour l'avoir éprouvé, que si la thérapeutique thermale ne tient pas dans la pratique la place qu'elle devrait avoir (surtout en cette fin de siècle qui accumule sur nos têtes tant de vices constitutionnels) cela tient à ce que les médications que représentent les Eaux Minérales, ne sont pas assez connues des médecins; cela tient à ce que les médecins ne venant pas *voir* les eaux, les hydrologues ont pris l'habitude de chercher à les faire connaître par des plaquettes, souvent excellentes, mais qui sont peu lues, encore moins retenues. Nos confrères des Stations faisaient ainsi parce que, désespérant de voir venir « la montagne » ils voulaient aller jusqu'à « la montagne. »

Aujourd'hui « la montagne » est venue, et c'est ce dont on nous remercie; ce que nous avons vu, pensent nos confrères, valant mieux que tout ce qu'on pourra nous dire, que tout ce que nous pourrions lire. En cela ils n'ont pas tort, et elles auraient grandement raison toutes celles de nos Stations qui diraient d'elles ce que pensait Montaigne « il me plaist d'être moins louée pourveu que je soy mieux congneue ».

C'est cette connaissance des Eaux, par nous visitées, que j'ai cherché à vous procurer dans des Causeries qui s'efforçaient de vous donner comme une vue synthétique et panoramique des Eaux et du milieu dans lequel on les buvait ou on se baignait.

Je ne sais comment je me serai acquitté de cette partie de ma tâche, j'ai peur que Carron de la Carrière me demandant de la remplir, j'ai peur que vous tous, Confrères compatriotes ou non compatriotes, qui par les paroles si cordiales de notre ami le Dr de Vauclcroy, me remerciez de l'avoir remplie, j'ai peur, dis-je, que votre amitié ne rapporte qu'à moi ce qui vous revient de droit à tous, car, je le répète, nous venons de faire œuvre d'enseignement mutuel dans lequel l'un des plus mûrs parmi tous les étudiants que nous sommes ici a essayé chaque jour de faire le *devoir* auquel tous avaient collaboré.

Laissez-moi vous dire que cet enseignement par les *leçons de choses*, le plus fécond que je connaisse, m'a été singulièrement agréable; il ne m'a été seulement agréable parce que j'y ai senti la communion d'idées qui animent tous les médecins lorsqu'ils cherchent à devenir meilleurs, c'est-à-dire, plus instruits, mais encore parce qu'en faisant mieux connaître les richesses et les ressources de la France, je voyais croître pour nous les amitiés d'une foule de voisins — plus voisins par les sympathies qui rapprochent, qu'étrangers par les distances qui nous séparent — qui, suivant l'aimable parole de l'un de vous, Messieurs, sont venus avec nous pour témoigner une fois de plus de leur amour sincère, c'est-à-dire agissant, pour la France.

Ceci dit, j'en aurais fini si, touché, comme vous, de la façon magnifique dont a été menée notre expédition je n'adressais en notre nom commun nos remerciements aux représentants des *Voyages économiques* dont l'habileté et les soins, voyant à tout, pourvoyant à tout, ont frayé les voies, ont sablé la route, ont organisé relais et trains spéciaux, ont préparé le gîte de telle sorte que nous avons voyagé en princes et en ambassadeurs...

D'autres que nous auraient pu s'y tromper en voyant l'accueil que nous faisaient les Stations et les Municipalités. Elles venaient, en nos personnes, saluer l'idée et l'œuvre scientifiques que nous représentions. Jamais personne parcourant ces superbes contrées, par ces belles fins d'après-midi cristallines, n'a été accueilli comme nous venons de l'être, pas même Mme de Sévigné revenant pour la seconde fois à Vichy. Jamais personne n'a été servi comme nous venons de l'être par nos intendants, jamais personne ici n'a voyagé avec pareil train de prince, pas même Mme de Montespan, pour venir se soigner à Bourbon, avec ses 15 voitures, « escortée de 20 hommes à cheval et de filles de chambre dont elle emplissait plusieurs carrosses ».

Je m'excuse, Messieurs, d'avoir encore et trop longtemps pris la parole : j'ai fini et trois fois je lève mon verre :

En l'honneur de mon ami Carron de la Carrière, initiateur et organisateur du premier Voyage aux Stations Françaises ;

En l'honneur de vous tous, Messieurs, confrères plus amis qu'étrangers, venus de si loin ;

En l'honneur et à la prospérité de l'Œuvre que nous venons de fonder.

Je bois, Mesdames, je bois, Messieurs, à notre réunion prochaine, en septembre 1900, aux Stations Pyrénéennes.

Le prochain *Voyage d'Études médicales* aura lieu dans la première quinzaine de septembre 1900. Il comprendra les **STATIONS DU SUD-OUEST DE LA FRANCE** (Haute-Garonne, Hautes-Pyrénées, Basses-Pyrénées, Landes, Gironde) : **Bagnères-de-Luchon, Capvern, Bagnères-de-Bigorre, Argelès, Barèges, Saint-Sauveur, Cauterets, Eaux-Bonnes, Eaux-Chaudes, Saint-Christan, Pau, Salies-de-Béarn, Biarritz, Cambo, Hendaye, Dax, Arcachon.**

Ce voyage, comme celui de l'an dernier, aux Stations du Centre et de l'Auvergne, est placé sous la direction scientifique du Docteur LANDOUZY, Professeur de Thérapeutique à la Faculté de Médecine de Paris, qui fera sur place des Conférences sur la Médication hydrominérale, ses indications et ses applications.

Le programme détaillé paraîtra en Mai 1900.

Pour tous renseignements, s'adresser au Dr CARRON DE LA CARRIÈRE, 2, rue Lincoln, Paris.

TABLE DES MATIÈRES

INDICATIONS

DES

STATIONS THERMALES ET CLIMATÉRIQUES DU CENTRE ET DE L'AUVERGNE

CHARTRES. — IMPRIMERIE DURAND, RUE FULBERT.

www.ingramcontent.com/pod-product-compliance
Ingram Content Group UK Ltd.
Pitfield, Milton Keynes, MK11 3LW, UK
UKHW020143220726
13923UKWH00001B/338

9 782019 177621